122

Merve
Verlag

John Cage
Für die Vögel
Gespräche mit Daniel Charles

Deutsch von Birger Ollrogge

Merve Verlag Berlin

In Zusammenarbeit mit dem
Berliner Künsrlerprogramm des DAAD

Originaltitel: Pour les oiseaux
Entretiens avec Daniel Charles
© 1976, Editions Pierre Belfond, Paris

© der deutschen Ausgabe 1984 by Merve Verlag GmbH,
1 Berlin 15, Postfach 327. Printed in Germany.Druck
und Bindearbeiten: Dressler, Berlin. Umschlagent-
wurf: Jochen Stankowski, Köln.

ISBN-Nr. 3-88396-042-X

INHALT

DANIEL CHARLES: STATT EINES VORWORTS

Nachdem er die nicht unwesentliche Aufgabe des nochmaligen Lesens der *Gespräche* beendet hatte, entwarf John
Cage 1972 ein *Vor-* und ein *Nachwort*. Um den Lesern die
Hintergründe und Umstände dieser *Gespräche* zu verdeutlichen, bat er mich zusätzlich zu dem geplanten Buch ein
Vorwort zu schreiben, in dem die Voraussetzungen für
die Ende 1970 geführten Gespräche erklärt werden. Am
selben Tag wählte er den Titel für diese Arbeit. Wie er
mir sagte, war die Wahl des Titels lediglich auf das Vergnügen an einem Wortspiel mit seinem eigenen Nachnamen
zurückzuführen.
Ende 1976 war *Pour les oiseaux** im Druck. Ich habe wie
vor fünf Jahren das Gefühl, daß diese Texte eine vieldeu-
tige und einmalige Auslegung des Chuang-tse beinhalten.
Auf jeden Fall bestand das einzige Ziel meiner Fragen
darin hervorzuheben, was ich, um der Kürze willen, als
John Cages Taoismus bezeichnen möchte. Eine Bemerkung
bei Octavio Paz hat mich vor kurzem darin bestärkt, daß
dieses Vorhaben in Johns Sinne war; selbst der von ihm
vorgeschlagene Titel deutete in diese Richtung. Deshalb
werde ich mein Vorwort dem Autor von *Der Bogen und
die Leier* (Ffm.1983) entleihen:
"Wenn Chuang-tse erklärt, daß die Erfahrung des Tao
eine Rückkehr zu einer elementaren oder ursprünglichen
Art von Bewußtsein impliziert, in dem die jeweiligen Be-
deutungen der Sprache sich als unwirksam erweisen,
greift er zu einem Wortspiel, das ein dichterisches Rätsel
ist. Er sagt, diese Erfahrung einer Rückkehr zu dem,
was wir ursprünglich sind, heißt 'den Käfig der Vögel
betreten, ohne sie zum Singen zu bringen'. *Fan* bedeutet Käfig (engl./frz.cage) und Rückkehr; *ming* Gesang
und Namen (im Plural). So sagt der Satz auch: 'Dorthin
zurückkehren, wo die Namen überflüssig sind', ins
Schweigen, ins Reich der Evidenzen. Oder an den Ort,
wo Namen und Dinge verschmelzen und dasselbe sind: zur
Dichtung, dem Reich, wo das Benennen Sein ist."
Trotz aller Mängel, für die ich verantwortlich bin, wünschte und wünsche ich mir, daß *Für die Vögel* solch eine
Rückkehr ermöglicht.

* Die französische Belfond Ausgabe, die der englischen Ausgabe vor-
ausging (A.d.Ü.)

EINE EINLEITUNG VON JOHN CAGE

Der folgende Text, den ich als Vorwort für eine frühere englische Teil-Übersetzung dieses Buches (*Semiotext(e)*, No.7,1978,S.24-35) geschrieben habe, scheint mir immer noch relevant zu sein.

Pour les Oiseaux erschien schließlich ohne den Namen des Autors - nur mein Name stand auf dem Buch-Deckel! - im Januar 1977 in Paris. Viele Jahre davor haben Daniel Charles und ich, auf Wunsch des Verlegers Pierre Belfond, viele Gespräche geführt, die mit dem Tonband aufgenommen wurden. Aus irgendeinem Grund wurde der Plan, aus dem Material ein Buch zu produzieren, Jahr für Jahr aufgeschoben. Es gab entweder zuviel Material oder zu wenig aktuelles Material usw. Als ich schließlich die Fahnen einer früheren Version dieses Buches las, konnte ich mich nicht mit jeder mir zugeschriebenen Passage identifizieren. Einige Bänder waren offensichtlich beschädigt worden, verloren gegangen oder versehentlich gelöscht. Deshalb mußte Daniel Charles manchmal meine Antworten auf seine Fragen erdichten. Statt seine Arbeit zu "korrigieren", habe ich vorgeschlagen, zwei verschiedene Schrifttypen für meine Antworten zu verwenden. Eine Type sollte andeuten, daß ich mich selbst sprechen hören konnte, die andere, daß ich es nicht konnte. (In dieser Ausgabe wurden Schrägstriche // statt Kursivschrift verwendet, um zu verdeutlichen, daß ich mich selbst nicht sprechen hören konnte.) Diese Idee wurde akzeptiert, aber das Buch wurde immer noch nicht publiziert. Um den Verleger zufriedenzustellen, hat Charles de facto eine neue Version erarbeitet. Einige Male wurde die frühere Version gekürzt, ein ander Mal wurde neues Material hinzugefügt, "Gespräche", die Charles selbst geschrieben hatte und die aus neuen Artikeln, Briefen oder aufgenommenen Vorträgen, die ich ihm geschickt hatte, entstanden sind. Ich hab an der Endversion keine Änderungen vorgenommen. Als man mich bat, einen packenden Titel vorzuschlagen, sagte ich: Nennt es *Pour les Oiseaux*. Obwohl Pierre Belfond diesen Titel akzeptierte, fragte er mich nach der Publikation des Buches etwas nervös,ob mein Titel nur ein Scherz sei. Ich antwortete:

Nein. Ich bin für die Vögel, nicht für die Käfige(cages), in die sie von manchen Leuten gesteckt werden.

Ich hatte die Möglichkeit, das Typoskript der Übersetzung von Daniel Charles' Buch durchzulesen (es freut mich, daß Charles' und mein Name auf der italienischen Übersetzung stehen) und jede mir wünschenswerte Veränderung vorzunehmen, damit es sich anhöre, als ob es von mir wäre (was ich momentan überhaupt nicht behaupten kann). Nach einigen wenigen Änderungen habe ich den gesamten Text gelesen und habe mich weitaus besser unterhalten, als wenn ich mich wiedererkannt hätte. Und dann blätterte ich zurück zum Anfang des Buches und schrieb das Wort "stehen lassen", d.h. laß es so, wie es ist. Die Ideen haben sozusagen ihre Kleider gewechselt, aber sie sind gesund. Ich entschloß mich, ihnen nichts anzutun. Sollen sie ihr eigenes Leben führen. Sie werden sich bestimmt in einer nicht voraussagbaren Weise ändern, wenn sich jemand die Zeit nimmt, sie zu benutzen.

SECHZIG ANTWORTEN AUF
DREIUNDDREISSIG FRAGEN VON DANIEL CHARLES

SECHZIG ANTWORTEN
auf dreiunddreissig Fragen von Daniel Charles

Schönberg, dessen Schüler Sie waren, sagte, dass Sie «kein Komponist seien, sondern ein Erfinder – mit Genie».
Was haben Sie erfunden?

Musik (nicht die Komposition).

Was Sie in einigen neueren Stücken (ich denke an Variations IV*) interessiert, ist nicht die Bestimmung von Klängen, sondern der Ort, an dem sie stattfinden. Warum diese Betonung des Raumes?*

Es war ein Versuch, die Musik auszusperren, so wie wir die Kinder zum Spielen rausschicken, damit die Erwachsenen das zu Ende führen können, womit sie gerade beschäftigt waren.

Buddhas Fuss befindet sich im Grab. Gleich nach der Geburt schreit Buddha (wir tun, was wir tun, mittels Widerspruch): ‹Ich bin der Weltbegnadete (nicht als Qualität – wie, wo, was, wer, wenn – nur als Kontinuität)!›

Worauf Sie mit dem Wort Musik anspielen, ist ein Spiel ohne Ziel. Ein Fehlen von Finalität. Ein Wirken dessen, was ich eine indirekte Methode nennen würde: die Töne das sein zu lassen, was sie sind, ist Ihnen zufolge nur möglich, wenn man in Anbetracht der Töne jegliche Intention ausklammert. Dadurch hoffen Sie so zu handeln, «wie die Natur verfährt». Indem Sie so jedweden Selbstausdruck der künstlerischen Individualität unterdrücken, imitieren Sie die Natur. Ihre Vorstellung von der Natur läuft aber Gefahr, in der Gestalt eines Rätsels aufzutreten: letztendlich ist der Künstler als denkendes, wünschendes, wollendes Individuum auch ein Teil der Natur.

Oder ist die Welt nur ein «Spiel ohne Spieler»? Wenn ja, warum spielen Sie dann immer noch?

Subjektivität.

Was halten Sie von Leonard Meyers Meinung, dass Ihre Ästhetik ein «radikaler Empirismus» sei?

Tenney schrieb, um zu sagen: «Was wir brauchen...ist...ein radikaler Eklektizismus (Ives)...‹Die Pflicht eines jeden Komponisten›... Mehr Macht für Fuller... für die revolutionären Guerillas... für die christlichen Pazifisten... für die Blumen-Kinder... für die Hippies... für die LSD-Schlucker... die Beatniks, die verliebten Verrückten, die Provos... für die schwarzen Militanten... für die, die weiterhin Fragen stellen.»

Wir müssen einen Dialog herstellen zwischen Mensch (auch Gesellschaft) und Natur (die himmlische Stadt ist nicht mehr befestigt: sie ist ins All davongeflogen).

*Es gibt verschiede-
ne Lösungen: Ver-
lust des Interesses,
Fliegen.*

Wenn Sie zusammen mit Merce Cunningham auftreten, bringen Sie Musik und Tanz zusammen. Für Sie sind diese Aktivitäten unabhängig voneinander. Ist das aber immer der Fall? Verflechten sich nicht die Kausalitätsketten von selbst, auf natürliche Weise, da wo Sie nur eine einfache Konkomitanz sehen wollen?

Xenakis versicherte mir, dass Sie von einer Ihrer Japan-Reisen enttäuscht zurückkehrten. Stimmt das? Und warum?

Wir haben uns voneinander getrennt. Es war keine räumliche Trennung, sondern eher, als ob wir tot wären. Es muss für ihn, wie auch für mich, Zeiten geben, wenn er zwar in meine Richtung sieht und «hallo» sagen möchte, aber mich dennoch vorbeilaufen sieht, ohne dass ich ihm auch nur zugeblinzelt hätte. Heiliger Bim-Bam: wir waren identisch. *Ergo* ist nichts verloren.

Ist Ihre Musik ein Koan?

Eines tun wir nicht, wir benutzen keinen Auskunftsdienst. Es ist von grösster Dringlichkeit – sogar eine ethische Angelegenheit –, dass wir einander erreichen können. Sogar die Egoisten werden ihre Ansichten über Unterbrechung ändern (d.h. sie werden oberflächlich moralisch): die erhaltenen Telefongespräche werden das Mittel sein, wodurch ihr sozialer Wert eine grundlegende ökonomische Sicherheit übersteigt (eingedenk ihrer sozialen Nützlichkeit).

Ist Zen für Sie eine «radikal empiristische» Aktivität? Hat Suzuki, nach Ihrer Meinung, nicht den Zen zu einem Empirismus gemacht, indem er den Begriffsapparat von William James benutzte, um ihn zu erläutern?

Das *I Ging* erfreute sich seiner «Komputerisierung» (eine Vermehrung der Vorteile) und empfahl Bescheidenheit, den Rückgriff auf uralte Weisheit.

Sie haben sich oft des Zufalls bedient. Ist das die beste Art und Weise zu vermeiden, sich der Absichten, Wünsche, Neigungen, irgendwohin zu gelangen, zu entledigen, all dessen, was – nach Ihrer Meinung – das eigentliche Vorhaben der Musik vereitelt: Töne das sein zu lassen, was sie sind?

Die Welt befindet sich im Wandel. Warum sollte es sich der Künstler zur Aufgabe machen, diesen Wandel zu begleiten und ihn a fortiori anzustiften? Ist es nicht ebenso berechtigt, gar edel, allen Wandel abzulehnen? Oder wie es Max Picard ausdrückt: «Kann man nicht ganz in einer Epoche aufgehen, während man gegen sie opponiert?» Sind Sie jemals auf den Gedanken gekommen, gegen Ihre Epoche zu opponieren? Ist nicht die Fülle des Lebens auch auf der Seite des Dauerhaften, des Beharrens, des Unveränderlichen zu suchen?

«Die Welt wird niemals ohne einen Buddha verlassen.» «Die Welt in einem Sandkorn.»

Keine Bestimmung.

Selbst das Paradox ist kein eindeutiger Zustand. In *Alice im Wunderland* wird das klar. Indem wir uns setzen, um zu warten (die Boddhisattva-Lehre), werden wir dick. Wann beginnen wir zu lächeln? Woher kommen die Gaben, die das übersteigen, was wir ertragen können? Und eine weitere Frage: in welcher kurzen Frist werden wir schon das haben, was uns jemand zu geben beabsichtigt?

Können Sie auf etwas hinweisen, was es nicht gibt? Nehmen wir z.B. Bücher, die man ansammelt, auf die man aber für eine Zeit, sagen wir zehn Jahre, verzichtet. Dann kann es geschehen, dass man erst im elften Jahr entdeckt, dass man sie nicht aus der Hand legen kann. Wo ist da eine Logik zu sehen?

Die Welt ändert sich entsprechend des Ortes, auf den wir unsere Aufmerksamkeit lenken. Dieser Prozess ist additiv und energetisch.

Ist Ihnen bewusst, für irgendeine politische, soziale, wirtschaftliche, materielle Befreiung zu kämpfen? Was halten Sie von der seit einiger Zeit existierenden marxistischen Interpretation Ihrer Vorgehensweise?

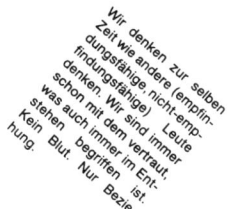

Wir denken zur selben Zeit wie andere (empfindungsfähige nicht-empfindungsfähige) Leute denken. Wir sind immer schon mit dem vertraut, was auch immer im Entstehen begriffen ist. Kein Blut. Nur Beziehung.

Anarchie ist endlich machbar. Die alten Macht- und Profitstrukturen sind im Absterben begriffen. Eine neue Vorstellung ist entstanden: die « Nützlichkeiten». Wir sind dabei eine Welt zu schaffen, «die so gut funktioniert, dass wir tatsächlich darin verrückt werden können».

Wird der Gewalt durch den Zufall nicht Tür und Tor geöffnet – dem, was manchmal (und entsprechend Ihrem eigenen Einverständnis) in den Happenings als gewalttätig und naiverweise als polizeistaatlich erscheint?

Die soziale Lage ist kritisch. Derjenige, der das tut, was schon gemacht wurde, zählt nicht mehr. Dass schon etwas getan wurde bedeutet, dass es für einen anderen nicht nötig ist, es noch einmal zu tun. Eine Hand genügt; zwei sind eine zuviel. Hände sind nicht besitzergreifend – sie gehören dem eigenen Körper.

Eine vollkommen moderne Methode bezieht den Gebrauch eines Computers mit ein. Der Gewinn ist gewaltig, faszinierend.

Da heute Sonntag ist, der Tag der Unwissenheit, ist es mir nicht möglich, meinen Geist zu kultivieren. Stattdessen werde ich bald draussen im Regen sein und tropfnass werden.

Vor nicht allzulanger Zeit schien die Stille ein wesentliches, fast fundamentales Element Ihrer Musik zu sein. Wie mir scheint, haben Sie erst später erkannt, dass Stille «an sich» nicht existiert. Dulden Sie wegen dieser Entdeckung (soweit ich beurteilen kann) immer weniger Stille in Ihrer Musik? Folgen Sie nicht dem Pfad der Europäisierung in seiner Kontinuität – einer Anpassung an das, was auch immer geschieht, ob Sie es wollen oder nicht?

Es gibt viele Arten seine Ansicht zu ändern. Aber bestimmt nicht, indem man fragt, warum. Sobald sie sich geändert hat, bezieht sich die Ansicht auf sich selbst. Unverändert kommt weder etwas hinein noch heraus (die Unregelmässigkeit etwa schliesst die Regelmässigkeit mit ein... kein Raum *vice versa*). Atommüll ist ein Problem. Schickt ihn auf die Sonne.

Warum gibt es in Variations V *soviel Lärm? Sie waren gewöhnlich sanft, empfindsam; wie konnten Sie gewaltsam werden? Schon in* Alice Denham in 48 Seconds *von Al Hansen benutzten Sie eine Maschinenpistole oder etwas ähnliches. Das stellt in den Augen und besonders in den Ohren derjenigen, die Ihnen gefolgt sind, ein moralisches Problem dar. Kann man sich von der Gewalttätigkeit befreien, indem man sie akzeptiert, indem man sie fordert oder sogar, indem man sie einem Publikum aufzwingt, das vollkommen unschuldig ist? Und trotzdem mochten Sie nicht die für Sie bestimmte Hommage von Nam June Paik in Köln, als er Ihre Kravatte abschnitt.*

Was ist ein ruhiger Geist? Ein Geist, der in einer ruhigen Situation ruhig ist? Denken Sie an Wordsworth, an Thoreau. Am Ende von Thoreaus See befand sich eine Eisenbahnstrecke. Daniel in der Löwengrube. Es gibt keine Zeit mehr. Nur Quantität. Sagen wir, dass es nur wenige Töne gibt. Sagen wir, sie wären laut. Was sollen wir tun? Springen?

Während der Diskussion stellte sie eine Frage über Erziehung. Antwort: die Menschen zusammen, ohne Einschränkungen, in einer überaus wirkungsvollen Situation. Sie stellte eine weitere Frage. Leute die nie an's Fragen denken: Mutter! was soll ich jetzt tun? Sie drehte sich um und verliess den Raum.

Stille drückt die verschiedenen Parameter besser aus als der Klang (einschliesslich der Parameter, die wir bisher noch nicht entdeckt haben) Thoreau sagte, Töne sind Blasen auf der Oberfläche der Stille. Sie platzen. Es wäre zu fragen, wieviele Blasen sich auf der Stille befinden.

Ich habe nicht die geringste Ahnung, wie es geschah. Selbst wenn ich eine Ahnung gehabt hätte (die experimentell hätte veranschaulicht werden müssen, um ihr zu ermöglichen meiner Aufmerksamkeit zu entgehen), wäre es trotzdem geschehen.

Wie ertragen Sie es, Schüler, Einfluss, Ausstrahlung usw. zu haben?

Wenn wir uns von der Vergangenheit auf die Gegenwart zubewegen, kommen wir von der Freude zur Irritation. Wissen Sie was geschieht? Der Geist des Hindu ist beweglich. Bald wird er fähig sein mit Computern, kybernetischen Maschinen und wer weiss noch was besser umzugehen als andere Köpfe es könnten.

Sie sind wahrscheinlich weniger als man im allgemeinen glaubt für die zunehmende Verfeinerung und Erleichterung verantwortlich, die Ihre Unternehmungen vermutlich hervorgebracht haben, da sie auch ohne Sie entstanden wären. Dennoch, dank Ihrer Aktivitäten, haben sich nicht nur die Klänge, sondern auch die Menschen als das zu erkennen gegeben, was sie sind: Sub-Klänge, Sub-Menschen. Sie zwingen beide, die Klänge und die Menschen, sich von dem zu befreien, was sie nicht sind. Durch Ihre Vermittlung können die Menschen eventuell wieder Menschen werden, und die Klänge eventuell wieder Klänge. Glauben Sie ernsthaft, dass es im Abendland seit der Kunst nach der Renaissance einen Verfall hinsichtlich dieses Wahrnehmungsvermögens gegeben hat?

Glauben Sie ernsthaft, dass die nicht-abendländischen Künste im Laufe der Jahrhunderte vor einem ähnlichen Niedergang bewahrt wurden?

Wenn man einen Empfang verlässt, nachdem man dem Gastgeber auf Wiedersehen gesagt hat, sucht man die Gastgeberin auf, um ihr zu danken. Die Familientrottel, denen man früher auch gedankt haben mag, werden unglücklicherweise nicht länger zu Hause behalten.

Sie haben Recht: es hätte nicht anders sein können. Unschuldige Vision. Aber wir haben die Gabe, die Dinge hässlich zu machen. Jemand, der ganz alleine ist, wird immer die Ecke, in der er sich befindet, mühelos verfinstern. Als man Gandhi fragte, was er über die westliche Zivilisation denke, sagte er: «sie könnte nett sein»

Sie haben immer eine gewisse Neigung zur Askese und Selbstverleugnung gehabt. Ob Beethoven, das Vibraphon, bel canto, Jazz, das Radio, Sie haben Schritt für Schritt all diese Elemente, die Sie nicht mögen, in Ihre Musik aufgenommen. Es war eine Art «Ihre Ohren zu öffnen» (und auch unsere). Aber sollten Sie sich nicht der Harmonie, dem Kontrapunkt und der Serie – allem, was übriggeblieben ist und das Sie auch nicht mögen – auf diese Art, mit «offenem Ohr», nähern? Wenn Sie sagen, dass «Beethoven jetzt eine Überraschung ist, die für das Ohr ebenso akzeptabel sei wie eine Kuhglocke» – hat es dann nicht auch immer diese Art, ihm zuzuhören, gegeben?

D

u

c

h

Was denken Sie heute über Marcel Duchamp?

Und von Rauschenberg?

Warum haben Sie Virgil Thomson eine theoretische Abhandlung gewidmet?

a m Als ich ins Haus eintrat, bemerkte ich, dass eine sehr interessante Musik gespielt wurde. Nach ein oder zwei Gläsern fragte ich meine Gastgeberin, was das für eine Musik wäre. Sie sagte, «das ist doch nicht Ihr Ernst?»

p

Warum messen Sie in Ihren veröffentlichten Texten der Typographie soviel Bedeutung bei?

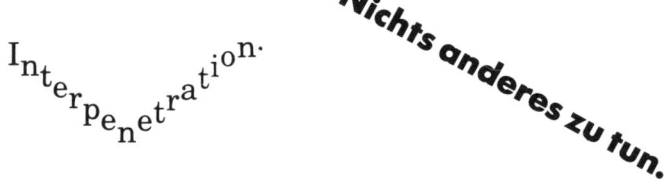

I_nt_er_p_e_ne^tr^atⁱ^oⁿ.

Nichts anderes zu tun.

Es gibt diejenigen, die vom Ausruhen krank werden. Ich . . . ich würde zu den Indianern gehen. Menschen, die mit Tieren leben. Graves sagte, stell Dir vor Du träumst. Ich riet ihm, seinen Besuch bis zum Äussersten auszudehnen und dann noch einen weiteren Tag zu bleiben.

Was denken Sie über Flower Power?

Das war gefährlich. Es ist es immer noch. Wir werden fortwährend gewarnt. Ausserdem erschienen unsere Handlungen oberflächlich, obwohl wir unser Leben gaben. D.h. anstatt zurückzukehren, fuhren wir ab. Es war eine Voraussetzung, dass die Gegensätze innig verbunden sind. Wenn wir noch einmal anfingen, würden wir mit etwas beginnen (einer Ideenkonstellation).

Wo ich wohne, sind die Berge alt. Sie haben ihre Spitzen verloren.

Gewöhnlicherweise werden McLuhan und Fuller als Ihre geistigen Lehrer erwähnt. Was bewundern Sie an ihnen?

Wir tun das, was kein anderer macht. Ökonomie. (Wir glauben nicht an die «Natur des Menschen».) Wir sind Neureiche. Darüber hinaus sind wir Kriminelle. Dort sprechen wir die Wahrheit, gegen das Gesetz. Aus diesem Grund beuten wir die Technologien aus. Unsere Handlungen sind durch die Umstände bestimmt.

Manchmal haben Sie Satie und Webern, deren Werke auf Dauer basieren, Beethoven gegenübergestellt, der, wie Sie behaupten, nach der Harmonielehre komponierte. Aber befindet sich die Harmonie nicht ebenfalls in der Zeit, als eine Funktion der Zeit, und ist sie aus diesem Grund nicht auch Dauer?

Musik ist nur ein Wort. Sie existiert nicht als eine getrennte, reine Aktivität. Sie hat kaum Autonomie. Dennoch haben Sie keine Bedenken zu sagen, «alles was wir tun ist Musik». Warum?

Es gibt zwei Arten einen Berg herunterzufallen. Bei der einen rutscht man aus, während man hochsteigt. Die andere ist natürlich. Sobald man den Gipfel erreicht hat, beginnt man abzusteigen, und man gewinnt an Schnelligkeit.

Beim Lesen von Thoreaus *Journals* entdeckte ich all die Ideen, die ich jemals hatte, und dass sie es in sich haben. (Zwangsgesetze wurden geschaffen, um zwei Iren daran zu hindern, auf der Strasse zu kämpfen.)

Man gebraucht die Wörter auf verschiedene Weise, und ich bin kein Gelehrter. Ich weiss, was ich meine, wenn ich etwas sage oder schreibe. Aber früher oder später vergesse ich zufällig, was ich im Kopf hatte. Im Allgemeinen finde ich das, was andere sagen oder schreiben, poetisch. Um Missverständnisse zu vermeiden, beginnen wir unsere Unterhaltung mit Definitionen. Also sagen Sie mir, was war noch einmal Ihre Frage?

Aktivität.

Die Tür öffnete sich. Er trat ein, schaltete das Licht ein, setzte sich, starb. Das Licht brennt immer noch. Keiner hat es ausgeschaltet.

Feldman beschuldigt Sie – ich glaube auf eine freundliche Art –, nicht zu handeln in gewissen neueren Werken (oder Nicht-Werken), während andererseits Sie sagen, dass Sie handeln. Trotz Ihrer Weigerung, Musik als eine autonome Kunst zu betrachten, verhalten Sie sich wie ein Musiker. Sie möchten, dass Ihre Partituren akkurat ausgeführt werden. Sie haben etwas von einem Kunsthandwerker an sich ... Ich denke an Ihre Art, als Sie anlässlich des Museum Event *in Saint-Paul-de-Vence einen Schlagzeugpart aus Ihrem* Atlas Eclipticalis *herausdestilliert haben ... Und dann gibt es in Ihren Konzerten schliesslich mehr Klänge oder Geräusche als im täglichen Leben vieler Leute, ob Ihr Leben nun ruhig verläuft oder nicht. Ich würde gern wissen, ob Ihre Musik wirklich mit dem Leben verbunden ist oder ob sie nicht, trotz Ihrer Bemühungen, immer noch Musik bleibt. Was Sie vermitteln ist immer noch Kunst, selbst wenn Sie theoretisch ein für allemal den Unterschied zwischen Kunst und Nicht-Kunst abgeschafft haben.*

Satie wurde wütend darüber, dass die Leute still blieben, um seine «Möbel-Musik» zu hören. Haben Sie jemals ähnliche Empfindungen gehabt?

Ich glaube, er hat alles auf eine Karte gesetzt. Wahrscheinlich tat er das, um auf Ideen zu kommen. Tatsächlich ist er sehr ernst. Sogar leichtherzig.

ich habe gesagt, ich wäre froh, wenn sie keine Neon-röhren benutzten (obwohl ich das Licht mochte, das das Weiss so leuchtend machte).

Kritik ist nicht die Zeit zum Denken. Denke im Voraus.

Aus anderen Fenstern schauen.

Was wir tun müssen (Fuller) – es ist die Welt derartig zu gestalten, dass jeder das vokativ – hat, was er braucht: Essen, Kleidung, Unterkunft, Transportmittel, audio-visuelle Kommunikationsmittel, Elektrizität, Wasser, Gesundheit und ein langes Leben. Dies ist ein Vorhaben, das keinen Fehler duldet. Heutzutage sind Fehler «tödlich». Die Maschine funktioniert nicht. Wie ist es dazu gekommen?

Würden Sie es akzeptieren, wenn man Ihre Musik als «informell» (im Sinne Adornos) bezeichnete?

Um mich weiterhin mit «meinem» Werk in Verbindung zu bringen? Können Sie nicht sehen, dass ich ein Mensch bin und mein Werk es nicht ist? Wenn Sie z.B. entschieden, mir und meinem Werk einen Tritt zu versetzen, hätten Sie dann nicht zwei – und nicht nur eine – Handlung durchzuführen? Je mehr ich mich von meinem Werk entferne, um so produktiver wird es. (Vgl. die Erde, moderne landwirtschaftli-che Methoden.)

Wenn jemand sagt, «ich denke nicht», meint er da-mit, dass er es vorzieht wei-terhin zu denken, anstatt zu einer Schlussfolgerung zu gelangen. Man macht Beobachtungen, nur spre-chen sie verschiedene Re-gionen des Gehirns an.

Wir unterbrechen unsere Flüge, indem wir die Nacht in einem Flughafenhotel ver-bringen. Keiner weiss, wo wir sind.

Wenn man unter «Experimentalmusik» eine Musik zu verstehen hat, in der keiner, und zumal nicht der Komponist, voraussehen kann, was gesche-hen wird, rühren dann nicht diejenigen Ihrer Musiken, die «unbestimmt was die Ausführung anbetrifft» sind, letztlich von einem gewissen Quietismus her? Wie können Sie voraussehen, dass das Leben so «wunderbar» ist, so-bald die Töne wieder das werden, was sie sind?

Ihnen entgeht das Haupt-sächliche. Wir bringen nicht Dinge in eine Ord-nung (das ist die Funktion der Nützlichkeiten): wir fördern ganz einfach die Prozesse, damit sich die Dinge ereignen können.

Angenommen ich sage, dies sei das, das würde Ihnen gar nichts nützen. Dinge müssen in uns dringen. (Er sagte, dass er meine Musik nie gehört hat. Antworten Sie: sie haben nichts versäumt.)

Wenn Sie sagen, dass die zeitgenössische Musik weder der Zukunft noch der Vergangenheit angehöre, sondern nur Musik sei, die genau in diesem Moment gegenwärtig ist, dann scheint mir, dass Sie von den drei Dimensionen, in die man gewöhnlich die Zeit unterteilt – Vergangenheit, Gegenwart, Zukunft –, die mittlere bevorzugen. Genügt es aber beim Denken über die Zeit nur die Gegenwart zu denken – oder, wenn Sie es vorziehen, den Augenblick. Was geschieht dann mit dem Gedächtnis? Mit der Utopie? Mit der Erinnerung der Musik, mit der Utopie der Musik?

Ist der Augenblick nicht ein Mythos?

Wenn man die Sinne nicht technisch erweitert, sehen wir nur fünf Prozent dessen, was existiert. Durch die Mittel der Mikro-dies, Mikro-das, Tele-dies und Tele-das erforschen wir den Rest. Da wir trotz unserer Armut, einen Sinn für unseren Überfluss haben, können wir nicht jetzt, da wir mehr haben als wir brauchen, mit einiger Gewissheit annehmen, dass, was es auch sei, wo es auch sei, wann es auch sei, für wen auch immer da ist?

Der gegenwärtige Moment ist die Stunde null. Es kann sehr leicht mehr oder weniger werden. Das trifft nicht auf das zu, was noch nicht geschehen ist. (Indem wir das zweite von zwei ähnlichen Objekten sehen, bringen wir es nicht mehr fertig, uns an das erste zu erinnern.)

Indem Sie Meister Eckhart zitieren, spielen Sie auf den Grund an. Wie kann etwas – Musik, Handlung, kurz Theater – aus diesem Grund entstehen?

Meister Eckhart sprach zu uns über die Schlichtheit der Seele. Aber die Natur ist komplizierter. Wir sollten uns von der Seele befreien oder ihr beibringen, sich auf eine unzählige Menge von Dingen einzulassen. Ebenso das Ego, seine Träume, seine Werturteile. (Vielleicht schaffen wir es, dort hinzugelangen.)

Was ich sagte war eine Sache, was ich sagte war eine andere.

Wir erwähnen die Zeit nicht mehr. Wir wissen nicht, wo wir uns befinden. Erst hier, dann dort. Sowie wir uns auf dem Boden befinden (der Pilot weigert sich zu fliegen), eilen wir in die Wälder, machen wichtige Entdeckungen (*Tricholoma equestre*). Bei klarem Wetter halten wir neben der Starbahn inne und finden *Pleuroti Collybiae*.

Stille Leute, die einander vertrauen.

Wir befanden uns an den entgegengesetzten Seiten der Halle. Wir verliessen unsere getrennten Räume und befinden uns in der Halle. Jetzt arbeiten unvereinbare Ideen zusammen, um eine Steigerung in der Quantität und in den Kunstgattungen zu produzieren, die bereits «überraschend und freudespendend» waren.

Kennen Sie Angelus Silesius?

Weil er seine Hände schmutzig machte, ist es uns möglich zu leben. (Auch wir sind Bäume.) Meine Dankbarkeit nimmt seine Zeit nicht in Anspruch. Als sie von der Pilgerfahrt zurückkehrten, erzählten sie uns, dass das Dach undicht sei. Was soll's, unsere Köpfe sind verbraucht. (Seine Ideen können eindringen.) Er ist ebenso ernsthaft und frivol wie Chaos. Wann beginnt der Sturm?

Sie sind auf geistige Virtuosität versessen. Nur dass die Virtuosität, wie Dick Higgins behauptet, immer noch nur Virtuosität ist. Was denken Sie darüber?

Wir kommen einander näher. Bald werden wir uns berühren können. Wir waren zu lange voneinander getrennt. Vergessen wir nicht die anderen, die noch nicht frei sind, um sich uns anzuschliessen: die Wahnsinnigen, diejenigen, deren Hautfarbe sich von unserer unterscheidet, diejenigen, die ihr Haar auf eine unkonventionelle Art frisieren oder tragen; die Leute im Gefängnis, im Krieg, in der Schule, in sinnlosen Tätigkeiten. Bringen wir die ganz Jungen und die ganz alten zusammen. Sie interessieren sich füreinander.

John Cage.

EIN DIALOG MIT JOHN CAGE
Mit einer anschließenden Diskussion

Struktur und Material: Methode und Form
Arbeiten aus seiner Jugend
Präpariertes Klavier
Funktion der Stille
Anwendung des Zen auf die Musik
Jenseits des Ausdrucks: Gebrauch des Zufalls
Befreiung der Zeit
Das *I Ging*
Über einige Zufälligkeiten
Über Beziehungen
Was von der Organisation verbleibt
Augenblick, Dauer, Wiederholung
Gegen das Ego
Elektro-akustische Techniken und "live electronic music"
Wichtigkeit des Raums
Musicircus
Über den richtigen Gebrauch von Happenings
Anarchie und die nützlichen Einrichtungen
Über einige neuere Konzerte
Gegen Politik
Diskussion

Der folgende Text ist eine Zusammenfassung des Podiumsgesprächs mit Daniel Charles und John Cage, das am Dienstag, dem 27. Oktober 1970 um 14.20 Uhr im Musée d'Art moderne de la Ville de Paris im Rahmen der *John-Cage-Tage* stattfand und von den *Internationalen Musik-Wochen von Paris* unter der Leitung von Maurice Fleuret organisiert wurde. Die Tonaufnahmebedingungen ließen jedoch keine vollständige Transkription der gesamten Diskussion zu; zwei oder drei Fragen und die entsprechenden Antworten von John Cage mußten geopfert werden, da sie unverständlich waren.

DANIEL CHARLES: *Unendlich sind die Fragen, die man stellen möchte. Ich bin während dieser "John-Cage-Tage" nur einer unter anderen, die für das Denken des Musikers einstehen, und ich hoffe sehr, daß Sie meine Fragen, die notgedrungen bruchstückhaft und unvollständig sind, ergänzen. Gleichwohl möchte ich, daß dieser Dialog sich auf einige theoretische Probleme, die durch das Vorgehen des Komponisten gestellt werden, zentriere. Wenn letzterer einverstanden ist, würde ich gerne mit Begriffen anfangen, die er in der Zeit, als seine ersten Werke entstanden, gebildet hat, und ich möchte versuchen, mit ihm nach ihrem Werden zu suchen. John Cage, ich möchte also, daß Sie uns folgende Begriffe definieren:* Struktur, Methode, Form, Material *– Begriffe, die für Sie zu einer bestimmten Zeit von größter Wichtigkeit gewesen sind.*

JOHN CAGE: Als ich bei Schönberg studierte, war ich anfangs von seinen Gedanken über musikalische Struktur beeindruckt. Nach seiner Meinung stellte die Tonalität die Mittel bereit, um diese Struktur herzustellen. Und diese Struktur ergab sich aus der Unterteilung eines Werks in Partien. Wenn man Tonalität verwendet, hängt die Struktur von der Kadenz ab, da es allein die Kadenz gestattet, die Partien eines musikalischen Werks festzulegen.

Halten Sie immer noch an dieser Konzeption von Struktur fest?

Nein, natürlich nicht. Ich habe sie anfangs akzeptiert. Aber nur, insofern ich nicht mehr gemäß der Tonalität strukturierte sondern dem Zeitmaß entsprechend.

Warum?

Weil ich die Welt der Geräusche in ein musikalisches Werk einbeziehen wollte.

Dann haben Sie also das tonale System von Anfang an abgelehnt?

Ja, denn Geräusche haben nichts mit Kadenzen zu tun.

Damit haben Sie gleichzeitig vermieden, innerhalb der "kulturellen" Definition von Struktur zu bleiben.

Ja. Ich sah mich gezwungen, was man unter musikalischem Material verstand, nochmals zu untersuchen.

Können Sie die Verbindung von Struktur und Material spezifizieren?

Struktur oder Material können verbunden werden oder entgegengesetzt sein.

Es sind zwei Begriffe, die ein Paar bilden?

Genau.

Was verstehen Sie unter Methode?

Ich hatte bemerkt, daß sich Schönberg bei der Anwendung der Zwölfton-Reihe mit der Bewegung von einem Ton zu einem anderen beschäftigt hatte. Das ist keine Frage der Struktur, sondern, wie ich sagen würde, der Methode. Methode besteht darin, einen Schritt nach dem anderen zu machen, erst den rechten, dann den linken. So kann man mit den zwölf Tönen laufen, nicht wahr? Oder sogar mit dem Kontrapunkt. Schönbergs Vorgehen war im wesentlichen methodisch. So haben wir also über Struktur, Material und Methode gesprochen...

Bleibt noch die Form.

Zu dieser Zeit habe ich Form als einen Aspekt des Mysteriums betrachtet, in den sich das Leben eines Organismus manchmal hüllt. Wenn man versucht, es zu organisieren, wird es getötet. Ebenso ist es möglich, durch die Imitation der Form eines anderen ein klein wenig in dessen Leben einzutreten. Ein wenig, aber nicht ganz und gar. Man *besitzt* dieses Leben nicht wirklich.

Form ist etwas Einmaliges, sie wiederholt sich nicht.

Es ist besser, wenn es sich so verhält.

Sie haben die Möglichkeit eines Verhältnisses zwischen Struktur und Material erwähnt. Lassen sich andere Verhältnisse innerhalb eines musikalischen Werks errichten?

Struktur und Methode lassen sich meines Erachtens durch die Liebe zur Organisation verbinden...

Oder sie können die Liebe zur Organisation herausfordern...

...Was man von uns behauptet. Die Wahl des Materials und besonders der Form muß und kann dagegen frei bleiben. Es war mir klar, daß man Material, aber nicht Form organisieren kann. Und man kann Struktur nicht improvisieren. Das sind, oder vielmehr, das waren meine Vorstellungen, die ich in den vierziger Jahren hatte.

Bis 1950?

Um 1948/49 begann ich, nicht mehr an sie zu glauben, mich nicht mehr für sie zu interessieren. Aber bis zu diesem Zeitpunkt habe ich gedacht, daß drei der vier Komponenten improvisiert werden könnten: Form, Material und Methode, und daß drei organisiert werden könnten: Struktur, Methode und Material. Und die beiden mittleren, Material und Methode, könnten entweder organisiert oder improvisiert werden.

Aber ein musikalisches Werk kann eine dieser vier Komponenten auslassen. Zum Beispiel **Metamorphosis**, *eins Ihrer Zwölfton-Stücke für Klavier, das der Strenge einer bestimmten Methode verpflichtet ist: kann man sagen, daß dieses Stück eine Struktur besitzt?*

Ganz bestimmt nicht.

Hätte es, mit einer Methode, jedoch ohne Struktur, eine "Musik des Herzens" sein können?

Sagen wir einfach, daß es Musik *ohne* Struktur ist! *(Lachen)* In diesem Werk hatte ich die Reihe in statische Zellen geteilt. Man kann sie hören, *tatata, tatata, tatata ...* Und ich verwendete eine Reihe als Grundlage dieses Werks, um zu wissen, mit welcher Note ich die Wiederholung dieser oder jener Zelle anfangen könnte.

Die Reihe interessierte nur Sie, den Komponisten; sie hatte nur mnemotechnische Funktion.

Was man hören kann, ist nicht die Reihe; aber die Reihe liegt dem zugrunde, was man hören kann.

Trotzdem ist es die Reihe, die es den Tönen erlaubt zu entstehen und sich zu entwickeln.

Aber sie sind nicht an sich.

Es sind nicht die Töne an sich, weil sie von einer ande-

ren Instanz abhängen – vielleicht einer intellektuellen.

Es gibt in diesem Fall keine Struktur und die Methode ist auf der Seite des Intellekts.

Wäre Metamorphosis *dann ein* übertrieben *intellektuelles Werk? Würden Sie zustimmen, in ihm das zu erkennen, was Sie später ein "Frankenstein-Monster" genannt haben?*

Ja, in der Tat! Und die wiederholten Zellen sind *verdammt langweilig!* (Lachen)

Würden Sie uns ein paar ausführliche Informationen über den Begriff Material geben? Könnten Sie z.B. etwas über Bacchanale *sagen, da es das erste Ihrer Werke ist, in dem das präparierte Klavier eine Rolle spielt. Dieses präparierte Klavier ist von einem großen Mythos umgeben. Sie selbst haben bemerkt, daß sich die Musikkritiker niemals darum gekümmert haben, genau herauszufinden, was sich in dem Klavier befand, nachdem Sie es präpariert hatten. Manchmal wurden zusätzlich zu den Dingen, die Sie wirklich hineingelegt haben, Gabeln, Bleistifte, andere Gegenstände erwähnt.*

(Lachen) Und sogar Schnee!

Würden Sie uns ein paar Einzelheiten über Ihre Erfindung erzählen?

Das Theater, in dem Syvilla Forts Tanz aufgeführt werden sollte, hatte keinen Platz für ein Schlagzeug-Orchester...

Zu dieser Zeit haben Sie ein Schlagzeug-Orchester dirigiert?

Ja, und ich hatte Probleme mit den Räumen! Damals haben wir das Problem drei oder vier Tage vor der Aufführung gelöst.

Sie haben sich gesagt, daß man weder dem Theater noch Ihnen selbst diese Probleme anlasten könne, sondern nur dem Klavier.

Ja.

Sie haben beschlossen, "klavier-fremde" Objekte in das Klavier zu legen.

Ja, einem einzigen Klavierspieler das Äquivalent für ein ganzes Schlagzeug-Orchester in die Hände zu geben.

Ein Prinzip der Ökonomie.

Mit nur einem Musiker. Man kann wirklich eine unbegrenzte Anzahl von Dingen in ein Klavier legen, wenn man eine "explodierende" Klaviatur zur Verfügung hat.

Und Ihr Hang zum Material hat dazu geführt, nicht nur die Klaviatur "explodieren zu lassen" sondern auch, zugunsten der Form, alles was Struktur ist.

In dem besonderen Fall der *Bacchanale* habe ich mich einfach nach der Struktur des Tanzes gerichtet.

Inwiefern?

Ich habe ein Metronom und ein Chronometer genommen und Syvilla Fort nach dem Rhythmus des Tanzes gefragt; nach dem Messen des Taktes konnte ich die Musik schreiben.

Direkt?

Ja, anhand der Struktur ihres Tanzes. Die Komponisten der Hollywood-Filme verfahren nicht anders.

Und nach der Bacchanale?

Habe ich mich um die Erweiterung des Materials gekümmert.

Also haben Sie in das Klavier etwas anderes als Holz hineingelegt, Metall...

Und auch Gummi. In *The Perilous Night* gibt es mehr als Holz; aber das Holz, das spielt, ist Bambus! *(Lachen)*

Warum?

Meine Mutter hatte die Idee, daß sich durch den Gebrauch natürlicher Gegenstände im Klavier der Effekt verbessern würde! *(Lachen)*

Lassen Sie uns zu Ihrer Definition von Material zurückkommen. Sie haben einst Ihre Musik als eine Musik charakterisiert, die gleichzeitig und gleichermaßen auf Klängen und auf Stillen beruht.

Ja, besonders meine Klavier-Solos nehmen die Stille ernst.

Wenn ich sie mir anhöre, denke ich an bestimmte japanische Koto-Stücke, in denen die Einsätze isoliert und sorgsam in der Stille verteilt sind. Gehen – oder gingen – Sie so weit zu behaupten, daß die Sequenz Stille-Ton-Stille das Wesen dieser Musik konstituiert?

Jedes Mal, wenn es, wie in den Werken, die Sie beschrieben haben, eine Zeitstruktur gibt, kann diese Zeit geteilt und die Stille als Material eingeführt werden. Ich beabsichtigte, wie Satie oder Webern vorzugehen: *Struktur* entweder mit Klängen oder mit Stillen zu *verdeutlichen*.

Dadurch entfernen Sie sich von der traditionellen Auffassung von Stille. Ihre Stille hat nichts mit der der klassischen Musiker gemeinsam, die sich sagen: "verbleiben wir in der Meditation, die sich nach unserer akustischen Wahrnehmung eines Tons richtet".

Ich konnte nicht einsehen, warum ich den Klängen den Vorzug geben sollte.

Sie haben Webern erwähnt – Sie sind seinem Beispiel gefolgt.

Sicherlich, aber nicht in der gleichen Weise wie die "Post-Webernianer".

Was wollen Sie damit sagen?

Sie haben nur das in Webern gesucht, was ihren Machtinteressen entsprach.

Während Sie besonders empfänglich für das sind, was der deutsche Kritiker Heinz-Klaus Metzger als "den unbezähmbaren Husten, der das Publikum jedesmal überkommt, wenn es eine Stille bei Webern hört..." bezeichnet.

Ja, ich habe immer sehr sensibel reagiert auf die Leute, die husten... *(Lachen)* Das ist wahr.

Demzufolge wird der Ton selbst auch dadurch erweitert, daß man die Stille ernst nimmt und nicht den musikalischen Klang bevorzugt.

Man sollte es ablehnen, ihn dem unterzuordnen, was all-

gemein als "musikalisch" bezeichnet wird.

Sie integrieren das Geräusch hustender Leute in die Klänge Ihrer Musik...

Das ist das, was andere Leute "Stille" nennen. Ich kann Klänge und Stillen austauschen.

Und indem Sie das tun, sprengen Sie die Ordnung der Musik.

"Musik", wie Sie es bezeichnen, ist nur ein Wort.

Würden Sie sagen, daß das, was die Leute weiterhin, aus Macht der Gewohnheit, als "Stille" bezeichnen, in Wirklichkeit einem anderen Bereich angehört? Oder entsteht Stille tatsächlich im selben Bereich: in der Musik?

Sie ist schon Klang, und sie ist immer wieder Klang. Oder Geräusch. Sie wird in diesem Augenblick Klang.

Ihre Arbeit betreibt die Musikalisierung dessen, was anfangs nicht musikalisch war und dadurch zu Ihrer Musik wird.

Ja, aber vergessen Sie nicht, daß dieses Verfahren Jahre gedauert hat.

Sie gehen von einer Sprachkritik aus, da Sprache von "Stillen" spricht, obwohl es sie nicht gibt. Wenn es keine Stillen gibt, kann man sie nicht besitzen. Wenn Klang und Stille einmal Gegensätze und ein anderes Mal das Selbe sind, kann dann jemand Klänge beherrschen? Ist es das, was Sie sich tatsächlich sagten?

Ja, und dementsprechend werden Sie verstehen, wie ich dazu kam, Struktur zu überdenken. Wenn Stille nicht existiert, gibt es nur Klänge. Aber in dem Augenblick erkennt man, daß es keinen Bedarf nach Struktur mehr gibt. Mit der Zeit habe ich Struktur mehr und mehr aufgegeben.

Ist das die Erkenntnis dessen, was Suzuki, der Sie ins Zen eingeführt hat, als Nicht-Behinderung bezeichnet?

Ja, der Klang stellt für die Stille nicht länger ein Hindernis dar; Stille ist nicht mehr eine Projektionsfläche im Hinblick auf einen Klang.

Dann wäre es falsch zu denken, Zen setze ein Ende, ein Halt, ein Ziel an sich – einen Zustand der Erleuchtung z.B., in dem sich alle Dinge als Nichts offenbaren würden.

Dieses Nichts ist immer noch nur ein Wort.

Wie die Stille, muß es sich selbst aufheben.

Und konsequenterweise kommen wir wieder auf das, was existiert, d.h. zu den Klängen.

Aber verlieren Sie dabei nicht etwas?

Was?

Die Stille, das Nichts...

Sie sehen doch, ich verliere *nichts!* **Bei all dem handelt es sich nicht um eine Frage** *des Verlusts* **sondern um eine** *des Gewinns!*

Zu den Klängen zurückzukehren bedeutet demzufolge, **ohne jede Struktur** *zu den Klängen zurückzukehren,die von nichts "begleitet" sind.*

Und die Wiederkehr bewegt sich in Richtung auf etwas vollkommen Natürliches: Menschen sind auf einmal wieder Menschen, und Klänge sind auf einmal wieder Klänge.

Hatten sie jemals aufgehört Klänge zu sein?

Sicherlich nicht! Aber Zen kann das besser als wir zeigen.

Ihr Vorgehen hängt also vom Zen ab.

Nein. Nicht unbedingt. Es hat nicht nur Zen gegeben.

Nichtsdestotrotz, verdanken Sie nicht den wesentlichen Teil dieser Ideen Ihrem Lehrer Suzuki?

Als ich das Studium der orientalischen Philosophie aufnahm, habe ich sofort versucht, es in meine Musik umzusetzen. Zu der Zeit nahmen alle Leute an, der Komponist hätte etwas auszusagen. Was ich also sagte, war nicht mehr als mein Verständnis der orientalischen Philosophie, und zwar zuerst die des Sri Ramakrishna, die Philosphie Indiens. Zen kam erst später. In der Tat war Suzuki mein Lehrer.

Waren Sie anfangs, zum Beispiel mit Ihrer Musik um 1945, daran interessiert etwas auszudrücken?

Ja, ich dachte, Musik müsse "kommunizieren". Zum Beispiel versuchen die *Sonatas and Interludes*, die Gérard Frémy gestern* so phantastisch vorgetragen hat, bestimmte Gedanken des Sri Ramakrishna und die ästhetischen Prinzipien Indiens musikalisch umzusetzen.

Wie sind Sie von diesen Gedanken zur Nicht-Behinderung *und zur* gegenseitigen Durchdringung *im Sinne Suzukis gekommen; wollten Sie Klang und Stille* austauschen?

Ich schrieb ein *Concerto for Prepared Piano and Chamber Orchestra*. Ich hab daraus ein Drama gemacht, zwischen dem Klavier, das romantisch und expressiv bleibt, und dem Orchester, das den Prinzipien orientalischer Philosophie folgt. Und der dritte Satz beinhaltet die Zusammenkunft der Dinge, die im ersten Satz im Gegensatz zueinander standen.

Diese Übereinkunft versöhnt Klang und Stille?

Aber ohne sie deswegen *auszutauschen*. Auch in einigen anderen Werken, wie zum Beispiel im *String Quartet*, gibt es keinen Austausch zwischen Stille und Klang. Mit den *Sixteen Dances* bin ich - zuversichtlich - in den Bereich des Zufalls eingetreten. In der Tat hatte Merce Cunningham sechzehn Tänze vorbereitet - und er hatte zu der Zeit ähnliche Ideen, wie sie in meinen *Sonatas and Interludes* entwickelt wurden. Er wollte nämlich eine Musik, die Gefühle ausdrückt. Deshalb wollte ich versuchen, einen Auftrag für "expressive" Musik auszuführen, während ich zur gleichen Zeit Zufallsoperationen anwendete.

Waren Sie wirklich darum bemüht, diesen Auftrag auszuführen?

Ja, und ich dachte mir, daß ich die Arbeit mit dem Zufall fortsetzen könnte, wenn mir die Ausführung gelänge, nicht wahr?

Warum Zufall?

---

* Konzert am Montag, dem 26.Oktober 1970, um 16.30 Uhr im Musée d'Art moderne de la Ville de Paris.

Wir sprachen über Stille als die Gesamtheit *unbeabsichtigter* Klänge. Klang und Stille auszutauschen bedeutete, vom Zufall abzuhängen.

Ja, letztendlich hing aber tatsächlich nichts mehr von Ihnen ab. Damit haben Sie sich elegant aus der Affäre gezogen. Man hat Sie deswegen oft kritisiert, da Sie, im wahrsten Sinne des Wortes, aufgehört haben, Komponist zu sein. Gab es nicht außerdem einige Mystifizierungen in diesem Bekenntnis zur Verantwortungslosigkeit?

Aber wenn die von mir im Zustand der Verantwortungslosigkeit ausgeführte Arbeit von einem anderen akzeptiert wurde, von jemandem, der die Arbeit in Auftrag gegeben hatte und der sie benötigte, würde das bedeuten, daß es geradezu möglich geworden ist, auf den Zufall zu setzen, ohne auch nur im Geringsten jemandes Verdienst zu schmälern – nicht wahr?

Das erinnert mich an eine Episode aus Ihrer Jugend. Als Sie am Pomona College studierten, hat man Ihnen Zensuren gegeben; und Ihre Zensuren waren ausgezeichnet, obwohl Sie wenig getan haben!

Genau genommen bestand zwischen meiner Arbeit und meinen Zensuren kein Verhältnis.

Haben Sie nicht eine Art Ungerechtigkeit verspürt?

Nein, es hat mich nicht geärgert, ich hab es nur registriert. Wie mit dem Zufall. Es genügte mir, es zu bemerken, mit oder ohne Zufall, am Ergebnis hat das nichts geändert.

Gibt es in Ihrer Musik ein Verhältnis zwischen der Idee des Zufalls und ihrem Zeitbegriff?

So lange es Struktur gibt, so lange es Methode gibt, oder vielmehr so lange Struktur und Methode durch einen Bezug auf das Geistige, die Vernunft existieren, wird Zeit beherrscht – oder vielmehr, die Leute bilden sich ein, Zeit zu beherrschen.

Und wir müssen uns dem Maß der Zeit unterwerfen.

Wenn man sich vom Maß der Zeit befreit, kann man nicht länger die Struktur vollkommen ernst nehmen.

Oder aber man nimmt sie in dem Sinne ernst, wie es von den gestern abend überlagert gespielten fünf Werken* ins Spiel gebracht wurde: *Ihr Vortrag* 45' *für einen Sprecher wahrt sie im Grunde nur im Titel. Zwar gibt es eine Struktur, aber nur als Titel einer Partitur.*

Ja, es gibt da noch eine Struktur, aber sie hat keine besondere Bedeutung. Und in dem Augenblick, wenn sie ihre Kontrolle verliert, kommt man auf die Idee, ohne sie fortzufahren.

Sie strukturieren, oder, um genauer zu sein, destrukturieren *Ihre Werke in einer Weise, die von den gewöhnlichen Praktiken zeitgenössischer Musik weit entfernt ist.*

Aber es gibt jetzt viele Komponisten, die wie ich arbeiten!

Natürlich. Trotzdem waren Sie in den Fünfzigern und Sechzigern, wenn nicht der Einzige, so doch zusammen mit Morton Feldman und Christian Wolff zumindest einer der Ersten.

Es tut mir leid, der Älteste gewesen zu sein! Earle Brown ist später dazugekommen.

Ist die Strukturierung - *oder* Destrukturierung - *Ihrer Meinung nach immer noch eine Möglichkeit, Musik im Hinblick auf das Zeitmaß zu organisieren?*

Ja, mir scheint, daß Zeit die radikale Dimension aller Musik ist.

Aber Sie haben Struktur nur abgelehnt, um die grundlegende Dimension, die Zeit, zu "befreien"?

So ist es.

Würden Sie dann über diese Befreiung der Zeit durch Zufallsoperationen, *wie Sie sie benutzt haben, erzählen?*

Da gab es das chinesische Buch der Orakel, das *I Ging.* Aber vor dem *I Ging* habe ich mit dem magischen Quadrat gearbeitet.

---

* Konzert vom Montag, dem 26. Oktober 1970, um 18.30 Uhr im Théâtre de la Ville: Simultane Aufführung durch fünf Mitglieder der G.E.R.M. (P.Mariétan, Dir.) von *26'1.1499" for a String Player, 27'10.554" for a Percussionist, 31'57.9864" for a Pianist, 34'46.776" for a Pianist* und *45' für einen Sprecher.*

Wie haben Sie es benutzt?

Statt der Zahlen habe ich Töne, Tongruppen in das Quadrat gelegt. So habe ich *Sixteen Dances* geschrieben, ebenso das *Concerto for Prepared Piano*, das wir vorhin erwähnt haben.

Und wie sind Sie dazu gekommen, beim I Ging Rat zu suchen?

Eines Tages ist Christian Wolff gekommen und wollte bei mir Komponieren lernen. Er war sehr bemerkenswert, und ich glaube, ich habe mehr von ihm gelernt als er von mir.

War er derjenige, der Sie mit dem I Ging vertraut gemacht hat?

Ja, und zwar so: Er brauchte seine Stunden nicht zu bezahlen. Gut, sein Vater war Verleger. Um mir zu danken, brachte mir Christian Bücher, die sein Vater herausgab. Eines Tages war das *I Ging* dabei. Als ich die *I Ging*-Tabelle sah, ist mir sofort die Ähnlichkeit zum magischen Quadrat aufgefallen. Es war sogar besser! Von dem Augenblick an hat mich das *I Ging* nie verlassen.

Haben Sie es sogar für nicht-musikalische Zwecke benutzt?

Ja, in der Tat!

Für Ihr tägliches Leben?

Jedesmal wenn ich ein Problem hatte. Ich hab es sehr oft für praktische Angelegenheiten benutzt, um meine Artikel und meine Musik zu schreiben... Für alles.

Sie haben es jedoch fertiggebracht, dem I Ging untreu zu werden, als sie zum Beispiel anhand der Unvollkommenheiten eines Blatts Papier komponiert haben.

Ja, für meine *Music for Piano*. In Darmstadt hat mich sogar einer meiner Studenten gefragt, was er tun sollte, wenn er ein Blatt Papier ohne Unvollkommenheiten vor sich hätte.

Aber warum haben Sie diese Technik der "Zufälligkeiten im Papier" übernommen?

Die Benutzung des *I Ging* nahm anfangs sehr viel Zeit

in Anspruch. Für jeden Aspekt eines jeden Klangs, für jeden Parameter den ich, wenn Sie so wollen, dem Zufall unterwerfen wollte, mußte ich drei Münzen sechsmal werfen.

Um Hexagramme zu machen.

Ja, es nahm geraume Zeit in Anspruch und bedurfte äusserster Präzision. So habe ich *Williams Mix* komponiert.Eines Tages, als ich damit beschäftigt war, daran zu arbeiten, klingelte das Telefon: eine Tänzerin bat mich, sofort eine Musik für ihre Aufführung zu schreiben. Also sagte ich mir, daß ich eine Möglichkeit finden müsse, um schneller arbeiten zu können und nicht, wie es meistens der Fall war, so übertrieben langsam. Sicherlich hatte ich die Absicht, die Arbeit an *Williams Mix* und anderen Stücken wie bisher, durch Befragung des *I Ging*, fortzusetzen. Aber ich wollte mir auch eine sehr schnelle Technik aneignen, um ein Musikstück zu schreiben. Maler arbeiten zum Beispiel mit Ölfarben langsam und schnell mit Wasserfarben. Gut, während ich über das Problem der Schreibgeschwindigkeit nachdachte, sah ich auf mein Blatt Papier und fand meine "Wasserfarben": plötzlich entdeckte ich, daß die Musik, alle Musik, schon da war. *(Lachen)*

Und Sie haben diese Technik vervollständigt.

Ja, indem ich Transparentpapier, jedes mit seinen eigenen Linien und Punkten, darüberlegte, konnte ich die Unvollkommenheiten kombinieren und sie miteinander multiplizieren.

Das erklärt die Komplexität bestimmter Notationstechniken für Ihr **Concerto for Piano and Orchestra** *aus dem Jahre 1958.*

Und auch für meine *Variations.*

Wenn man eine solche Partitur zum ersten Mal aufschlägt, ist man nicht nur über die ungewöhnlichen Merkmale vieler Graphismen erstaunt, sondern auch über die Wucherungen der Zufallsoperationen und die verschiedenen Möglichkeiten, den in den Graphismen zu "lesenden" Zufall anzuwenden.

Und man kann insbesondere sagen, daß der Anblick eines leeren Blatts Papier – Mallarmés weiße Seite – mit der Stille verglichen werden kann. Der kleinste Fleck, das kleinste Zeichen, das unscheinbarste Loch, der kleinste Fehler oder der kleinste Klecks geben die Gewißheit, daß es keine Stille gibt. Mallarmés Schwindelgefühl ist überflüssig.

Gibt es immer und überall Zufälligkeiten?

Sicherlich!

Und Ihr Concert for Piano *ist ein riesiges Repertoire möglicher Zufälligkeiten...*

Aber Sie müssen diesen Aspekt meiner Entdeckung der Zufälligkeiten auch im Zusammenhang mit meinen Studien bei Schönberg sehen. Für ihn gab es nur Wiederholung; er pflegte zu sagen, daß das Prinzip der Variation nur die Wiederholung von etwas Identischem repräsentiere.

Eines Elements, einer Reihe?

Ja. In einer Variation kann man ein Element auswechseln – man kann immer etwas auswechseln – und der Rest bleibt, wie er ist. Und das hebt die Variation auf. Eingeführt habe ich in diese Opposition ...

Die Dualität Wiederholung/Variation?

Ja, in – oder neben – diesen Schönberg-Gedanken eines Paares von Wiederholung/Variation habe ich einen anderen Begriff eingeführt, etwas *anderes*, das nicht aufgehoben werden kann.

Über welches andere sprechen Sie?

Über ein Element, das weder etwas mit Wiederholung noch mit Variation zu tun hat; etwas, das nicht in den Kampf beider Begriffe eingreift und dagegen rebelliert, eingesetzt oder wiedereingesetzt zu werden hinsichtlich...
Dieser Begriff ist der Zufall.

Ist das die Definition für Zufall?

Es kann, es muß einige Ereignisse geben, die sich, sofort oder nacheinander, ohne eine Verbindung entfalten. Wenn man diesen Standpunkt akzeptiert, beschäftigt man sich nicht länger mit Wiederholung und auch nicht mit Variation.

Man befindet sich mitten in der Desorganisation. Heißt das, daß man sich mitten im Chaos befindet?

Ich habe beim Pilzesuchen während eines Waldspazierganges herausgefunden, daß es leicht ist, bei bestimmten Pilzsorten einer Struktur zu entdecken. Eine besondere Struktur - oder eine besondere Kunst! Ab dann fährt man fort, Struktur und Organisation als etwas sehr Wichtiges zu schätzen. Wenn man aber alles, über den ganzen Tag hin, all seine Erfahrungen, beobachtet, kann man nicht mehr von Organisation sprechen! Auf diese Weise werden Kunst und Struktur undeutlich...

Auf einer bestimmten Ebene mag es Organisation geben; wenn man jedoch seine Maßstäbe ändert, gibt es keine Organisation mehr.

Ja, aber es ist nicht dasselbe wie in der Wissenschaft. Man kann den Brennpunkt verschieben, aber dann entdeckt man, daß man kein bißchen genauer geworden ist. Man kann eine noch extremere Ebene der Exaktheit wählen, aber es ist immer noch verschwommen. Es ist immer verschwommen. Als ob sich die Maßstäbe permanent verschieben... Das ist mein *Concert for Piano!* Ein Spaziergang im Wald...

Fast so wie der Film "John Cage", der gestern gezeigt wurde: die Bilder waren immer unscharf...*

Gut, durch meine zunehmende Beschäftigung mit dem Zufall und... im Laufe der Jahre kann man beobachten, wie all die von uns erwähnten Ideen, Struktur und Methode und sogar Material, vergehen.

Eine Poetik des Auslöschens.

Es verschwindet, es geht weg. Ja. Aber im selben Moment, wo alles dahingeht, kann man auch sagen, daß alles noch da ist.

Dieses Gefühl - die Simultaneität von Präsenz und Absenz aller Dinge - scheint Sie nie zu verlassen.

---

* Filmaufführung vom Montag, den 26.10.1970 in der *Cinématèque francaise* im Palais Chaillot.

Wir haben im Hinblick auf Zen schon darüber gesprochen.

Kann man die Idee von Präsenz-Absenz mit der Behauptung eines Ihrer Biographen vergleichen, der bemerkt, daß Ihr Interesse an Pilzen daher kommt oder von der Tatsache abhängt, daß in einem englischen Wörterbuch Music *und* Mushrooms *dicht beieinander stehen? Sie sind* füreinander *präsent, aber dennoch* nicht *miteinander* verbunden. So daß man sagen könnte, sie wären absent.

Ja, daran kann man wirklich sehen, wie der Zufall beides, gegenseitige Durchdringung und Nicht-Behinderung, beinhaltet.

Das Nächste ist das Entfernteste. Aber das passiert nur in Wörterbüchern...

Oder in meiner Musik? Nein, es geschieht immer und überall! Denken Sie an den Auftrag, den mir Merce Cunningham gegeben hat und von dem Sie meinten, ich hätte verantwortungslos gehandelt. Indem der Zufall akzeptiert wird, verschwinden Vorurteile, vorgefaßte Meinungen und frühere Ideen über Ordnung und Organisation! Glauben Sie, es ginge jemals etwas verloren? Sicherlich nicht. Nichts geht verloren! Wenn ich einen Auftrag mithilfe des Zufalls erfülle (was nicht als Entsprechung aufzufassen ist...), tut es letztendlich keinem weh oder unrecht.

Außer Ihnen. Sie verlieren Ihren Willen.

Das ist nicht so schlimm! Es ist es nur, wenn ich mit Pilzen so umginge, das würde mich umbringen. *(Lachen)* Deshalb habe ich Pilze sehr gewissenhaft studiert, um eine Balance zu schaffen!

Sie pendeln bewußt zwischen Leben und Tod...

Wie wir alle!

Aber indem Sie es vermeiden, sich von Pilzen vergiften zu lassen, geben Sie zu, daß das Leben vorzuziehen ist, aber nur zu dem Preis, eine gewisse Organisation zu akzeptieren. Sie lehnen Struktur nicht vollkommen ab.

Ich behalte nur das Quantum an Organisation bei, das ich zum Überleben brauche. Das bedeutet, ich gebe der Organisation den Platz, der ihr gebührt. Die Menschen handeln gewöhnlich anders. Sie organisieren alles und bis ins Letzte! Und vornehmlich unnütze Dinge - Musik, zum Beispiel... Deshalb verzichten sie, auf der anderen Seite darauf, das zu organisieren, was organisiert werden sollte: das Nützliche.

Jetzt sehe ich besser, wie Sie zu Ihrer These über die Zeit kommen. Ihrer Meinung nach muß es möglich sein, Zeit so zu belassen, wie sie ist, ohne sie zu organisieren, ohne sich ihrer zu versichern.

Ja, Sie müssen aber viele Ereignisse verbinden, von denen ein jedes seine eigene Zeit hat und sein eigenes Leben lebt...

... Und die sich konsequenterweise nicht behindern, aber sich letztendlich gegenseitig durchdringen können. Wieder die beiden Schlüsselbegriffe Suzukis.

Ja.

Ich kann das sehr gut verstehen; aber gleichzeitig bezweifle ich, ob der Mensch des Abendlandes das erreichen kann.

Warum sollten sich Ost und West einander im Wege stehen? Haben sie nicht angefangen sich zu durchdringen?

Sie wollen also den westlichen Menschen zu einer Zeitdimension des Augenblicks bekehren? Riskieren Sie nicht alles zu vergessen, was der Westen - in seiner Musik und in seinem Zeitverständnis - hinsichtlich der Dauer und der Zukunft repräsentiert?

Der Augenblick ist doch immer auch eine Wiedergeburt, nicht wahr?

Sind wir diejenigen, die wiedergeboren werden?

Wir? Uns wird's nicht mehr geben...

Also nehmen Sie Abstand von dem, was sich Nietzsche unter ewige Wiederkehr vorgestellt hat?

Ich würde sagen, daß es nur *ewige Wiedergeburt* gibt. Nur das.

Aber könnte man Sie dann nicht, wie es Leonhard Meyer tat, beschuldigen, einen Wert, der für die klassische Mu-

*sik des Abendlands unentbehrlich ist, nämlich die Dauer,
zu opfern?*

**Wollen Sie damit andeuten, es gäbe einen Grund etwas
zu bewahren?**

*Sie setzen vollkommen auf den Augenblick; aber Zeit ist
eine Summe von Augenblicken, nicht wahr?*

**Die Zeit, an die Sie denken, ist immer noch ein Konstrukt,
eine intellektuelle Organisation. Wir müssen damit aufhören.**

Ist das überhaupt möglich, außer im Buddhismus?

**Es ist sehr schwer darüber zu diskutieren, weil jeder un-
terschiedliche Lebenserfahrungen hat. Aber wir bemühen
uns darum, daß jeder auf seine Art seine Erfahrungen
fühlt.**

*Sie lehnen die Idee einer konstruierten Dauer ab. Warum
haben Sie aber dann darauf bestanden, bei Saties* **Vexations** *im New Yorker Pocket Theater die achthundertvierzig* **Da Capos** *einzuhalten. Die ganze Sache dauerte achtzehn Stunden und vierzig Minuten. Sie waren auf alles
gefaßt, nur nicht auf den außerordentlichen Eindruck,
den diese repetitive Musik hinterließ... Sie sagten, daß
Sie damit etwas absolut Neues und Unerwartetes in Bewegung gesetzt haben. Glauben Sie, daß Saties Musik dieses "etwas" in sich enthält, wenn sie im Hinblick auf eine streng repetitive Zeitmaßkonstruktion eingerichtet
wird? Ungeachtet der Repetitionen?*

**Aber sicherlich! Es wäre vielleicht das beste René Char
zu zitieren: "Jungfräulichkeit der Tat, selbst der wiederholten."***

*Müssen wir das, was Sie sagten, als wir über Schönberg
sprachen, so verstehen, daß der Zyklus von Repetition
und Variation verlassen werden muß?*

Das ist ziemlich genau das, was bei *Vexations* **entsteht.**

*Kann das, was Ihrer Ansicht nach im Rahmen einer voll-
kommen vorherbestimmten Musik möglich ist,* **a fortiori**
aus einer Unbestimmtheit hervorgehen?

---

* dt. nach Franz Wurm, "Dichtung als Übersetzung", in:NZZ,24.4.65
  (A.d.R.)

Ich glaube ja.

Führen die achthundertvierzig Wiederholungen von Saties musikalischem Text nicht zuletzt zu einer Unbestimmtheit, die mit Ihren unbestimmten *musikalischen Kompositionen zu vergleichen ist?*

Ja! Ich glaube ziemlich stark, daß es, von einem anderen Standpunkt aus betrachtet, Repetition gibt. Aber erinnern Sie sich, was ich über *Unbestimmtheit* sagte: man kann nichts genau wiederholen - nicht einmal sich selbst! Und wenn man viele Klavierspieler hat wie zum Beispiel...

Das läuft auf eine "Sammlung extremer Unterschiede" hinaus, wie Sie es anläßlich Ihres Concert for Piano *sagten.*

Das führt zu einer Erfahrung mit derartig vielen Variationen, daß die Dimension der *Ähnlichkeit* verschwindet.

Und ebenso jeder Eindruck von Langeweile?

Nur wenn wir uns entscheiden, etwas anderes zu tun als uns zu langweilen! Denn wir sind es, die Langeweile produzieren. In der Erfahrung der *Vexations*, ebenso wie in den Werken von Riley oder La Monte Young, kann Langeweile nur entstehen, wenn wir sie in uns erregen. Deshalb hab ich vorhin gesagt, *uns wirds nicht mehr geben.* Die Langeweile verschwindet sobald das Ego verschwindet. Es besteht für uns alle die besondere Notwendigkeit, mit unserem Ego zu brechen. Dann wird es eine endlose Wiedergeburt geben. Und es wird nicht mehr die geringste Langeweile aufkommen!

Ich möchte trotzdem nochmals einwenden, daß eine Erfahrung, die die Unterdrückung des Ego beinhaltet, für einen westlichen Menschen kaum zu erreichen ist.

Aber was Sie Westen nennen, ist schon nicht mehr der Westen. Alles ändert sich.

Reden wir über Ihr Verhältnis zur Technik oder Technologie. Ich glaube, bei Ihnen eine Logik feststellen zu können, eine Kontinuität in diesem Bereich, die vom präparierten Klavier über elektronische Instrumente und, jüngst, bis zum Computer führt. Über das präparierte Klavier haben wir bereits gesprochen. Könnten Sie genauer ausführen, wie Sie sich der elektronischen Appa-

rate bedient haben. Ich weiß, daß Sie sehr früh daran interessiert waren: Das erste "elektronische" Werk, das je geschaffen wurde, war von Ihnen – das wird zu schnell vergessen – und es entstand im Jahr 1938 oder 1939...

Da gab es ein Rundfunkstudio in Seattle, Washington, genau in der Stadt, wo ich das erste Mal meine *Bacchanale* aufgeführt hatte. Und in diesem Studio konnte ich ein Orchester aus Schlagzeuginstrumenten und dem präparierten Klavier zusammenstellen unter Hinzunahme von Plattentellern für die Aufnahme "technologischer" Geräusche – eine Bedingung, die ich sofort akzeptierte. Die Geschwindigkeit und demzufolge die Frequenz der Schallplatten konnte geändert werden. Und ich hab diese beiden verschiedenen Klangerzeuger im Studio gemischt.

Wie war es möglich, ihre Aktivitäten als "experimenteller" Musiker abzugrenzen von dem, was sich in den westlichen Studios zu entwickeln begann? Abzugrenzen von einer Musik, die von vornherein für die Aufnahme konzipiert war?

Ich hatte die Vorstellung, diese Musik lebendig und flexibel zu gestalten. Ich bemerkte, daß Leute beim Hören der Tonbandmusik permanent einschliefen!

Konnten sie sich nicht von ihrem Ego befreien?

Fragen Sie sie...

Sie haben auf diese Weise Cartridge Music *komponiert, eine Partitur, für die Sie "Cartriges" (Phono-Tonabnehmer, die Vorrichtung, die mit einer Nadel versehen wird, um Schallplatten zu spielen) verwendeten und dem Publikum auf der Bühne vorführten. Sobald Sie jedoch eine Bandaufnahme der* Cartridge Music *machten, würde Sie das nicht am Ende zu einem ebenso "determinierten" Werk führen, wie es diese einschläfernden Bänder der europäischen Studios sind? Warum haben Sie sie selber aufgenommen?*

Sie könnten sagen, daß es sich hier um einen Widerspruch handelt! Gut, ja... bei der Aufnahme haben wir vier verschiedene Aufführungen überlagert. Denken Sie nur: vier selbständige Aufführungen. In einem Konzertsaal kann man das nicht machen. In anderen Worten, wir,

David Tudor und ich, haben die Anlagen für Aufnahmen benutzt, um etwas herzustellen, das sonst unmöglich gewesen wäre.

Wenn es ein Widerspruch ist, ist es...

Ein guter Widerspruch.

Oder Forschung?

Genau: Forschung. Ich nenne das "experimentelle" Musik: eine Musik, bei der geforscht wird...ohne jedoch schon das Resultat zu wissen. Andernfalls...

Andernfalls?

Andernfalls wär's zu leicht!

Dann wäre es nicht unzulässig, sich eine Aufnahme von Cartridge Music *anzuhören?*

Keineswegs. Aber ich möchte betonen, daß ich *überhaupt keine* Schallplatten zu hause habe... *(Lachen)*

Schallplatten sind nach Ihrer Ansicht nichts anderes als Postkarten...

Die die Landschaft zerstören. David Tudor und ich dachten, daß sich die Überlagerung von 4 Aufführungen durch zwei Musiker, was acht Arbeitsgänge auf einmal erfordern würde, als zu schwierig erweisen würde. Und was uns am meisten überraschte, war, daß die ganze Angelegenheit "leicht" blieb... Nein, es wurde nie "schwer".

Dann würde diese Komplexität der Lebenseinstellung entsprechen?

Sicherlich. Habe ich Ihnen erzählt, daß mir einmal jemand eine Musik vorspielte, ohne mir den Namen des Komponisten zu sagen? Und ich fand sie gut. Offensichtlich hatte der Komponist den Tönen nicht befohlen,was sie zu tun hatten.

Sie waren der erste, der Tonbandmusik theatralisiert hat.

Die Notwendigkeit von Theater wurde von einigen Künstlern erkannt. Wissen Sie, wenn ich glaube, etwas entdeckt zu haben, bemerke ich immer, daß jemand bereits daran gedacht hat...

Dieser "theatralische" Aspekt Ihrer Aktivitäten ist wahr-
scheinlich an Ihre Zusammenarbeit mit Merce Cunning-
hams Ballett gebunden. Aber verursachte das nicht ge-
wisse Probleme? Haben Sie z.B. jemals gegen die Tänzer
gekämpft, mit denen Sie zusammenarbeiten sollten?

Ganz bestimmt nicht mit Merce Cunningham.

Trotzdem waren seine Ideen oft von den Ihren verschie-
den. Haben Sie nie mit ihm gestritten?

Natürlich nicht! Wir teilten Strukturen miteinander, nicht
wahr?

Ja, aber als Sie die Struktur aufgaben, hat er nicht Struk-
tur als Voraussetzung beibehalten?

Nicht immer. Seine Arbeiten wurden zunehmend flexibel.

Und Sie haben es Ihrerseits als unerläßlich betrachtet,
ein bestimmtes Ballett und ein vollkommen anderes musi-
kalisches Werk nebeneinanderzustellen.

Ja, wenn möglich ohne jegliche Verbindung.

Überdies sollten Ihre "unbestimmten" Werke den Raum be-
rücksichtigen.

Es war eine Frage der Vermeidung von Tonvermischung-
gen; um das zu erreichen, mußten die Musiker so weit
wie möglich voneinander entfernt sein. Ich wollte es
vermeiden, mich mit irgendeinem *räumlichen Objekt*, **mit**
einem *zeitlich begrenzten Objekt*, **beschäftigen zu müs-**
sen, d.h. mit Anfang, Mitte und Ende. Das paßte gut zu
den extremen Vergrößerungen des Raums für den Tän-
zer, wie sie sich Merce Cunningham vorgestellt hat; und
zur gleichen Zeit war alles zusammen noch etwas ande-
res.

Demzufolge haben Sie eine Verräumlichung der Musik er-
funden oder wiedererfunden. Aber war es nicht Charles
Yves, von dem Sie diese Idee hatten? Oder haben Sie, im
Gegenteil, eines Tages selbst die Notwendigkeit dazu ver-
spürt?

Tatsächlich entstand sie aus einem Experiment von David
Tudor und mir, mit jenen beiden Stücken für Klavier,
von denen die drei anderen Stücke des G.E.R.M.-Kon-

zerts, das wir gestern gehört haben, überlagert wurden.

Diese beiden Stücke wurden von Ihnen auftragsgemäß als ein einziges Werk ausgeführt?

Ja, und ich habe für beide die gleiche Struktur verwendet, aber mit vollkommen verschiedenen Resultaten.

Warum dieser Unterschied?

Das Problem bestand darin, den Unterschied der beiden Klaviere hervorzuheben, weil man uns in Donaueschingen einen winzig kleinen Übungsraum mit zwei dicht beieinanderstehenden Klavieren zur Verfügung gestellt hatte. Das ist ganz normal, wenn man auf zwei Klavieren spielt. Wir präparierten die Klaviere und begannen zu spielen. Gut, es war unmöglich, irgendetwas deutlich zu hören, da sich die mikrotonalen Frequenzen vermischten und ihre Komplexität sogar unsere Fähigkeit, sie zu hören, beeinträchtigte. Jedes der beiden Stücke neutralisierte das andere. Dann haben wir beschlossen, die beiden Klaviere für das Konzert sehr auffällig auseinanderzurücken. Ich muß betonen, daß wir heute abend im *Musicircus** genau das Gegenteil tun werden.

Es wird eine Réunion**, *eine gegenseitige Durchdringung, ohne sich um eine "Obstruktion" zu kümmern.*

In einem *Musicircus* ist es gestattet, alle Arten von Musik zu vereinigen, die gewöhnlich getrennt sind. Wir machen uns sozusagen keine Gedanken mehr, was man dort hören kann. Es ist nicht mehr eine Frage der Ästhetik.

Da Sie über den Musicircus *sprechen, möchte ich Ihnen ein paar Fragen über Ihr Verhältnis zu Happenings stellen. Sie haben sie erfunden...*

Ich hatte *Das Theater und sein Double* von Antonin Artaud gelesen. Dadurch bin ich auf ein Theater ohne Literatur gekommen. Wörter und Poesie mögen natürlich immer miteinbezogen werden. Aber der Rest, alles im ge-

---

* Konzert vom Dienstag, den 27.10.1970 um 18.30 Uhr im Pavillon 9 der Halles de Baltard.
** Titel eines Werks von John Cage, David Tudor, David Behrmann, Gordon Mumma, Lowell Cross und Marcel und Teeny Duchamp.

wöhnlichen Sinne *Nichtverbale*, kann ebenso mit einbezogen werden. Man sollte vermeiden, daß eine Sache die andere zu stark unterstützt: z.B. daß der Text die Handlung unterstützt. Gut, wir haben das 1952 im Black Mountain College aufgeführt. Wir haben die Zuschauersitze in vier großen Dreiecken aufgebaut, deren Spitzen auf das Zentrum ausgerichtet waren. Zwischen den Dreiecken und dem Zentrum konnte man sich frei bewegen; das gestattete uns, die Handlung um das Publikum herum beweglich zu gestalten. Diese Idee ermöglichte ebenfalls, daß sich die Leute im Zuschauerraum sehen konnten. Kunst sollte uns ins Leben einführen... Gut, im Leben sehen wir einander! Ich produziere so etwas, sooft es mir möglich ist!
Aber die Prinzipien des *Musicircus* sind von grund auf andere und interessieren mich ebenso stark. Es ist ein Prinzip einer flexiblen Beziehung, einer Flexibilität von Beziehungen.

Was verstehen Sie darunter?

Gegenseitige Durchdringung muß *durch* die Nicht-Behinderung entstehen.

Haben Sie nie in Betracht gezogen, beide zu trennen?

Nein, das Publikum muß diesen beiden Tendenzen simultan ausgesetzt werden.

Kommen wir auf die Happenings zurück. Diejenigen, die nicht von Ihnen produziert werden, laufen permanent Gefahr, auf ein Zentrum ausgerichtet zu sein, und zwar, in den meisten Fällen, auf das des Organisators...

Während in meinen Happenings jeder im Zentrum stehen sollte.

Kann es im Musicircus *einen Organisator geben?*

Ja, aber es ist besser, wenn's mehrere gäbe!

Und Sie haben nichts organisiert. Jemand anders organisiert, aber die Hauptsache besteht in der Zusammenkunft, die Sie nur vorgeschlagen haben.

Ja.

Ist die Tatsache, daß ein anderer organisiert, ohne Be-
deutung?

Nein, warum?

Laufen Sie nicht Gefahr eine neue Zentrierung zu kreie-
ren, wie in den Happenings, die nicht von Ihnen sind?

Nein, in der Musik kann es viel Organisation oder Desor-
ganisation geben - alles ist möglich. Ebenso wie es im
Wald Bäume, Pilze, Vögel und alles was man sich wünscht
gibt. Obwohl wir noch so viel organisieren und sogar die
Organisierung vervielfachen können, würde das Ganze
auf jeden Fall eine Desorganisierung ergeben! *(Lachen)*

Sie möchten für sich und andere den Zustand der Anar-
chie erreichen.

Ja, sicherlich.

Vor ein paar Tagen haben wir uns über Anarchie unter-
halten, und Sie sagten: "Was ich will, ist eine praktische
oder praktikable Anarchie..."

Genau.

Dann unterscheidet sich Ihre Anarchie von der der ande-
ren. Sie würden diejenigen, die Anarchie um jeden Preis
befürworten, beschuldigen, den Gedanken einer **unprak-**
tikablen *Anarchie zu unterstützen. Was verstehen Sie*
darunter?

Eine *unpraktikable* **Anarchie fordert die Intervention der**
Polizei heraus.

Dann würden Sie sich darauf beschränken, dem Erlaub-
ten etwas Unordnung zu injizieren. Sie würden die mora-
lische und soziale Ordnung respektieren!

Es ist schon etwas komplizierter. Wenn das Ziel darin be-
steht, eine soziale Ordnung zu erreichen, in der man al-
les machen kann, muß sich die Rolle der Organisation auf
das Nützliche konzentrieren. Wir können das schon heu-
te mit unserer Technologie erreichen.

Was verstehen Sie unter nützlich, unter "utilities"? Die
Badewanne, das Telefon?

Ja, und an erster Stelle Wasser, Luft, Lebensmittel,...

Sie wissen ganz genau was ich meine! *(Lachen)*

Das ist auch eine Art, Ordnung herrschen zu lassen!

Keineswegs, weil zuerst jeder Zugang zu dem haben muß, was er für das Leben braucht, und die Anderen dürfen ihm nichts vorenthalten. Das ist nicht das, was man sonst "Ordnung" nennt...

Sie geben die Musik auf für die Revolution, oder für die Utopie. Woher haben sie solche Ideen? Sie beziehen sich oft auf McLuhan und Buckminster Fuller, und Sie erwähnen manchmal Ihre Verbundenheit mit Thoreau.

Ja, McLuhan und Fuller haben einen Sinn fürs Nützliche. Und ebenso Thoreau, glaube ich.

Wenn ich einmal zur Musik zurückkehren darf, haben Sie Satie und Thoreau in den **Song Books** *wegen ihrer Gedanken über das "Nützliche" miteinander kombiniert?*

Einige Jahre vor den *Song Books* habe ich schon in einem meiner *Diaries* darauf hingewiesen, ohne viel darüber nachzudenken.

Eins von denen, die Sie in **A Year from Monday** *publiziert haben?*

Richtig. In diesem *Diary* mit dem Titel *How to Improve the World (You Will Only Make Matters Worse)* habe ich gesagt, daß die Verbindung zwischen Thoreau und Satie erkannt und erforscht werden muß*. Ich habe aber, genau genommen, nicht gewußt, was es bedeutete, als ich es schrieb. Es kam mir wie eine Eingebung während ich schrieb...

Und wie wurde es reaktualisiert?

Ich erinnerte mich daran, als man mir vorschlug, die *Song Books* zu schreiben; ich fand es ziemlich interessant, dieses Motiv in einem musikalischen Werk zu entwickeln, das augenscheinlich nichts mit diesen Problemen zu tun hatte.

Mit den **Song Books** *haben Sie neue und umfassende Belege für Ihr Verständnis des Worts "Zufälligkeit" geliefert.*

---

* dt. in: *Experimentelle amerikanische Prosa*, zweisprachig, Sttgt.1977

Und insbesondere, was meine Bewunderung für Satie und Thoreau anbetrifft!

Gestern abend haben wir diese **Song Books*** *gehört. Ich würde gern wissen, was Sie über das dachten, was die* **Rozart Mix**–*Leute während der Aufführung taten. Sie hatten dem Geschehen den Rücken zugekehrt und tippten auf der Schreibmaschine. Deshalb konnten Sie nicht das dem Publikum gezeigte große Schild sehen, auf dem zu lesen war: "Stehen Sie auf und tauschen Sie die Plätze miteinander". Viel geschah nicht. Nach und nach und zögernd kamen die Zuhörer auf die Bühne, Pierre Mariétan dirigierte noch das* **Concert for Piano and Orchestra**. *Aber die Zuhörer begannen zu reden und herumzulaufen. Wurde das, was Sie vorhatten, dadurch zerstört?*

Oh nein! Es hat nichts zerstört! Dadurch ist etwas anderes entstanden. Für mich war dieses Phänomen fast mit dem zu vergleichen, was ich manchmal in den USA gesehen habe, als ganz bestimmte Werke von mir aufgeführt wurden. Das Publikum läuft umher, ohne dazu aufgefordert zu sein, nicht wahr? Das muß schon akzeptiert werden. Zwar hat unser Experimentieren sie nicht dazu aufgefodert, daß das geschieht, aber ich bin überhaupt nicht *gegen* solche Handlungen.

Sie vertreten immer den Standpunkt der Akzeptanz.

Ich versuche nie etwas abzulehnen.

Sie lehnen es ab, ausschließlich zu sein, d.h. etwas zu wollen.

Ich kann etwas wollen, aber nur, wenn ich mich einer Reihe von Umständen ausgeliefert sehe und keine von mir getroffene Entscheidung einen anderen betrifft.

Können Sie das spezifizieren?

Wenn ich in einem Restaurant esse, kann ich Hähnchen anstatt Steak** wählen, ohne irgendjemanden wirklich zu

---

* Konzert vom Montag, den 26.10.1970 um 20.30 Uhr im Théâtre de la Ville de Paris, in dem die *Song Books, Rozart Mix* und *Concert for Piano and Orchestra* simultan aufgeführt wurden.

** Seit 1977 bin ich auf makrobiotischer Diät (John Cage; Fußnote aus dem Jahre 1980).

belästigen! *(Lachen)*

Aber das hieße, sich absichtlich außerhalb jeder Politik und sogar jeden Willens zu stellen! Sie **können** *nicht mehr wollen, sie wollen nicht mehr wollen!*

Ich weiß.

Wie können Sie diese Parteinahme für das Nichtwollen, diesen Quietismus mit dem in Enklang bringen, worüber Sie so mutig in Ihrem Vorwort zu **A Year** from **Monday** *geschrieben haben? In diesem Text haben Sie behauptet, daß Sie künftig die geistigen Fähigkeiten, die Sie bis dahin in sich selbst kultiviert hatten, außerhalb Ihres Ego zu entwickeln beabsichtigen. Sie sprachen sich für eine Politik der Emanzipation oder Befreiung aus.*

Aber man sagt, meine Musik sei keine Musik, nicht wahr? Nun, wenn man das sagt, warum sollte man dann nicht auch sagen, meine Politik sei keine Politik? *(Lachen)*

FRAGE AUS DEM PUBLIKUM: In welchem Verhältnis stehen Sie zu den zeitgenössischen amerikanischen Schriftstellern?

Beim Schreiben meiner "literarischen" Texte verwende ich die gleichen Kompositionsmittel wie in meiner Musik. Deshalb gibt es keine großen Verbindungen zwischen den Schriftstellern und mir. Ein ägyptischer Professor, Ihab Hassan, der als Dekan der Fakultät für Literatur an der Wesleyan Universität lehrte und jetzt an der Universität von Wisconsin lehrt, beschäftigte sich dennoch mit dem Verhältnis von gegenwärtigen Trends in der Literatur und dem, was ich zu tun versuche. Tatsächlich habe ich mit den Malern Rauschenberg, Jasper Johns und später Duchamp gearbeitet, aber nie mit Dichtern - nicht einmal mit Ginsberg, den ich zwar kenne, aber nicht so gut.*

Wie haben Sie auf das in der Maeght Foundation in Saint-Paul-de-Vence errichtete aufblasbare Theater reagiert, wo die letzten Aufführungen von Ihnen und Merce Cunningham stattfanden?

---

* Ich hege eine wahre Bewunderung für die Arbeiten von Jackson Mac Low und Clark Coolidge, wie für alle Dichter, die versuchen, die Sprache von der Syntax zu befreien. (John Cage, Fußnote aus dem Jahre 1972)

Erst erhielten wir die Entwürfe für das Theater. Was nach den Entwürfen flexibel sein sollte, erwies sich jedoch als das Gegenteil. Und es war fast unmöglich zu arbeiten. Tagsüber waren die Tänzer fast am Verbrennen und am Abend, vor der Publikum froren sie! Ich bin vollkommen gegen dieses Theater, so wie es ist. Die Pläne waren interessanter.

Sie scheinen an Ihrer Maske der Leidenschaftslosigkeit festzuhalten und eine Ablehnung aller Emotionen zur Schau zu stellen. Warum?

Emotionen, wie aller Geschmack und das Gedächtnis, sind zu stark mit dem Selbst, dem Ego verbunden. Die Emotionen zeigen, daß wir innerlich betroffen sind, und der Geschmack beweist unsere Art, äußerlich betroffen zu sein. Wir haben aus dem Ego eine Wand fabriziert, und die Wand hat nicht einmal eine Tür, durch die das Innere mit dem Äußeren kommunizieren könnte! Suzuki hat mich gelehrt, diese Wand zu zerstören. Es ist wichtig, das Individuum in die Strömung, den Fluß dessen was geschieht zu tauchen. Und um das zu tun, muß die Wand zerstört werden; Geschmack, Gedächtnis und Emotionen müssen geschwächt werden; alle Schutzwälle müssen niedergerissen werden. Man kann eine Emotion fühlen; nur denke man nicht, sie sei so wichtig...Nimm sie so, daß du sie fallen lassen kannst. Bestehe nicht darauf. Es ist wie mit dem Hähnchen, das ich im Restaurant bestelle: es betrifft mich, aber es ist nicht wichtig. Und wenn wir Emotionen beibehalten und sie verstärken, können sie eine kritische Situation auf der Welt herbeiführen. Genau die Situation, in der die ganze Gesellschaft heute gefangen ist.

Sie sind auf die Gleichgültigkeit, die Indifferenz eingeschworen.

Ich nehme in Kauf Emotionen zu haben, aber ohne von ihnen beherrscht zu werden.

Können wir uns wirklich von Emotionen befreien?

Was mich betrifft, versuche ich, mich von ihnen zu lösen. Und ich habe bemerkt, daß diejenigen, die sich selten mit ihren Emotionen aufhalten, besser als alle anderen wissen, was eine Emotion ist. Dies trifft bei den ästhetischen Denkern Indiens zu; sie haben über alle neun Emotionen nachgedacht und wissen, daß die Ruhe am wichtigsten ist...

Ja, aber wir sind keine Orientalen.

Wir kennen nicht mehr die genaue Definition von Traurigkeit und Heroismus! Vor langer Zeit wurde in Indien die Traurigkeit als das Resultat des Verlusts von etwas Geschätztem oder des Gewinns von etwas Unerwünschtem definiert. Gut, während einer Diskussion mit einem Philosophen der Yale Universität erkannte ich, daß die Leute im Westen nur einen Teil dieser Definition akzeptieren. Ebenso ist uns die Bedeutung von Heroismus abhanden gekommen. Es ist nicht die Frage, wie Nixon unbeirrt glaubte, Schlachten zu gewinnen... Heroisch ist, *die Situation, in der man sich befindet, zu akzeptieren.* Ja!

Denken Sie nicht dennoch, daß die Struktur eines Individuums, im Unterschied zur Struktur einer jeden Pilzsorte, teilweise durch seine Emotionen determiniert ist?

Vielleicht. Aber heutzutage muß die *Ökologie* als weitaus wichtiger betrachtet werden denn das Individuum. Dies kann nicht einfach dadurch geschehen, daß wir das Individuum beobachten, sondern dadurch, daß wir die Individuen wieder in die Natur integrieren, indem den Individuen die Welt erschlossen wird, so daß wir aus diesem Schlamassel herauskommen. Anstatt, wie in der Vergangenheit, damit fortzufahren, uns gegenseitig voneinander abzukapseln, anstatt stolz auf unsere unbedeutenden Gefühle und unsere kleinlichen Wertschätzungen zu sein, müssen wir uns anderen gegenüber und der Welt, in der wir leben, öffnen. Wir müssen das Ego öffnen, es so öffnen, wie es Satie oder Thoreau taten! Es all unseren Erfahrungen öffnen.

Und schließen Ihnen zufolge diese Erfahrungen nicht die Emotionen mit ein?

Wie ich sehe, befinden Sie sich immer noch auf der Ebene des *Objekts*, während ich über den *Prozeß* spreche.

Aber ich habe doch ganz gewiß ein Recht auf Emotionen!

Man braucht dies, man braucht das. Das ist Ihre ganze

Einstellung! Sprechen wir nicht mehr darüber... Ich habe nichts *gegen* Sie. Aber ich handle nicht so.

Vorhin sagten Sie, das wichtigste Gefühl sei die Ruhe. Aber die meiste Zeit haben Sie Werke komponiert, deren Klang-Intensität diese Ruhe störte! Und ich glaube zurecht sagen zu können, daß Sie, als Ihre Freunde Sie darauf aufmerksam machten, das *I Ging* konsultierten und das Orakel baten, folgende Frage zu beantworten: soll ich oder soll ich nicht fortfahren, Musik zu produzieren, die sich der Ruhe widersetzt? Gut, was ich in Ihren neuesten Werken, die ich gestern hörte, feststellte, ist, daß sich Ihr Verständnis von Klangvielfalt und Perspektivenreichtum nicht mit diesem Exzeß musikalischer Intensität vereinbaren läßt. Die Dezibel zerstören jene Ruhe, zu der Sie sich bekennen und die für ein angemessenes Hören dessen, was Sie ins Spiel bringen, wichtig ist.

Ich wiederhole, jeder hat die Freiheit, seine eigenen Emotionen zu erfahren. Aber sie sind nicht wichtiger, als ein Hähnchen zu bestellen! Das bedeutet, daß man sich nicht mit ihnen aufhalten soll, sondern lernen muß, wie man sich von ihnen löst.

Sie beziehen sich auf eine äußere Strömung und möchten, daß sich das Ego allem, was auch immer geschieht, öffnet. Aber würde das nicht möglicherweise den Hörer auf eine neue Art entfremden und tatsächlich nicht nur die Vielfalt der Aufführungen unterdrücken, sondern, entgegen dem was Sie sagen, auch die Möglichkeit, daß es einen Hörer gibt?

Ich bin nicht sicher, ob ich die Frage richtig verstanden habe.

Manchmal annuliert der elektronisch erzielte Exzeß der Intensität die Fähigkeit des Zuhörers, überhaupt ein Gefühl zu haben. Es läßt die Möglichkeit einer pluralen Existenz nicht zu. Steht die Ruhe nicht im Widerspruch zur Intensität der Geräusche in Ihren Werken?

Nein, sie wird durch sie verstärkt.

Intensität verstärkt Ruhe?

Nein, sie verstärkt die Disziplin.

Disziplin ist notwendig?

Genau.

Gestern abend haben wir die simultane Aufführung zweier Klavierspieler, eines Redners, anderer Instrumentalisten, eines Schlagzeugers und eines Baßspielers gehört. Jeder spielte in einer dynamischen Tonlage, die die Existenz der anderen zuließ. Mich würde Ihr Standpunkt hinsichtlich der Intensität der Geräusche interessieren, die mit Hilfe elektronischer Methoden produziert werden.

Dazu möchte ich antworten, daß Disziplin vorrangig eine Disziplin des Ego ist. Ein Ego ohne Disziplin ist verschlossen, es neigt dazu, sich in seine Gefühle einzuschliessen. Disziplin ist das einzige, was diese Verschlossenheit verhindert. Mit ihr kann man sich dem Äußeren wie dem Inneren öffnen. Vielleicht wird das im Falle einer erhöhten Schwingungsweite schwieriger, wenn man von einer Musik mit stärkerer Intensität umgeben ist. Aber es ist effektiver. Man öffnet sich sogar noch mehr.

Das ist Askese.

Sicherlich.

Je höher die Intensität, desto mehr Strenge fordern Sie vom Hörer.

Ich biete ihm die Möglichkeit, sich zu öffnen!

Aber letztendlich gibt es ein akustisches Resultat. Ist es jemals passiert, daß Sie, trotz Ihrer Strenge, mit dem erzielten Resultat mehr oder weniger glücklich sind? Ich denke an die beiden gestrigen Konzerte. Ich habe das Gefühl, daß das akustische Resultat des ersten interessant war, nicht jedoch das des zweiten. Das mag vielleicht ein persönlicher Eindruck sein. Haben Sie jemals einen derartigen Eindruck, oder sind Sie vollkommen desinteressiert? Ist es Ihnen möglich, von sich zu abstrahieren?

Durchaus nicht! Da Sie aber die beiden gestrigen Konzerte erwähnen, müssen Sie sich daran erinnern, daß ich die von Ihnen erwähnten ersten Stücke, die fünf über-

lagerten Werke, um 1954 oder 1955 geschrieben habe; die *Song Books* , denen das zweite Konzert gewidmet war, hatte ich gerade erst beendet. Gut, vielleicht ist es nicht sehr originell, was ich sagen möchte, aber ich finde die *Song Books* interessanter.

Warum?

Weil ich sie besser kenne, da ich sie gerade fertiggestellt habe, aber auch weil ich sie weniger kenne. Die *Song Books* verwirren mich! Aber ich habe auch schon die anderen Werke etwas kennengelernt... Vom Standpunkt meiner persönlichen Situation finde ich sie weniger interessant.

Und statt über das Verhältnis eines Werkes zum anderen zu sprechen, haben wir uns über das Verhältnis der Aufführungen zueinander unterhalten? Ist das nicht ein anderes Problem? Sie haben wahrscheinlich manchmal den Eindruck, daß eine Aufführung auf der klanglichen Ebene gelungen sei, während andere Aufführungen weniger erfolgreich sind.

Aber meine Antwort ist immer noch dieselbe. Ich finde den Klang, die klangliche Ebene in den *Song Books* viel interessanter. Das sind Werke, die mich auf jeden Fall interessieren...

Könnten Sie das präzisieren?

Ich kann mir zum Beispiel vorstellen, daß *Rozart Mix* nicht zur gleichen Zeit gespielt wird wie die *Song Books*, ich meine mit den Sängern. Ich kann mir vorstellen, es durch meine *Cartridge Music* zu ersetzen. Ich möchte nur wissen, ob es ebenso lebendig wäre. Ich weiß es nicht. Während ich die *Song Books* schrieb, kam mir der Gedanke, daß es ein Fehler wär, die *Song Books* mit *Rozart Mix* oder den Schlagzeugteilen von *Atlas Eclipticalis* oder sogar mit beiden zu überlagern. Als ich aber die von Davorin Jagodic und den Studenten aus Vincennes hergestellten Bänder hörte, insbesondere die Aufnahmen von den Proben, bei denen wir uns alle im Theater befanden und von den Stimmen umgeben waren, da war ich wirklich glücklich...

Wegen des besonderen Klangeffekts?

Ja. Und ich möchte hervorheben, daß die folgenden, um 6.30 Uhr aufgeführten, übereinander gelagerten Stücke schon eher als ein Kunstwerk betrachtet werden könnten. Und das interessiert uns nicht. *(Lachen)* Aber die *Song Books* gegenwärtig als Kunstwerk anzusehen, ist fast unmöglich. Wer würde das wagen? Sie gleichen einem Bordell, nicht wahr? *(Lachen)* Und selbst das Thema scheint zu fehlen: man kann weder Satie noch Thoreau darin finden! Nicht einmal beide!

Sehr häufig sind die Notationen Ihrer Partituren zweideutig. Warum?

Ich habe beschlossen, daß meine Aufgabe darin besteht, die Persönlichkeit zu öffnen; ich möchte auch das Werk öffnen, um verschiedene Interpretationsmöglichkeiten zuzulassen.

Aber sind nicht Ihre "unbestimmten" Werke zu "offen"? Das Publikum bemerkt kaum einen Unterschied!

Ich habe einmal gesagt, Musik zu schreiben sei etwas anderes als Musik aufzuführen oder sich anzuhören. Das sind drei vollkommen verschiedene Dinge. Was man hört, was aus dem Geschriebenen entsteht, unterscheidet sich vollkommen von der Tatsache, daß ich es schreiben konnte. Gäbe es einen Zusammenhang, dann könnte ich auf die Bühne gehen und vor dem Publikum zu schreiben anfangen. Das habe ich gestern abend getan! Wenn man jedoch etwas anderes hört als das, was ich schreibe, kann ich keinen Verrat darin entdecken. Da, wo es – vielleicht – einmal eine Beziehung gab, gibt's einfach keine mehr...

Trotzdem ist selbst *Ihre* Musik geschrieben worden, um gehört zu werden...

Ich denke, wir sollten die Beziehung zwischen Geschriebenem und Gehörtem vergessen. Ich erreiche es durch *zielloses* Schreiben.

Ist es wirklich ein zielloses Schreiben?

Es kann in der Tat ein zielloses Schreiben geben, ein reines Schreiben! Und auch eine reine Aufführung, ein reines Hören. Und keines hat mit dem Anderen etwas zu tun...

Um die Frage, die ich soeben stellte, zu wiederholen: fühlen Sie sich nicht durch unterschiedliche Aufführungen desselben Stücks verraten?

Ich möchte Ihnen eine Geschichte erzählen. Eines Tages, 1940, rief mich ein Musiker, ein Pianist, an und erzählte mir, daß er aus Südamerika käme, wo er *The Perilous Night* gespielt hatte. Er bat mich, daß ich es mir anhöre. Er wollte um jeden Preis wissen, was ich darüber dachte. Also ging ich in sein Studio, und er hämmerte *The Perilous Night* herunter. Es war einfach furchtbar! In dem Moment wäre es besser gewesen, *The Perilous Night* nie geschrieben zu haben! In den folgenden Jahren habe ich den Pianisten, die mich besuchten, als meine Werke noch nicht publiziert waren, den besonderen Rat gegeben, nicht *The Perilous Night* zu spielen. Und dann hat mir zufällig, während einer Reise durch die Südstaaten der USA - ich glaube es war in einer Universität -, ein anderer Pianist* gesagt: "Ich spiele Ihre *Perilous Night* und möchte, daß Sie es sich anhören." Ich erwiderte, daß ich es nicht möchte. Er bestand darauf. Zu guterletzt ließ ich mich überzeugen und folgte ihm zu seinem Klavier. Ich hörte zu. Es war wunderbar.

Vorhin haben Sie gesagt, einige Leute haben behauptet, daß Ihre Musik keine Musik sei und daß dementsprechend Sie auch keine Politik betreiben. Könnten Sie diesen Punkt etwas näher erklären und uns ein für allemal sagen, ob Sie Politik betreiben oder nicht?

Hören Sie zu. Politik zu betreiben besteht darin, die Grundlagen des Regierens zu akzeptieren und davon Gebrauch zu machen. Im Gegensatz dazu lehnt die Anarchie eine Regierung ab. Und ich glaube, daß wir in einer Welt ohne Nationen - auch ohne vereinte Nationen - viel besser lebten! Und diese Welt stattdessen aus einem Netzwerk von sozialen Nützlichkeiten bestünde...

Was meinen Sie damit?

---

* Es war Richard Bunger, der vor kurzem ein sehr aufschlußreiches Buch geschrieben hat: *The Well-Prepared Piano*. (John Cage; Fußnote aus dem Jahre 1972)

Ein Netzwerk für all die Dinge, die für jedermanns Leben notwendig sind! Solch ein Netzwerk hat sich die gegenwärtige Forschungsarbeit von Buckminster Fuller zum Ziel gesetzt.

Sie haben vor kurzem im Sinne Buckminster Fullers – während eines Interviews im französischen Rundfunk – ein Beispiel von etwas Nützlichem gegeben, das mich beeindruckte. Sie sprachen von einer Zeitschrift, die man essen kann, nachdem sie gelesen wurde. Wofür sollte soetwas gut sein?

Erst einmal sagte Buckminster Fuller: Wir müssen alle Ressourcen dieser Welt in einen flüssigen, fließenden, mobilen Zustand transferieren, so daß nichts existiert, was wir loswerden möchten. Das ist der erste Punkt: keine Umweltverschmutzung mehr! Statt zuzulassen, daß unsere Atmosphäre von Umweltgiften verseucht wird, die für die Luft, die wir atmen, fatal sind, müssen wir die Ressourcen dort einsetzen, wo sie nützlich sind. Nicht wahr?

Sicherlich, aber wo gibt's da eine Verbindung?

Gut, anstatt all die alten Zeitungen herumliegen zu lassen und uns dadurch gezwungen zu sehen, sie wieder loswerden zu müssen, wäre es da nicht besser, sie genießbar zu machen? Könnten wir sie nicht essen?

Und Sie glauben ernsthaft, daß wir dadurch die Umweltverschmutzung abschaffen könnten?

Es ist heutzutage sehr leicht, etwas zu produzieren, worauf man schreiben kann – etwas, was anschließend gegessen werden kann! Die Tinte könnte neue Gerüche und einen neuen Geschmack haben. Man könnte eine Zeitung kaufen gehen und damit gleichzeitig ein Pfeffersteak erwerben! Wir müssen für alle anderen Sachen, die Umweltverschmutzung verursachen, ähnliche Lösungen finden...

Aber sie sagen immer noch nichts direkt zum Problem der Politik.

Doch, das tu ich! Anstatt etwas gegen die Umweltverschmutzung zu unternehmen, benehmen wir uns immer

mehr wie *connaisseurs*. Ich meine, daß wir ziemlich verschlossen bleiben, daß wir uns sogar allem, was uns nicht
gut genug erscheint, immer mehr verschließen. Die gleiche Einstellung haben wir zur Politik - oder Rasse... Wir
sagen uns zum Beispiel: es ist besser schwarz als weiß
zu sein, oder das Gegenteil! In der Musik sollte es uns
genügen, unsere Ohren zu öffnen. Musikalisch gesehen
kann alles in ein Ohr eindringen, das für alle Töne offen
ist. Nicht nur die Musik, die wir schön finden, sondern
auch die Musik, die das Leben selbst ist. Durch die Musik bekommt das Leben eine größere Bedeutung. Man kann
aber gut verstehen, daß in einem bestimmten Sinne die
Musik aufgegeben werden muß, damit es so ist. Oder zumindest, *was wir* Musik *nennen!* Mit der Politik ist es
ebenso. Und deshalb spreche ich in der Tat von "Nicht-
Politik", so wie man bei mir von "Nicht-Musik" spricht.
Es ist das gleiche Problem! Wenn wir akzeptieren, all
das außerachtzulassen, was sich "Musik" nennt, würde das
ganze Leben zu Musik!

*Wäre es zu indiskret, Sie nach näheren Einzelheiten über
das tägliche Leben in Stony Point zu fragen?*

Ich wohne in einer Community in Stony Point, eine Stunde und fünfzehn Minuten von New York entfernt, in den
Bergen, in der Nähe des Waldes. Dort leben ungefähr
fünfzehn Individuen mit ungefähr fünfzehn Kindern...
Jetzt stehen dort ungefähr elf Häuser. Ja, vielleicht wohnen dort auch etwas mehr als fünfzehn Erwachsene, aber
dort stehen tatsächlich fünfzehn Häuser. Und die Gruppe von fünf Freunden, die die Community aufgebaut hat,
ist im Black Mountain College, North Carolina, entstanden. Einer von ihnen hat eine Menge Geld geerbt...

War das Paul Williams?

Ja, derjenige, nach dem *Williams Mix* benannt wurde. Als
Philantrop wollte er sein Geld einer Community für den
Kauf von Häusern und Land spenden. Und er bestand auf
einem Bebauungsplan, der nicht den üblichen architek-
tonischen Regeln einer Stadt entsprach. So wurde die
Gemeinde aufgebaut; und jetzt, für eine Zeit von drei-
ßig Jahren, zahlt jeder seine Schulden in monatlichen
Raten zurück. Wenn einer von uns die Community ver-

läßt und fortgeht, darf er nichts mitnehmen; er muß alles dort lassen. Andererseits darf er aber so lange bleiben, wie er will. Und wenn sich ein neuer Teilnehmer uns anschließen möchte, ist nichts einfacher als das. Alles, was er zu tun hat, ist, ein Stück anliegendes Land zu kaufen und das Geld für den Bau eines Hauses zu besitzen.* Wenn ich dreißig Jahre lang bezahle, braucht in den nächsten dreißig Jahren keiner nach mir zu zahlen, selbst wenn ich sterbe. Meine Erben brauchen nichts zu tun, weder brauchen sie das Haus noch das Land zu bezahlen. Die Steuern sind eine große Unannehmlichkeit. Aber das Prinzip, das uns inspirierte, und das ich als interessant erachte, besteht darin, die Bedeutung des *Besitzes* durch die der *Nützlichkeit* zu ersetzen.**

Oder die des Eigentums?

Das stimmt. Das Eigentum muß nach unserer Meinung auf allen Gebieten durch Nützlichkeit ersetzt werden.

---

* Diese Bemerkung stimmt nicht (anliegendes Land stand nicht zum Verkauf). (John Cage; Fußnote aus dem Jahr 1980).
** Ich habe die Community nach diesem Interview verlassen. Nicht weil ich der Bedeutung der Gebrauchsgüter untreu geworden wäre, sondern weil diese Bedeutung Stück für Stück aus der Gemeinde verschwand. Heutzutage ähnelt sie einer Kanister-Stadt: Die Strassen werden nicht mehr gewartet, der Müll wird nicht mehr abgeholt. All das hängt wahrscheinlich mit den Steuern, die auf den Leuten lasten, zusammen! Und dann werde ich alt; im Winter fürchte ich mich vor dem Eis. (John Cage, Fußnote aus dem Jahre 1972).

GESPRÄCHE MIT JOHN CAGE

VORWORT I

Um den vorhergehenden Dialog fortzusetzen, hat John Cage zwischen Weihnachten und Neujahr 1970-71 sich bereit erklärt, zusätzliche Fragen über seine Laufbahn und insbesondere seine Ideen zu beantworten. Um der Klarheit willen, habe ich die Antworten redigiert und umgeordnet, da das Originalband alles andere als klar war!

Ich habe also die Rolle eines *rewriters*, eines End-Redakteurs, übernommen, und ich übernehme die volle Verantwortung für die Ungenauigkeiten des endgültigen Textes, obwohl er zweimal von John Cage vollständig überarbeitet wurde. Ich möchte betonen, daß es mir bei der Transkription dieser Gespräche nicht nötig erschien, mich sonderlich um die Form zu kümmern, weil ansonsten ihr informeller Charakter unkenntlich gemacht worden wäre. Deshalb wird der Leser gebeten, die mit dem streng mündlichen Aspekt unserer Gespräche verbundenen Wiederholungen zu entschuldigen. John Cage sollte auch nicht verantwortlich gemacht werden für einige Unbeholfenheiten der Übersetzung seiner Erwiderungen: ihre französische Version verdankt sich ganz und gar seinem Gesprächspartner.

Daniel Charles

VORWORT II

Beim nochmaligen Lesen der folgenden Seiten gelang es
mir manchmal, mich an unsere Gespräche zu erinnern
und somit mich selbst sprechen zu hören. Zeitweise hörte ich mich nicht mehr. Diese Ungewißheit hängt wahrscheinlich mit der Kompositionsweise dieser Arbeit zusammen. Ich werde im Nachwort am Schluß des Buches mehr
dazu sagen. Dank der Redaktion von Daniel Charles war
es natürlich, daß ich manchmal überrascht wurde, mich
selbst neu zu entdecken. Aber ich sehe keinen Grund,
bestimmte, mir zugeschriebene Gedanken unter dem Vorwand abzulehnen, daß sie außerhalb dieser Gespräche
geäußert wurden. Zumal dieses, durch Collage entstan-
dene Wechselspiel es Daniel Charles ermöglichte, neue
Informationen und originelle Einsichten in mein Denken
einzubringen. Deshalb wollte ich nichts herausschnei-
den. Immer,wenn ich beim Korrekturlesen auf Bemerkungen stieß, die ich mich nicht erinnern konnte, im
Lauf unseres Gesprächs gemacht zu haben, habe ich einfach vorgeschlagen, sie durch Schrägstriche kenntlich
zu machen.

John Cage

ERSTES GESPRÄCH

DANIEL CHARLES: *John Cage, ich bin sehr glücklich, daß Sie zugestimmt haben, den Dialog, den wir während der* **John-Cage-Tage** *coram publico begonnen haben, fortzusetzen und zu verlängern. Die Kürze dieses Gesprächs, worin zahlreiche Probleme nur angerissen werden konnten, und die Schnelligkeit der anschließenden Diskussion rechtfertigen durchaus eine Vertiefung; mit ein wenig Abstand scheinen sich auch einige Fragen anders zu stellen. So elementar sie auch war, die Initiation, die das Publikum der Musikwochen erfahren hat, hatte Folgen. Ich habe die unterschiedlichsten Echos gehört: man spricht jetzt anders über Sie. Deshalb bin ich Ihnen sehr zu Dank verpflichtet, daß Sie sich nochmals, und diesmal über mehrere Tage, meinen Fragen stellen.*

JOHN CAGE: Ich möchte gleich zu Anfang sagen, wie wichtig es mir erscheint, daß sich die Dinge ändern. Wenngleich ich augenblicklich ein Teil dieser Änderung bin, könnten sich die Dinge ebensogut ohne mich ändern.

Ist das so sicher?

Ich bin überzeugt, daß ich meinen verhältnismäßigen Ruhm vor allem meinem Alter zu verdanken habe...

Warum?

Nehmen Sie Thoreau - er starb mit vierundvierzig.Die Leute kannten ihn, aber sehr wenig. Sein Werk wurde erst später verstanden und anerkannt. Es gibt unzählige Beispiele posthumer Berühmtheiten. Ich habe das Glück gehabt, noch heute zu leben...

Und jünger als Ihre meisten Zeitgenossen zu sein!

Das stimmt. Um mich herum werden die Leute schon alt geboren, sogar sehr alt...

Ihre Jugend ist gleichbedeutend mit einer erstaunlichen Erfindungsgabe...

Auf jeden Fall schätze ich die Erfindungsgabe mehr als alles andere. Mein Vater war Erfinder.

Schönberg hat zu Recht in Ihnen "nicht einen Komponisten, sondern einen Erfinder - mit Genie" erkannt. Aber wie wurden Sie ein Schüler Schönbergs?

73

Das ist eine ziemlich lange Geschichte. Aber vorher muß ich Ihnen etwas über Richard Buhlig erzählen. Er war der erste amerikanische Pianist, der Schönberg spielte. Nach dem College ging ich nach Europa, und als ich zurückkam, blieb ich schließlich in Los Angeles hängen, mitten in der Wirtschaftskrise und ohne einen Pfennig in der Tasche. In Anbetracht meines Enthusiasmus für moderne Malerei und Musik, emtschloß ich mich, Vorträge zu halten, um meinen Lebensunterhalt zu verdienen. Ich wollte kein Professor werden, ich wollte nur über die Runden kommen. Also ging ich von Tür zu Tür und bot zehn meiner Vorträge als Abonnement zu zweieinhalb Dollar an... Ich erzählte den Hausfrauen, daß ich nichts über moderne Malerei und moderne Musik wüßte, daß ich aber von beiden begeistert wär und daß ich mich jede Woche auf das Thema des folgenden Vortrags vorbereiten würde. Letztendlich hatte ich zwanzig oder dreißig Leute für meine Vortragsreihen. Die Woche kam, in der ich über Schönberg reden wollte. Ich hatte irgendwann einmal gehört, daß Richard Buhlig der erste war, der *Opus 11* spielte - Schönbergs erste drei Klavierstücke - und plötzlich fiel mir ein, daß er in Los Angeles leben könnte... Also rannte ich zum Telefonbuch. Sein Name stand im Verzeichnis! Ich rief ihn an und fragte ihn, ob er einverstanden sei, Schönbergs Stücke für mich zu spielen. Er antwortete: "Natürlich nicht!" und legte auf. Dann wollte ich ihn irgendwie dazu bewegen, meine Vorträge durch die Aufführung dieser Stücke zu illustrieren. Also beschloß ich, ihn persönlich zu besuchen, um ein abruptes Ende durch das Auflegen des Telefonhörers zu vermeiden. Gut, um ihn zu sehen, habe ich mich mit der Reise von Santa Monica nach Los Angeles sehr beeilt... Als ich aber an seiner Tür klopfte, meldete sich niemand. Ich blieb vor seinem Haus und wartete zwölf Stunden! Endlich kam er gegen Mitternacht nach Hause, und als ich ihm klarmachte, daß ich zwölf Stunden vor seiner Tür gewartet hatte, willigte er ein, mich zu sehen. Ich bat ihn, beim nächsten Vortrag die Schönberg-Stücke zu spielen. Er antwortete wiederum: "Natürlich nicht!" So bat ich ihn, mich Komposition zu lehren. Er antwortete, nicht Komposition sondern Klavier zu unterrichten, daß er aber dennoch bereit sei, sein Bestes zu tun.

Nachdem ich einige Monate mit ihm gearbeitet hatte, sagte er mir, daß er mir nicht mehr weiterhelfen könnte und daß ich Henry Cowell meine Kompositionen schicken sollte.

Und Cowell hat Sie mit Schönberg bekanntgemacht?

Henry Cowell hat sich meine Arbeiten angesehen und meinte, daß von allen lebenden Meistern nur Schönberg für mich in Frage käme. Ich sollte mich nur auf den Unterricht vorbereiten; ich wußte einfach nicht genug und sollte mit Adolph Weiss, Schönbergs erstem amerikanischen Schüler, arbeiten.

Sind Sie lange ein Schüler von Weiss geblieben?

Ungefähr ein Jahr. Ich habe mit ihm Harmonielehre studiert. Zur gleichen Zeit besuchte ich Henry Cowells Kurse an der New School for Social Research. Es handelte sich um die Fächer Moderne Harmonielehre, Musik der Völker der Erde und Überblick über zeitgenössische Musik.

In Frankreich ist Henry Cowell – wenn überhaupt – bekannt als Musikpionier und Erfinder.

Ja, er war der erste, der das Klavier mit den Fäusten, mit den Unterarmen spielte. Er war auch der erste, der im Innern des Klaviers spielte, indem er die Saiten mit den Händen bearbeitete! Er überlegte sich ebenfalls, verschiedene Objekte auf die Saiten zu legen, zum Beispiel ein Stopfei! Wenn man es in die richtige Lage bringt, so daß man damit über die Saiten gleiten kann, kann man eine Glissando von Harmonien erzielen. Aber man braucht dafür ziemlich schwere Objekte. Wir sind Cowell auch wegen seines wichtigen Buchs über Rhythmus zu Dank verpflichtet; unglücklicherweise ist dieses Buch nicht publiziert worden. Ich konnte es jedoch lesen...

Und davon Gebrauch machen?

Sicherlich. Zu der Zeit war aber für mich die Hauptsache, daß mich Cowell mit Schönberg bekannt gemacht hat. Aber ich vergaß zu erwähnen, daß mich Richard Buhlig etwas bedeutendes und sogar viel wichtigeres gelehrt hat: ZEIT. Das absolut fundamentale Wesen von Zeit.

Wie hat er das getan?

Es war die einfachste Sache der Welt. Ich kam zu einer seiner Stunden eine halbe Stunde zu früh, weil ich, wenn ich unterwegs war, mehr aufs Trampen als auf die gewöhnlichen Transportmittel angewiesen war! Also, ich komme an, ich klopf an seiner Tür, er öffnet und sagt: "Sie sind eine halbe Stunde zu früh. Kommen Sie zur richtigen Zeit wieder." Nun, ich hatte einige Bücher dabei, die ich der Bücherei zurückgeben mußte. Ich nutzte diese Zeit aus, um das zu erledigen. Ich ging zur Bücherei, gab meine Bücher ab und ging wieder zu seinem Haus. Eine halbe Stunde zu spät! Als er mir das zweite Mal die Tür öffnete, war er außer sich. An diesem Nachmittag hatten wir eine zweistündige Sitzung, er lehnte es ab, meine Arbeit anzusehen und hielt mir nur einen Vortrag über Zeit; über die Wichtigkeit von Zeit nicht nur in der Musik sondern auch im Leben desjenigen, der sein Leben der Musik widmen will.

Sie haben diese Stunde, diese Lektion, nicht vergessen.

Nein, niemals! Seitdem habe ich immer die Zeit als die wesentliche Dimension aller Musik angesehen.

Haben Sie seit damals in Betracht gezogen, zu Schönberg selbst einen Abstand zu halten oder eine kritische Distanz zu gewinnen? Später sind Sie zu der Überzeugung gekommen, daß die Zwölftonmusik nur eine Methode ist und Schönberg seine Werke nicht gemäß der Grunddimension der Zeit strukturiert hat.

In Wirklichkeit war ich der gelehrigste Student, als ich direkt vor Schönberg stand. Ich verehrte ihn! Für mich war er vollkommen anders als alle anderen Musiker, oder alle anderen Menschen. Ich glaubte alles, was er sagte. Und vieles von dem, was er sagte, war ziemlich erschreckend. Ich besuchte all seine Seminare an der University of Southern California und später an der University of California at Los Angeles und auch bei ihm zu Hause, wo er eine kleine Gruppe von Studenten versammelte. Eines Tages hörte ich ihn vor der ganzen Klasse verkünden: "Es ist mein Ziel, mein Lehrziel, es euch zu verunmöglichen, Musik zu schreiben." Vielleicht habe ich in dem Moment angefangen zu revoltieren – trotz meiner fana-

tischen Ergebenheit ihm gegenüber. Auf alle Fälle erinnere ich mich, daß ich genau in diesem Moment geschwo-
ren habe, meine ganze Existenz dem Schreiben von Musik
zu widmen.

*Haben Sie daraufhin beschlossen, mit der Harmonie zu
brechen?*

Nicht sofort. Natürlich wußte Schönberg genau wie ich
selbst, daß ich kein Gefühl für Harmonie hatte. Als wir
aber eines Tages zusammen arbeiteten, sang er ein Lob-
lied auf die Harmonie. Er war der Ansicht, daß ich niemals würde komponieren können, weil ich immer vor einer Mauer stünde, der Harmonie, durch die ich nie hin-
durchkäme. Also erwiderte ich ihm, daß ich mein Leben
damit verbringen würde, mit meinem Kopf gegen diese
Mauer anzurennen...

*Hat Schönberg Sie zur Zwölftonmusik bekehrt? Sie haben
einige Zwölftonmusiken komponiert.*

Was mich nur umso mehr beeindruckte, war, daß er darauf insistierte, Tonalität als Struktur, als ein struktu-
relles Mittel, zu lehren. Wenn man darüber nachdenkt,
war das Komponieren mit zwölf Tönen nur eine "Methode".
Was ich an dieser Methode mochte, war die Gleichwertigkeit eines jeden Tons. Aber ich empfand die Verpflichtung, mich weiterhin dieser Theorie zu unterwerfen,als
eine übertriebene Nötigung. Ich suchte nach der Möglichkeit, Zwölftonmusik zu komponieren ohne die Reihe, wo
die Reihe unbemerkt funktioniert. Sogar bevor ich bei
Schönberg studierte, hatte ich schon Stücke für mehrere
Stimmen geschrieben, die auf einer Skala von fünfund-
zwanzig Halbtönen basierten. Mir ging es insbesondere
um die Nicht-Repetition. Ich bemühte mich, sehr große
Zwischenräume zwischen den Wiederholungen einer jeden
gegebenen Tonhöhe zu erhalten; ich betrachtete die Oktave einer Note "X" als eine andere Note "Y" und nicht
als die Oktave dieser Note "X"...Nachdem er diese Musik
gesehen hatte, schickte mich Cowell zum Studieren bei
Schönberg. Nachdem ich bei Schönberg studiert hatte,
fühlte ich das starke Bedürfnis, mit zwölf Tönen zu
schreiben; aber mein Hauptanliegen bestand nicht darin,
die Reihe wahrnehmbar zu gestalten, sondern sie zu ka-

schieren, obwohl sie als Basis der gesamten Methode verwendet wurde. Um das zu erreichen, teilte ich die zwölf Töne in kleine Gruppen; jede Gruppe sollte statisch bleiben, d.h. sie sollte nicht variieren.

Die Unterteilung der Reihe in Fragmente wird von den Zwölftonmusikern und den meisten seriellen Musikern vorgenommen. Aber wie haben Sie Ihre Fragmente verbunden?

Ich nahm diese Tongruppen und am Ende jeder Gruppe richtete ich es so ein, daß ich mit irgendeiner anderen der verbleibenden Gruppen* vom folgenden oder vorhergehenden Intervall der Reihe anfangen konnte. Dies konnte dadurch bewerkstelligt werden, daß man entweder der Form des Originals oder der Inversion oder seiner Rückläufigkeit oder rückläufigen Inversion nachging. Zum Abschluß jeder Gruppe hatte ich all diese Möglichkeiten.

Demzufolge waren all Ihre Sequenzen von jeder harmonischen Einschränkung befreit?

Vollkommen. Ich habe einige Werke aus dieser Periode behalten – nicht weil sie irgendeinen Wert hätten, sondern um meine Entwicklung zu demonstrieren; zum Gebrauch meiner Biographen, wenn Sie so wollen. Und wir haben zusammen bemerkt, daß eins von ihnen, *Metamorphosis*, über das wir im Musée d'Art moderne diskutiert haben, nach einer Methode, aber ohne eine Struktur geschrieben wurde. Ich konnte mich erst wirklich von Schönbergs Lehre über die strukturelle Rolle der Tonalität lösen, als ich anfing, mit dem Schlagzeug zu arbeiten. Erst dann fing ich an, Strukturen anzuwenden. Aber dann wurde die Struktur rhythmisch; es war nicht mehr eine tonale Struktur im Sinne Schönbergs.

Aber genügte rhythmische Struktur, um den Verlust der Tonalität wettzumachen? Handelt es sich nicht um zwei verschiedene Dimensionen, die man nicht miteinander austauschen kann? Haben Sie wirklich niemals das Gefühl, etwas zu verlieren, wenn die Tonalität abgeschafft wird?

---

* Oder die gerade verwendete wiederholte (John Cage; Fußnote aus dem Jahre 1980)

Im Gegenteil! Es hat mich wirklich niemals beunruhigt, irgend etwas zu verlieren; ich war vielmehr mit der Notwendigkeit beschäftigt, alle möglichen Geräusche im Körper einer musikalischen Struktur unterzubringen. Die Tonalität selbst impliziert einen Verlust. In meinen Augen stellte sie eine Öde dar. Eine verschlossene Tür!

Wie kamen Sie auf die Idee, von der Dauer her Ihre Werke zu konstruieren?

Ich kam zu diesem Begriff von musikalischer Zeit – oder, wenn Sie es vorziehen, Phraseologie – durch eine Überlegung über die Natur des Tons, der meines Erachtens vier Dimensionen enthält: Tonhöhe, Amplitude, Klangfarbe und Dauer.

Das sind nach den seriellen Musikern die vier Parameter des Tons... aber die Authentizität Ihrer Unterscheidung wurde schnell in Frage gestellt.

Vielleicht, aber damals war das nicht der Fall. Ich erkannte, daß eine auf Rhythmus oder Zeit basierende Struktur auf die Dauer ebenso empfänglich für Geräusche wie für sogenannte musikalische Töne sein könnte.

Sie haben sich von einem Schüler Schönbergs in einen Anhänger Varèses gewandelt.

Beachten Sie jedoch, daß ich nie bei Varèse gearbeitet habe. Ich war glücklich, mich an seiner Musik zu erfreuen. Insbesondere *Ionisation*, die ich in den dreißiger Jahren in der Hollywood Bowl hörte – 1935, glaube ich.

Wurde Ihre Schlagzeugarbeit während der Jahre, als Sie ein Schlagzeugorchester dirigierten, nicht durch Varèses Beispiel beeinflußt?

Um die Wahrheit zu sagen, es verhielt sich nicht so. Eines Tages wurde ich Oscar Fischinger vorgestellt, der abstrakte Filme machte, die sich ziemlich genau nach Stükken traditioneller Musik gliederten. Er gestaltete seine Filme nach Brahms' *Ungarische Tänze* und anderen Stükken des gleichen Genres. Er sagte jedoch, er würde es gern sehen, wenn man neue Musik für seine Filme schriebe. Als ich ihm vorgestellt wurde, begann er mit mir über die Seele der in der Welt existierenden Gegenstände zu sprechen. Deshalb, sagte er mir, müsse man nur am Gegenstand entlangbürsten und seinen Klang entfesseln, um diese Seele zu befreien. Diese Idee führte mich zum Schlagzeug. In all den vielen folgenden Jahren bis zum Krieg unterließ ich es nicht, Dinge zu berühren, um ihnen Töne, Klänge zu entlocken und herauszufinden, welche Klänge sie produzierten. Wohin ich auch ging, ich hörte immer auf die Gegenstände. Deshalb versammelte ich eine Gruppe Freunde und wir begannen einige Stükke zu spielen, die ich ohne Instrumental-Angaben geschrieben hatte. Einfach, um noch nicht katalogisierte instrumentelle Möglichkeiten zu erforschen, die unbegrenzte Anzahl von Geräuschquellen eines Müllhaufens oder eines Schrottplatzes, eines Wohnzimmers oder einer Küche... Wir versuchten alle Möbelstücke, die uns einfielen.

Aber ohne die Geräusche dieser "Möbelmusik" nach irgendwelchen ästhetischen Kriterien auszuwählen?

Nein. Mich interessierten alle Geräusche. Ich muß gestehen, daß ich damals wirklich nicht einen Cent besaß. Wenn ich villeicht etwas mehr gehabt hätte, hätte ich ein paar mehr konventionelle Instrumente benutzt...Vielleicht gibt es zwischen Armut und Musik eine Verbindung! Diese Verbindung gab es auf jeden Fall zwischen 1935 und 1937, als ich mir nicht immer ein Tympani, ein Tam-Tam, einen sehr einfachen Gong oder ein paar Holzblökke ausleihen konnte. Wenn unser Orchester diese konventionellen Instrumente selten benutzte, dann wegen unserer mittellosen Situation... Später hatte ich ein wenig Geld. In Seattle bat ich die reichen Leute der Stadt um eine Beihilfe und erhielt zweihundert Dollars als Starthilfe für meine Sammlung. Dann habe ich alle Arten von Instrumenten gekauft. Ich brachte es fertig, eine Sammlung von ungefähr dreihundert zusammenzutragen. Und ich blieb bei dieser Gewohnheit. Ich habe nie versucht aufzuhören, Objekte oder unkonventionelle Instrumente zu erwerben, um mit ihnen alles zu machen, was in ihnen steckt.

Das führte zu Ihrem Einklang mit Varèse.

Was ich an Varèse schätze, ist offensichtlich seine Freiheit bei der Wahl der Klangfarbe. Er und Henry Cowell haben sehr stark dazu beigetragen, uns an den Gedanken eines unbegrenzten tonalen Universums zu gewöhnen. Unabhängig davon, wie raffiniert Schönbergs Klangfarben sein mögen, sie kommen niemals über die Zahl zwölf hinaus... Während man bei Varèse das Gefühl hat, daß alles möglich ist, welche "Gestaltungs-"Vorstellung er auch immer gehabt hat. Dennoch gibt es bei Varèse noch ein Vorurteil gegenüber der Kontrolle bei Klängen oder Geräuschen. Er versucht die Klänge nach seinem Willen, seiner Phantasie zurechtzubiegen. Und diese Tatsache störte uns ziemlich schnell. Wir wußten, daß er die Klänge nicht vollkommen befreien würde. Was wir suchten, war irgendwie viel bescheidener: ganz einfach Klänge. Reine und einfache Klänge.

Ohne das geringste muskalische a priori?

Unseres Erachtens konnte jeder Klang durch die einfache Tatsache musikalisch werden, daß er in ein musikalisches Stück aufgenommen werden konnte. Das ist nicht das, was Schönberg lehrte, und nicht genau das, was Varèse verfolgte.

Erinnerte Sie die Lehre Fischingers, auf die Seele oder den Geist der Dinge zu hören, nicht an bestimmte orientalische Grundsätze über die Entstehung des Tons?

Bei Fischinger war alles auf der Ebene angesiedelt, die man einfach als "spiritualistisch" bezeichnen könnte. Erst nach dem Krieg, zehn Jahre nach meinem Treffen mit Fischinger (das 1935 oder 1936 stattfand), interessierte ich mich ernsthaft für orientalisches Gedankengut oder für die Mythen, die Sie erwähnten.

Aber gab es da nicht javanesische oder balinesische oder sogar afrikanische Einflüsse in Ihrem Schreiben für Schlagzeug? Kannten Sie Musik aus der mündlichen Überlieferung?

Wie ich schon erwähnte, besuchte ich einige Kurse von Henry Cowell in New York, wo ich Musik dieser Art hörte. Wenn es diesbezüglich einige Einflüsse gab, sind sie mir nicht bewußt gewesen; ich hatte mich jedenfalls zu der Zeit nicht ernsthaft mit den Theorien über indische oder indonesische Musik auseinandergesetzt.

Sie interessierten sich nur für Klänge?

Während der Vorkriegsjahre, ja. Aber für Klänge im Zusammenhang mit rhythmischer Struktur. Ich wollte einen Zustand, der für alle Klangarten offen war. Und es war mir klar, daß dieser Zustand mit Zeit zu tun hatte.

Im Musée d'Art moderne erwähnten Sie Ihren Wunsch, aus dem schönbergschen Kreislauf von Repetition/Variation herauszukommen...

In all meinen Stücken zwischen 1935 und 1940 hatte ich Schönbergs Unterrichtsstunden im Kopf; da er mich gelehrt hatte, daß eine Variation tatsächlich eine Repetition war, konnte ich keinen Nutzen in der Variation erkennen und ich sammelte Repetitionen an. All meine frühen Werke für Schlagzeug und auch meine Kompositionen für Klavier enthalten systematisch wiederholte Gruppen von Tönen oder bestimmter Dauer.

Erst nach dem Krieg haben wir, zumindest in Frankreich, Zugang zum Universum der Geräusche gefunden, worüber Sie seit 1935 nachgedacht hatten. Und es waren aufgezeichnete Geräusche. Ihr Text von 1937 über die Zukunft der Musik erscheint uns heute als eine frühzeitige Warnung... * Darin benutzen Sie das Adjektiv "experimentell" - lange bevor Pierre Schaeffer diesen Begriff populär gemacht hat -, um diese Geräuschmusik näher zu bestimmen. Sie befürworten die Einrichtung von "Zentren für experimentelle Musik", wo Komponisten die elektro-akustischen Anlagen für ihre Arbeit zur Verfügung stehen sollten.

Das ist wahr. Ein paar Jahre später - es muß zwischen 1941 und 1942 gewesen sein - verbrachte ich ein paar Monate oder vielleicht sogar ein Jahr damit, die Gründung eines "Zentrums für experimentelle Musik" zu versuchen. Ich verfügte damals über genug Informationen über elektro-akustische Technologien, um ernsthaft über die Entwicklung einer Musik nachzudenken, die nicht auf diese neuen Möglichkeiten der Klangproduktion verzich-

---

* "Die Zukunft der Musik - Credo", in, *Silence: Lectures and Writings by John Cage*, Middletown, Conn.: Wesleyan University 1961 und Marion Boyars Ltd., London 1973, S.3-7 (dt.in: Richard Kostelanetz, *John Cage*, Köln 1973, S. 83-85)

ten würde. Zu der Zeit dachte man nicht daran, Tonband-geräte sondern "Film-Phonographen" zu benutzen. Wir dachten daran, mit Hilfe dieser besonderen Kameraart bestimmte Töne zu konservieren und damit Bibliotheken einzurichten, um auf der Grundlage dieser katalogisier-ten Elemente zu komponieren. Magnetische Bänder hät-ten das möglich machen können. Zuerst dachten wir, daß man diese Resultate mit Filmen erzielen könnte. Als näch-stets wurden Telegramme in Betracht gezogen. Natürlich konnte all dies erst wirklich nach dem Krieg "operatio-nalisiert" werden, mit der Entwicklung des magnetischen Tonbands.

Den ganzen Text von 1937 hindurch haben Sie vorgeschla-gen, das Wort "Musik" durch den Ausdruck "Klangorga-nisation" zu ersetzen.

Ja. Das Etikett "Musik" bezog sich so strikt auf das, was man mit den im achtzehnten und neunzehnten Jahrhun-dert erfundenen und vervollkommneten Instrumenten ma-chen konnte, daß selbst die Erfinder elektronischer Mu-sikanlagen nichts weiter taten, als diese "musikalischen" Instrumente zu imitieren. Außerdem ist es ein fast uni-verselles Phänomen: Anstatt sofort eine definitive Form vorauszusetzen, beginnen alle technologischen Erfindun-gen mit einer Kopie der vorausgegangenen Erfindungen, und das tun sie schon geraume Zeit. Bevor Autos Autos wurden, waren es Kutschen. Ebenso wurden elektrische Instrumente anfangs dazu benutzt, um traditionelle Töne zu reproduzieren, wobei es sich dennoch um abgenutzte Klänge handelte.

Bekennen Sie sich zu der Vorstellung eines "konkreten Solfeggio"?

Was könnte das möglicherweise bedeuten?

Schaeffers Lehre in den 50er Jahren erstellte eine Klas-sifikation von Geräuschen hinsichtlich einer bestimmten Zahl taxonomischer Kriterien, die als Basis zum Lesen oder Dechiffrieren der verschiedensten tonalen Ausdehnun-gen dienten. Nach Schaeffer würde dies das Komponie-ren weniger in "surrealistischer" als vielmehr in organi-scher Beziehung erleichtern.

Ich befürchte, daß ein derartiger *Organisationsversuch* eine Rückentwicklung genau zu dem Verfahren, von den Klassikern zu kopieren, darstellt, über das wir gerade diskutierten. Der Gedanke eines *Solfeggio der Geräusche* beinhaltet das Wort "Solfeggio", nicht wahr? Und was könnte abgenutzter sein als dieser Begriff?

Dann ist nach Ihrer Meinung, das Solfeggio nichts weiter als ein kompromißlerisches Erbe aus dem achtzehnten und neunzehnten Jahrhundert?

Das stimmt ungefähr. Sehen Sie, was mir von Anfang an an Schaeffers Werk Unbehagen bereitete, war sein Interesse an Beziehungen – insbesondere die Beziehungen zwischen Klängen. Er hätte verschiedene Maschinen ausnutzen können, aber er benutzte sie ausschließlich, um die Beziehungen zwischen Geräuschen und Tonalität zu demonstrieren. Das war immer sein Problem. Er war zum Beispiel davon überzeugt, daß das Phonogene mit zwölf Geschwindigkeiten laufen sollte; wie konnte er umhin, woanders als im Zwölftonsystem zu landen? Obwohl er darauf insistierte, daß er das nicht wollte! Es ist dasselbe Problem mit dem Solfeggio. Es ist ein geistiges Werkzeug, keine Maschine, aber das Resultat läuft Gefahr, dasselbe zu sein. Wir kommen unvermeidlich zu den Klängen zurück, im "musikalischen" Sinne des Wortes: Geräusche, die nur zu bestimmten Geräuschen passen und nicht zu anderen. Außerdem war, was ich erreichen wollte, genau das Gegenteil: nicht die Wiederholung einer uns bekannten Situation, und die so bleiben kann wie sie ist, ohne daß wir uns verpflichtet fühlten einzugreifen, sondern eine vollkommen neue Situation, in der überhaupt irgendein Klang oder Geräusch mit irgendeinem anderen auftritt.

Was Sie eine "experimentelle" Situation nennen.

Ja, eine Situation, in der nichts von vorneherein ausgewählt wurde, in der es keine Verpflichtungen und Verbote gibt, in der nichts voraussagbar ist.

Eine Situation der Anarchie?

Sicherlich! Thoreau hat sie recht klar beschrieben, /als er Jeffersons Maxime "Die Regierung, die am wenigsten regiert, ist die beste" durch "Die Regierung, die überhaupt nicht regiert, ist die beste!" ersetzte. /

Dann würden Sie Schaeffer auf der Seite der Regierung einordnen?

Ich glaube, daß er und ich über den Unterschied zwischen der Zahl zwei und der Zahl eins nicht einer Meinung sind. /Ich habe immer versucht, die Ziffer eins als Plural zu verstehen, während für Schaeffer der Plural erst mit der Ziffer zwei beginnt. /

Meinen Sie, daß wir mit der Zahl zwei im Stadium der Beziehung zwischen Objekten verbleiben?

Lassen Sie uns der Klarheit zuliebe zum Beispiel der "experimentellen" Musik zurückkehren. Früher stellten sich die Leute vor, Musik existiere zuerst im Kopf der Menschen - und insbesondere im Kopf der Komponisten. Sie wurde geschrieben und sollte zu hören sein, *bevor* sie akustisch vernehmbar wurde. Demgegenüber glaube ich, daß *vorher nichts* zu hören ist. Genaugenommen ist das Solfeggio die Disziplin, die es einem Ton erlaubt, gehört zu werden, sogar *bevor* er ausgesendet wird... Außer, daß wir mit dieser Disziplin taub werden. Wir versetzen uns in die Position, bestimmte Klänge zu hören und keine anderen. Das Solfeggio zu üben bedeutet, *a priori* zu beschließen, daß wir die Klänge unserer Umgebung armselig finden. Deshalb kann es kein "konkretes Solfeggio" geben! Jedes Solfeggio ist notwendigerweise, per definitionem "abstrakt"... Und dualistisch! Dem Praktiker des Solfeggio ist jeder Klang der Umwelt verstümmelt; es fehlt ihm die Tonalität. Jetzt wissen Sie, warum ich nicht das geringste Interesse am Solfeggio habe. Ich habe in meinem Kopf nie die Vorstellung aufkommen lassen, Klänge zu vervollkommnen, noch irgendeine Verpflichtung, die Klanggattung zu verbessern. Ich halte einfach meine Ohren offen.

Erlauben Sie mir, Sie zu zitieren: "Happy new ears!" ("Glückliche neue Ohren!")

Das stimmt. Ich halte meinen Geist alert und wach, oder ich versuch es wenigstens. Als Resultat höre ich alles Dissonante konsonant. /Ich höre nicht nur die Zahl zwei, sondern auch die Pluralität der Zahl eins./

Dennoch ist da ein Unterschied...

Natürlich ist da ein Unterschied! Aber keiner, dem man sich mit Wertbegriffen nähern kann. Womit ich mich beschäftige, ist der Klang als solcher, so wie er ist.

Nicht, wie Sie ihn gern hätten.

Nicht wie er sein "sollte". Und ich denke, daß sich das besser mit Klängen machen läßt, die *nicht* "Musik" im Sinne des achtzehnten und neunzehnten Jahrhunderts *sind*, als mit Klängen, die Musik *sind*.

Sie sind ein vollkommen "konreter" Musiker!

Im Verhältnis zu Schaeffer, ja! Die "Abstraktheit" der Klänge rührt daher, daß man sich mit dem Hören ihrer Beziehungen zufrieden gibt, anstatt den Klängen an sich zuzuhören. Es wäre ebenso berechtigt, wie ich einmal sagte, musikalische Ideen mit Lichtern auszudrücken...

Bestimmte Komponisten träumen davon das zu tun, einige tun es...

Oder mit Äpfeln!

Kommt Ihre Feindseligkeit gegenüber dem Begriff der Beziehungen nicht aus einer bestimmten Richtung der amerikanischen Philosophie? Ich denke an William James' Kritik der Beziehungen. Dennoch hielt er diese Kritik nicht bis zum Ende aufrecht. Er schloß mit der Erkenntnis, daß Beziehungen selbst "Ganzheiten", "Einheiten" seien. Für ihn bestanden Beziehungen auch in der Erfahrung.

Ich weiß sehr gut, daß die Dinge einander durchdringen. Aber ich denke, sie durchdringen einander viel fruchtbarer und mit mehr Komplexität, wenn ich selbst keine Verbindung herstelle. Dann treffen sie sich und formen die Zahl eins. Aber gleichzeitig behindern sie sich nicht. Sie sind sie selbst. Sie sind. Und da jedes es selbst ist, gibt es in der Zahl eins eine Pluralität.

Aber wie können Sie sich all dieser Beziehungsaktivität enthalten? Ist Wahrnehmung nicht selbst schon ein In-beziehungsetzen?

Ich kann Beziehung zwischen einer Mannigfaltigkeit von Elementen akzeptieren, wie wir es tun, wenn wir die Sterne betrachten. Wir entdecken eine Sternengruppe und taufen sie "Der große Wagen". Dann verwandele ich sie in ein Objekt. Dann beschäftige ich mich nicht mehr allein mit der Entität, die aus Elementen oder separaten Teilen bestünde. Ich bin mit einem unveränderlichen Objekt konfrontiert, das ich gerade deshalb verändern kann, weil ich von vornherein weiß, daß es mit sich selbst identisch ist. Von daher praktiziere ich das, was Schönberg sagte: Variation ist eine Form, ein extremer Fall von Wiederholung. Aber man kann auch sehen, wie es mir gelingt, aus diesem Kreis von Variation und Repetition herauszukommen. Indem ich zur Realität zurückkehre, zu dieser besonderen Entität, zu dieser Konstellation, die noch keine vollständige Konstellation ist. Es ist noch kein Objekt! Ich kann ziemlich leicht den Gegenstand wahrnehmen, der aus einer bestimmten Perspektive ein einzelnes Objekt zu einer Gruppe verschiedener und unterschiedlicher Dinge formt. Was die Konstellation in ein Objekt verwandelt, ist die Beziehung, die ich ihren Komponenten auferlege. Aber ich kann davon absehen, diese Beziehung zu postulieren, ich kann die Sterne als getrennte, jedoch eng zusammenstehend betrachten, *fast* zu einer einzelnen Konstellation verbunden. Dann habe ich einfach eine Sternengruppe.

So langsam verstehe ich Ihre Vorliebe für astronomische Karten, die Sie für das Orchester-Werk Atlas Eclipticalis *von der Wesleyan Universitäts-Bibliothek ausgeliehen haben, und die allein ihrer Partitur die Topographie diktierte.*

Sie sprechen über eine Topographie. Und aus einer Vernetzung von Zufallsoperationen machen Sie ein Objekt.

Aber das muß ich doch! Wenn ich die Ursache-Wirkung-Beziehung vermeiden will, muß ich die Maßstäbe ändern. Ich muß mich mit Wolken beschäftigen, mit Trends oder Gesetzen statistischer Distribution.

Ja, vom Standpunkt eines Physikers. Aber der Zufall der gegenwärtigen Physik, Zufallszahlen-Tabellen, stimmt mit der *gleichen* Verteilung von Ereignissen überein.

Der Zufall, mit dem ich mich beschäftige, der der Zufallsoperationen, ist anders. Er setzt eine *ungleiche* Verteilung von Elementen voraus. Das ist der Beitrag des chinesischen Buchs der Wandlungen, des *I Ging*, oder der astronomischen Karten, die ich für *Atlas Eclipticalis* verwendete. Ich produziere niemals das physikalische Objekt, das den Statistiker interessiert.

Oder den Komponisten Xenakis! Aber nichtsdestoweniger erhalte ich es...

Ja, wenn ich es *will*. Aber ich muß es *wollen*. In den unbestimmten Werken, wie ich sie entwickelte, gibt es *a priori* keine derartige Logik.

Die Logik entsteht in dem, der zuhört...

Und der sich entschließt, sich mit einem Objekt zu beschäftigen. Jedes meiner unbestimmten Stücke wird, wenn es aufgenommen wurde, in dem Moment zum Objekt, wenn man es hört und wenn man weiß, daß man es noch einmal hören kann. Man hört es noch einmal, und das Objekt kommt zum Vorschein. Es gibt Wiederholung; es hört sich jedesmal gleich an. Man kann das, was man hört, lernen, indem man es wieder hört. Man kann es mit all der Logik versehen, die man will.

In dem Moment gibt es keinen Unterschied zwischen einem determinierten und einem undeterminierten Werk mehr?

Nein, mit der Ausnahme, daß im Fall eines unbestimmten Werks nicht ich derjenige bin, der die Logik in die Partitur gelegt hat.

Letztendlich ist diese Unbestimmtheit eine ziemlich zerbrechliche, unsichere Wirklichkeit...

Ja, selbst in meinen Stücken kann man eine Logik entdecken! Aber dazu bedarf es des Willens, sogar des guten Willens. Duchamp hat dieses Problem sehr klar formuliert. Mehr oder weniger sagt er, man müsse sich anstrengen, die Unmöglichkeit des Erinnerns zu erreichen, selbst wenn die Erfahrung von einem Objekt zu dessen Double führt. In der gegenwärtigen Zivilisation, in der alles standardisiert ist und alles wiederholt wird, besteht der einzige Ausweg darin, den Raum zwischen Objekt und Dublikat zu vergessen. Wenn wir diese Kraft der Vergeßlichkeit nicht besäßen, wenn uns die heutige Kunst nicht vergessen helfen würde, würden wir überschwemmt, unter den Lawinen genau identischer Objekte versinken.

Gewöhnt uns aber Andy Warhol nicht an Wiederholungen?

Nein, tatsächlich läßt er uns diese Gewohnheit verlieren. Jede Wiederholung muß eine vollkommen neue Erfahrung ermöglichen. Natürlich schaffen wir das nicht immer, aber wir sind auf dem besten Wege.

Dann ist Kunst, wie Sie sie definieren, eine Disziplin der Anpassung an die bestehende Realität. Sie beabsichtigt keine Änderung der Welt, sie akzeptiert sie, wie sie sich präsentiert. Indem sie unsere Gewohnheiten verändert, trägt sie dazu bei, daß wir uns weitaus effektiver daran gewöhnen.

Ich denke nicht. Es gibt einen Aspekt des Problems, den Sie nicht berücksichtigen: die Welt, um genau zu sein. Das Reale. Sie sagen: das Reale, die Welt, wie sie ist. Aber sie ist nicht, sie wird! Sie bewegt sich, sie ändert sich! Sie wartet nicht auf uns, um sich zu ändern... Sie ist viel mobiler, als man sich vorstellt. Man kommt dieser Realität näher, wenn man sagt, wie sie "sich präsentiert"; das bedeutet, daß es sie nicht gibt, daß sie nicht wie ein Objekt existiert. Die Welt, das Reale, ist kein Objekt. Sie ist ein Prozeß.

In einer Welt des Werdens kann es keine Gewöhnung oder keine Gewohnheit geben... Denken Sie das?

Ja, es ist eine Vorstellung des Wandels, wie all meine Musik, die als *Musik der Wandlungen* bezeichnet werden könnte. Und ich fand diesen Titel im *Buch der Wandlungen*, dem *I Ging*.

Ich komme nicht umhin zu glauben, daß logos, Logik wohl nur geringen Einfluß auf diese Welt, wie Sie sie definieren, hat.

Einfach weil ich kein Philosoph bin... zumindest kein griechischer! Früher wünschte man sich logische Erfahrungen; nichts war für uns wichtiger als Stabilität. Heutzutage dulden wir Instabilität neben der Stabilität. Wir erhoffen uns eine Erfahrung dessen, was ist. Aber "was ist", ist nicht unbedingt das Stabile, das Unwandelbare. Wir wissen auf jeden Fall ziemlich genau, daß wir die Logik ins Bild hineindeuten. Sie liegt nicht vor uns ausgebreitet, um von uns entdeckt zu werden. "Was ist", hängt nicht von uns ab, wir sind davon abhängig. Und wir müssen uns dem nähern. Und bedauerlicherweise verkörpert alles, was wir unter der Rubrik "Logik" verstehen, eine derartige Vereinfachung im Hinblick auf das Ereignis und das, was wirklich passiert, daß wir lernen müssen, uns davon fernzuhalten. Die Funktion der gegenwärtigen Kunst besteht darin, uns vor all den logischen Bagatellisierungen zu bewahren, die uns jeden Augenblick in Versuchung führen, sie auf den Fluß der Ereignisse anzuwenden. Uns näher an den Prozeß heranzuziehen, der die Welt ist, in der wir leben.

ZWEITES GESPRÄCH

Virgil Thomson
Über Immobilität und Mobilität
Nirgendwohin-Gehen
Kunst als Leben
Gegen Lebensphilosophien
Stasis und das Fehlen an Zielen
Schüler
Universitäten
McLuhan: sich dem öffnen was ist
Der Wille zur Unordnung
Über die Gelegenheit zum Unzweckmäßigen
Gegenseitige Durchdringung und Nicht-Behinderung
Die Frage des Nichts
Fuller und die Zahl drei
Über Zufall
Suzuki und *Chuang-tse*
Über das *I Ging*; Taoismus und moderne Wissenschaft
Debatte über Geräusch und das Nicht-Handeln
Verantwortung für alles das es gibt
Bedeutung von Nützlichkeiten
Überfluß und Respektlosigkeit
Freiheit: leben und leben lassen.

Unter den Ihnen bekannten zeitgenössischen Komponisten fällt mir der Name Virgil Thomson auf, dem Sie ein Buch gewidmet haben. Wie ist es dazu gekommen?

Als ich das erste Mal nach New York kam, hatte ich das Glück, ihn eines Tages kennenzulernen, als ich das Schlagzeugkonzert für das Museum of Modern Art vorbereitete. Er war ein Mitglied des Musikausschusses des Museums. Wir sind gut miteinander ausgekommen; ich fand Gefallen an den Gesprächen mit ihm. Er schrieb einen Artikel über meine Musik, und dieser Text war der Ursprung des Interesses, das damals für das, was ich tat, erwachte. Und später hatte er insbesondere bei der Beschaffung meines Guggenheim Stipendiums und der Auszeichnung des National Institute of Arts and Letters seine Hände mit im Spiel. Kurz danach bat er mich, ein Buch über seine Arbeiten zu schreiben, und ich habe zugestimmt. Ich hatte das Gefühl, daß die Arbeit, die ich in solch eine Studie investieren müßte, für mich nützlich sein würde. Deshalb beschloß ich, jede seiner Kompositionen detailliert und chronologisch zu untersuchen. Ich wollte die von ihm schon geleistete Arbeit so oft wie möglich wiederholen.

Beanspruchte diese Arbeit viel Zeit?

Ich brauchte zehn Jahre! Mit einigen Unterbrechungen, das ist wahr. In Wirklichkeit war Thomson so produktiv, daß er jedes Mal, als ich dachte, ich würde ihn einholen, seinen Weg fortgesetzt hatte und einen Schritt weiter war. Und dann, als ich die ersten Kapitel fertig hatte, bat er mich, sie ihm vorzulesen. Unglücklicherweise stimmte er mit dem Resultat nicht überein. Er schaute sich nach jemand anderem für diesen Job um, aber er konnte keinen finden, mit dem er zufrieden war, und nach einigen Jahren kam er zurück und bat mich, das Buch zu Ende zu schreiben. Deshalb erwiderte ich, daß ich nur unter der Bedingung akzeptieren würde, wenn er damit einverstanden wäre, keine Resultate zu fordern, bevor nicht alles fertig war. Darüber vergingen zehn Jahre.

Dann haben sie sich längere Zeit nicht mehr gesehen?

Im ersten Kapitel habe ich beides, das Leben und die Arbeit Virgil Thomsons, abgehandelt. Ich überlegte mir,

daß es in diesem Fall keine Möglichkeit gäbe, eins vom
anderen zu trennen. Das hat ihm nicht gefallen... Während ich mich wieder an die Arbeit machte, übertrug er
Kathleen Hoover die Aufgabe, seine Biographie zu schreiben, ohne mir etwas davon zu erzählen. Sowie ich meinen
Text fertig hatte, gab es Schwierigkeiten: er mußte einen Lektor finden, der meine Arbeit redigieren sollte -
der alles herausfiltern sollte, das mit seinem Leben zu
tun hatte, und nur das stehen ließ, was allein von seinen
Werken und deren Analysen handelte. Ich kam mit der ersten Person, die Thomson für die Aufgabe des Überlesens
und Redigierens ausgesucht hatte*, nicht zurecht; ein
wichtiger Faktor, den ich nicht erwartet hätte. Dann beschloß er, diese Aufgabe selbst zu übernehmen.** Ich
erklärte, daß es keinen Sinn hätte. Das Problem wäre
sein Stil; er war berühmt und würde sofort erkannt werden! Wir einigten uns auf einen dritten Lektor. Und alles ging gut, bis die Korrekturfahnen kamen. Das war
das erste Mal, daß ich mit großer Überraschung *Das Leben des Virgil Thomson* von Kathleen O'Donnell Hoover
sah! Und darüber hinaus bemerkte ich, daß der Schluß-
"Herausgeber" meines Textes Virgil Thomson selbst war!
Ich fand das anstößig und im vollkommenen Gegensatz
zu unserer Übereinkunft. Derartig, daß... Ich fand an
den Gesprächen mit ihm immer großen Gefallen, aber wir
sehen uns sehr selten.

Er schreibt jedoch immer noch über Sie. Er hat Sie sogar manchmal kritisiert.

Seine Kritik besteht darin, darauf zu bestehen, daß es,
in seinen Augen, meiner Arbeit an Notwendigkeit mangelt. Nach seiner Meinung war mein Frühwerk oder die
erste Periode meiner Arbeit interessant. Aber seit meine Musik, ihm zufolge, nirgendwohin führt, beansprucht
sie kein Interesse mehr. Und er möchte gern wissen, warum ich fortfahre sie zu schreiben.

---

* Kathleen O'Donnell Hoover (John Cage; Fußnote aus dem Jahre
 1980)
** Er wollte meine Arbeit anonym korrigieren, ohne auf der Titelseite berücksichtigt zu werden. (John Cage; Fußnote aus dem Jahre 1980)

Stimmen Sie mit seinem Einwand überein?

Es war genau meine Absicht zu verhindern, daß meine Musik irgendwohin führt! Ich versuchte die Töne dahin gehen zu lassen, wohin sie wollten, und sie das sein zu lassen, was sie sind. Das führte mich zu einer Kontinuität, aber einer Kontinuität, die nicht mehr versucht, einen *Höhepunkt* zu erreichen. Eine Kontinuität, die nicht mehr rauf oder runter geht!

Sie haben mit rhythmischen Strukturen angefangen, die ihre Musik zeitlich organisieren sollten. Aber müssen Sie nicht irgendwohin gehen, damit diese zeitliche Dimension gefüllt werden kann und sogar damit es eine Zeit im allgemeinen gibt?

Nicht im Geringsten. Man kann sehr leicht...

Immobil bleiben?

Ja, sehr leicht.

Würde es Ihnen etwas ausmachen, diese Theorie über die Zeit zu erklären? Wie bringen Sie diese Theorie in Einklang mit der Vorstellung über das Werden, der Welt als Prozeß?

/Ein Zen-Mönch kam mit einem seiner Schüler aus seinem Haus und sieht eine Schar Wildgänse vorüberfliegen. "Was ist das?" fragte er. "Das *waren* Wildgänse." Der Meister drehte dem Schüler heftig an der Nase. "Du denkst, sie sind vorüber, aber sie sind immer hier gewesen." Darauf war der Schüler erleuchtet. /

Jean Grenier, ein dem Taoismus nahestehender französischer Schriftsteller, beschreibt in seinem Buch La Vie quotidienne, wie ein Hindu-Mönch der "Ramakrishna Sekte" die absolute Stille einer Gemeinde, die zu einem Vortrag zusammengekommen war, und zwar für eine volle Stunde, wahrnahm. "Man kann nicht behaupten, daß diese Handlung das Zeitgefühl abschaffte, es wurde von einer seiner Komponenten, nämlich der beständigen, dominiert, während die andere Komponente, die unbeständige, den harmonischen Teil darstellte." Würden Sie diese Dichotomie hinsichtlich der Zeit akzeptieren? Kann man sie auf Ihre Musik anwenden?

/ Mir scheint, daß man sie eher auf La Monte Young als auf mich anwenden kann. Das Beständige und das Unbeständige können sich, meines Erachtens, nicht als das Wesentliche und das Harmonische verkörpern, falls das eine Hierarchie implizieren sollte. /

Kann der Akt, die Welt der Hierarchie zu verlassen, als das bezeichnet werden, was Sie "Leben als Kunst" bezeichnen?

Nein. Es ist Kunst als Leben.

Könnten Sie das erläutern?

Wenn ich "Leben als Kunst" haben möchte, würde ich riskieren, dem Ästhetizismus zu verfallen, weil es so aussähe, als ob ich etwas aufdrängen wollte, eine bestimmte Vorstellung vom Leben. Mir scheint, daß die Musik – so wie ich es zumindest betrachte – nichts aufdrängt. Sie kann unsere Betrachtungsweise wirkungsvoll ändern, indem sie bewirkt, alles um uns herum als Kunst zu sehen. Aber das ist nicht das Ziel. Klänge haben kein Ziel! Sie sind, und mehr nicht. Sie leben. Musik ist das Leben der Klänge, diese Partizipation der Klänge am Leben, was sich, unfreiwilligerweise, zu einer Partizipation des Lebens an den Klängen entwickeln kann. Die Musik allein verpflichtet uns zu nichts.

Wenn Sie durch Ihre Musik eine bestimmte Kontinuität erreichen, ist das dann überhaupt nicht beabsichtigt?

Ich nehme einfach nur wahr, was passiert. Ich habe gewöhnlich von einer "Kontinuität der Diskontinuität" gesprochen. Ich wollte den melodischen Aspekt vermeiden, denn sobald es eine Melodie gibt, gibt es einen Willen und Wunsch, die Klänge dem Willen gefügig zu machen. Ich lehne jedoch die Melodie nicht ab. Ich lehne sie sogar weniger ab, wenn sie sich selbst produziert. Sie darf aber nicht mit einer Zwanghaftigkeit eingeleitet werden. Ich möchte nicht die Klänge zwingen, mir zu folgen.

Demnach würden Sie hinsichtlich der Zeit sagen, daß sie nicht repräsentiert werden kann?

Man darf sich nicht von intellektuellen Kategorien hypnotisieren lassen, kontinuierlich - diskontinuierlich, beständig - unbeständig usw., die es angeblich ermöglichen sollen, Zeit zu denken.

Das könnte als vitalistisches Glaubensbekenntnis betrachtet werden.

Nichts entgeht den Lebensphilosophien mehr als das Leben selber! Nein, ich bin nicht soweit, mich derartigen Philosophien anzuschließen. Ein lebloses Wesen besitzt ebensoviel Leben wie ein lebendiges. Ein Klang lebt. Lebensphilosophien behaupten das Gegenteil, nicht wahr?

Seinerzeit, in unserem Gespräch im Musée d'Art moderne, habe ich den an Sie gerichteten Einwand von Leonard Meyer erwähnt, der sich so ähnlich wie der Virgil Thomsons anhört: er beschuldigt sie, eine statische Musik anzupreisen, eine Musik der **Stasis***, und zwar deshalb, weil musikalische Zeit vermieden wird. Sie haben sich geweigert, ihm direkt zu antworten, oder habe ich Sie vielleicht mißverstanden?*

In der Tat, ich akzeptiere diesen Vorwurf. Und ich betrachte es nicht als Vorwurf. Tatsächlich beinhaltet das Leben *Stasis*. Aber ich preise überhaupt nichts an. Und ich vermeide auch nichts. Wenn Sie mit "musikalischer Zeit" nur eine starre, determinierte Musik mit einem Davor und Danach meinen, kurz, eine aus begrenzt zeitlichen Objekten geschaffene Musik, dann würde ich in der Tat zugeben, daß meine Musik überhaupt nicht so ist. Aber vielleicht ist "musikalische Zeit" etwas anderes...

Und wenn einer Ihrer Kollegen, Morton Feldman, behauptet, daß Ihre Musik gerade insoweit mit dem Leben identisch ist, als sie nur einen Teil der Tonalitäten des Lebens ansammelt...

Ich würde ebenfalls sagen, daß sie nichts vermeidet, oder vielmehr, daß sie die Vorstellung meidet etwas zu vermeiden.

Weichen Sie nicht dem Einwand aus?

Aber alles ist möglich! Meine Musik macht keine Einschränkungen geltend! Es verhält sich einfach nur so, daß das Leben, das wir führen, nur ein Ausschnitt ist, und viele Klänge sind zu schwierig, um sie in einem gegenwärtigen Konzertsaal zu versammeln. Ich versuche diese Verpflichtung, was einem Konzert angemessen ist, einem Publikum, einem Ort usw. zu umgehen. Ich erweiterte die Aufführungsbedingungen für meine Musik bis zu einem Maximum. Ich besuche Zirkusvorstellungen, Clearings, Kunstgalerien, Parties. Meine Musik ist bestimmt partiell, aber ich bin nicht derjenige, der diese partielle Seite anvisiert. Wenn ich irgendetwas anvisiere, dann ist es das Fehlen eines Ziels; das Partielle ist immer im Hinblick auf ein Ziel zu sehen.

Das muß für einen Schüler von John Cage ziemlich furchterregend sein! Wie war es Ihnen möglich, Studenten zu unterrichten und sie ohne ein Ziel auszubilden?

Es ergab sich, daß viele Leute gekommen sind, um bei mir zu studieren. Aber bei jedem hab ich versucht, herauszufinden, wer er war und was er tun könnte. Folglich bin meistens ich der Schüler.

Trifft das auch auf die Universitätssituation zu? Ich habe, trotz allem, den Eindruck, daß einige Ihrer Studenten sehr viel bei Ihnen gelernt haben...

Wenigstens haben sie mir beigebracht – zumindest diejenigen von der New School for Social Research –, daß ich es vorzog, nicht zu lehren.

Dennoch haben Sie nicht wirklich all Ihre pädagogischen Aktivitäten aufgegeben?

Ich habe so oft es ging versucht, Universitäten zu meiden.

Warum?

Sie sind zu eng mit der Regierung verbunden, sowohl in Frankreich, wo nichts ohne die Genehmigung der Behörden erlaubt ist, als auch in Amerika, wo Individuen als Autoritäten auftreten. Das Resultat ist das gleiche, nicht wahr?

Aber würde sich das nicht ändern, wenn Leute wie Sie öfter erscheinen würden?

Vor kurzem habe ich an der University of California in Davis ein Seminar veranstaltet, das von der Hypothese ausging, daß wir nicht wüßten, was wir studieren würden, und daß wir uns nicht in Studenten und Nicht-Studenten aufteilen würden; wir alle, mich einbegriffen, waren Studenten.

Und was passierte?

Wir unterwarfen die Universitätsbibliotheken den Zufallsoperationen, und in jeder Gruppe – wir waren ungefähr einhundert – hatte jede Person zwei Zufallsoperationen, um die Werke zu ermitteln, die er zu lesen hatte. Als nächstes teilten wir uns – immer noch durch Zufallsoperationen – in flexible Gruppen. Jede Gruppe sollte auf einem Treffen über das , was gelesen werden sollte, Informationen austauschen. Eine Technik, wie sie sich McLuhan wünschte. Er geht davon aus, daß unsere Arbeit künftig darin besteht, Information gegen Information zu "bürsten" (aufzufrischen).

Bürsten?

Ja, wie einen Anzug aus Stoff.

Wenn sich Informationen im Umlauf befinden, wird es eines Tages dazu kommen, daß keiner irgendeinen irgendetwas lehren kann. Sowie sich die Bibliothek erschöpft hat (angenommen, das geschieht – das kann man doch, nicht wahr?), was passiert dann?

Ich glaube, die Informationen würden nicht aufhören, in Erscheinung zu treten.

In dem Sinne, daß es immer viele neue Bücher gibt?

Nicht nur das. Wenn ich mich in einem Wald befände, in dem es keine Fichten gäbe, würde sich meine Information von der unterscheiden, die ich in einem Fichtenwald erhielte. Alles hängt von den Umständen und unseren Intentionen ab.

Deshalb plädieren Sie dafür, daß die Leute ihre Aufmerksamkeit entspannen.

Informationen sind überall zu finden. Wir können uns in der Nähe von Informationen befinden, ohne sie zu empfangen.

Dann sollten wir uns all den Informationen öffnen, die wir nicht empfangen.

Es verhält sich ein wenig so, wie mit dem Geräusch im Vergleich zum musikalischen Ton: je mehr wir entdecken, daß die Geräusche der äußeren Welt musikalisch sind, desto mehr Musik wird es geben.

Und denken Sie, daß diese ideale Offenheit für alle kommenden Dinge auf alle Bereiche übertragen werden kann, und daß es für alle Universitätsstudien geeignet ist?

Sicherlich.

Aber sind nicht all die "Assemblages, Environments und Happenings", um den Titel eines berühmten Buches zu benutzen – das von Allan Kaprow, einem Schüler von Ihnen, geschrieben wurde –, stehen nicht all diese Dinge letztendlich im Gegensatz zu Ihrem Ideal einer Offenheit für alles, was existiert? Weil dies tatsächlich ausgerichtete Aktivitäten sind. Das Fehlen eines Zieles kann zu einem Ziel werden, selbst für Sie. Es könnte sich als ebenso gezwungen erweisen wie die Situation, die wir anfangs hatten, in der alles einem Ziel unterworfen war. Haben Sie das nicht selbst bei einem dieser Happenings erkannt, als Ihnen gesagt wurde, was Sie zu tun hätten, etwa von einem Raum in einen anderen zu gehen?

Meine Antwort fällt ebenso aus wie die, die ich Ihnen vor kurzem gab, als wir über Feldman diskutierten. Wir sind nicht frei. Wir leben in einer geteilten Gesellschaft. Wir müssen ganz bestimmt diese Teilung in Betracht ziehen. Aber warum sie wiederholen? Warum sollten Happenings die zwanghaftesten Aspekte des täglichen Lebens verdoppeln? Wir scheinen immer zu glauben, daß überall in der Kunst eine Ordnung eingerichtet werden muß. Was aber, wenn Kunst zur Unordnung anstiftet.

Unordnung zu wollen ist immer noch wollen.

Es geht nicht darum, *nicht zu wollen*, sondern im Hinblick seines eigenen Willens frei zu sein. In der Universität, in meiner Musik, in meinem täglichen Leben ergab es sich, Zufallsoperationen zu benutzen. Aber ich benutze nicht ausschließlich nur Zufallsoperationen! Den

Ort des Zufalls zu erkennen, heißt nicht, ihm alles zu opfern.

Ihre Lehre – wenn Sie diesen Begriff akzeptieren – könnte dann als eine nicht-intentionale Pädagogik definiert werden? Ein Sich-Freimachen vom Willen?

Eine zunehmende Loslösung, ja, und zwar eine, die nicht in irgendeine Bindung zurückfällt. Und nichts wiederholt.

Das führt uns zum Orient...

Oder nur, wie ich Ihnen schon sagte, in die Nähe von Fischinger. Jeder Klang hat seine eigene Seele, sein eigenes Leben. Und wir können nicht vorgeben, dieses Leben zu wiederholen. Ich kann niemals das Beispiel für ein Leben werden, ein Beispiel für ein anderes Leben. Was hinsichtlich der Klänge wahr ist, bedeutet, auf die Verhältnisse der Menschen angewandt, Gleichheit. Und das ist genau der Grund, warum Menschen keine Klänge sind, ebensowenig wie Klänge Menschen. Musiker verbringen ihre Zeit damit, das zu vergessen. Meine Pädagogik beinhaltet, daß wir das nicht mehr vergessen dürfen.

Sie haben Ihr großes Werk aus dem Jahr 1958, **The Concert for Piano and Orchestra,** *als eine "Sammlung extremer Schwierigkeiten" definiert. Zu der Zeit wurden Sie vom Orient inspiriert...*

Natürlich.

Ich betone diesen Punkt nur, weil Leute gedacht haben könnten, daß Sie, wie Fischinger, zu einer Art Pantheismus neigten.

Vor meiner Begegnung mit dem orientalischen Denken, was ungefähr um 1945 stattfand, sah ich nicht mehr die Notwendigkeit, über Gott zu sprechen, bei dem Gedanken an das Leben eines jeden Dings von Gott zu sprechen. Es gefällt mir aber zu denken, daß jedes Ding nicht nur sein eigenes Leben, sondern auch sein Zentrum hat, und daß dieses Zentrum immer das wahre Zentrum des Universums ist. Ja, das ist eins der Hauptthemen, die ich von meinen Zen-Studien beibehalten habe.

Muß die Vorstellung über das Leben von der Vorstellung über das Zentrum getrennt werden?

Suzuki lehrte mich, daß wir in Wirklichkeit niemals aufhören, einen Maßstab außerhalb des Lebens der Dinge anzuwenden, und daß wir anschließend darauf bedacht sind, jedes Ding innerhalb des Rahmens dieses Maßstabs zu rekonstruieren. Wir versuchen, durch den Gebrauch dieses Rahmens Beziehungen zwischen den Dingen zu postulieren. Dementsprechend verlieren wir die Dinge, wir vergessen sie, oder wir entstellen sie. Zen lehrt uns, daß wir uns in Wirklichkeit in einer Situation der Dezentrierung im Verhältnis zu diesem Rahmen befinden. In dieser Situation ist jedes Ding im Zentrum. Deshalb gibt es eine Vielheit von Zentren, eine Vielfalt von Zentren. Und sie alle durchdringen einander und, wie Zen hinzufügen würde, behindern sich nicht. Für eine Sache zu leben heißt, im Zentrum zu sein. Dies erfordert gegenseitige Durchdringung und Nicht-Behinderung.

Wie kann es zwischen den letzten beiden Begriffen keinen Gegensatz geben? Wenn sich zwei Klänge einander nicht retuschieren oder verdecken sollen, müssen sie getrennt werden. Wie können sie sich gegenseitig durchdringen?

Sie sagen, sie müssen getrennt werden. Gut, aber legen Sie nichts dazwischen, ins Intervall.

Wie?

Es darf nichts zwischen Dingen geben, die sie getrennt haben, damit sie einander nicht behindern. Gut, dieses *Nichts* gestattet allen Dingen zu leben.

D.h. sich gegenseitig zu durchdringen?

Daß sie einander durchdringen bedeutet, daß sich nichts zwischen ihnen befindet. Demzufolge werden sie durch nichts getrennt...

Sie sagen nichts. *Lassen Sie mich eine Frage zur Übersetzung ins Französische stellen. Ziehen Sie es vor,* nichts (nothing) *mit "rien" ("nichts") zu übersetzen, oder mit "le rien" ("das Nichts")? Haben wir das Recht zu sagen, daß das "nothing" (nichts), das Sie sich vor-*

stellen,"Das Nichts" ist; das Nichts,die Stille?Oder ,müß-
ten wir, nach der Gegen-Hypothese, den Titel **Lecture
on Nothing*** *mit* **Discours sur rien (Vortrag über niⅽhts)**
übersetzen.Welchen Titel sollten wir wählen?

Den ersten, wie mir scheint.

*Das wäre die "westliche" Lösung. Wie Eckhardt – den
Sie oft zitieren – sagt, das Nichts oder das Nichtsein
"existiert" und ist die* **Gottheit** *oder der* **Grund Gottes.**
*In diesem Sinne gibt es keinen Platz für das absolute
Nichts, für das reine Nichts. Ist nicht die Leere beim
Zen im Gegenteil ein nichts, ohne ein großgeschriebenes
"n"? D.h. überhaupt nichts und für die Reflexion
nicht einmal* **ein** *nichts? Ist das nicht der Punkt, worauf
bestimmte japanische Philosophen die Unterscheidung zwischen Zen (oder orientalischen Philosophien im allgemeinen) und westlichem Denken treffen?*

Und was hat mein französischer Übersetzer getan?

*Er ist unschlüssig, manchmal wählt er den großen Buch-
staben, manchmal den kleinen. Manchmal den Westen,
manchmal den Osten!*

**Ich möchte wissen, welchen man wählen sollte. Aber es
ist schwer, weil es alles in intellektuellen Kategorien ein-
gepackt ist. Natürlich geht man mit "das Nichts" nicht
weit genug, weil es immer noch impliziert, daß das Nichts
ein Sein bedeutet. Das ist nicht sehr befriedigend.**

*Dann müssen wir die Lösung, die Sie soeben vorgeschla-
gen haben, ebenfalls verwerfen?*

**Wenn Sie Etwas und Nichts gegenüberstellen, verbleiben
Sie noch im Spiel intellektueller Kategorien. Was ich meinte, als ich vom** *nichts dazwischen* **sprach, ist, daß das
zur Frage stehende Nichts... weder Sein noch Nichts
ist.**

Es steht außerhalb der Beziehung von Sein und Nichts?

**Das ist richtig. Jedes Mal wenn wir eine Beziehung auf-
bauen, jedes Mal wenn wir zwei Begriffe verbinden, ver-**

---

* dt.: *Vortrag über nichts*, in: John Cage, *Silence* (Aus
  dem Amerikanischen von Ernst Jandl), Neuwied/Berlin
  1969

gessen wir, daß wir zum Nullpunkt zurückkehren müssen, bevor der nächste Begriff erreicht wird. Das Gleiche gilt für Sein und Nichts! Wir reden über diese Begriffe und versuchen durch sie zu denken - wie Klänge in der Musik -, und wir vergessen, was wirklich passiert. Wir vergessen, daß wir immer zum Nullpunkt zurückkehren müssen, um von einem Wort zum andern zu kommen.

Sie sprachen einst von einer "alternierenden Strömung" ...Wäre das Nichts nicht das Diskontinuierliche?

Es ist die Unmöglichkeit, bei einem relativen Nichts stehenzubleiben, bei der Beziehung. Die Beziehung kommt anschließend.

Durch die Macht der Sprache kehren Sie zum "absoluten" Nichts zurück?

Ja, und ich kann demzufolge bei meinem ersten Etikett bleiben: "das Nichts". Unter der Bedingung, daß wir uns von den Wörtern fortreißen lassen, können wir es akzeptieren.

Koîchi Tsujimura, ein zeitgenössischer japanischer Denker, hat besonders dieses Problem behandelt. Der Titel seiner Abhandlung, Vom Nichts im Zen, situiert dieses Nichts ganz in der Nähe von unserer Unterhaltung. Erlauben Sie mir, seinem Text einige Bemerkungen zu entnehmen, die das zu ergänzen scheinen, was Sie soeben sagten: "Hieraus möchte man schließen, daß so etwas wie das absolute Nichts undenkbar und unmöglich sei; und selbst wenn es auch denkbar wäre, so wäre es nur ein Gedankending, von keiner Wirklichkeit. Aber der Widerspruch im Verhältnis von absolutem und relativem Nichts, auf dem dieses Schließen gründet, ist in Wirklichkeit kein Widerspruch... Daher ist jener Widerspruch nur Widerspruch im Bereich des Relativen, in der Dimension des vorstellenden Denkens, das sowohl das absolute Nichts als auch das relative Nichts, ebenso wie das Sein und sogar ihr Verhältnis wie etwas Seiendes vorstellen will." *
Sind Sie mit Koîchi Tsujimuras Zurückweisung "der Dimension des vorstellenden Denkens" einverstanden?

---

* vgl. den deutschen Text in der italienischen Zeitschrift *Il Pensiero*, Bd.V/1, 1960, Seite 10

Wenn sie dem entspricht, was Suzuki "das Geistige", "das Mentale" nennt, kann man sie nicht "zurückweisen". Ebensowenig kann man die Welt der Verhältnisse, der Relationen zurückweisen. Man kann sie aber durchqueren, weit über sie hinaus gehen. In Richtung auf das "Nicht-Geistige", "Nicht-Mentale".

Haben Sie Ihre Vorstellungen darüber von Suzuki?

Ja, und auch aus *Neti,Neti**, einem wunderbaren Buch, das mich lehrte, daß es in dem Bereich geschaffener Dinge so etwas gibt wie nichts, wenn man so sagen darf; und überdies ein nichts, das *nichts* in sich birgt. Dies ist das *nichts dazwischen*. Vor kurzem fand ich den gleichen Gedanken bei Buckminster Fuller. Er beschreibt die Welt als ein Ensemble von Sphären, zwischen denen es eine Leere gibt, einen notwendigen Raum. Wir haben die Tendenz, diesen Raum zu vergessen. Wir springen darüber hinweg, um unsere Beziehungen und Verbindungen herzustellen. Wir glauben, daß wir kontinuierlich von einem Klang zum nächsten gleiten können, von einem Gedanken zum anderen. In Wirklichkeit fallen wir und bemerken es nicht einmal! Wir leben, aber Leben bedeutet, die Welt der *Beziehungen* oder Repräsentationen zu durchkreuzen. Trotzdem können wir uns beim Durchkreuzen dieser Welt nicht ertappen! Und dabei tun wir nichts anderes als dies.

Dann ist alles ziemlich einfach?

Ich würde das Gegenteil behaupten. Es ist unsere Denkungsart, die so einfach ist, während unsere Erfahrung immer und in jedem Fall sehr komplex ist. Wenn wir denken, kommen wir kontinuierlich auf diese Gegensatzpaare zurück, Klang und Stille, Sein und Nichts. Wir tun das, um die Erfahrung zu vereinfachen, die sich jedoch jenseits dieser Vereinfachung befindet. Ultrakompliziert und keineswegs auf die Zahl zwei reduzierbar.

Enden wir nicht beim Monismus, wenn wir immer auf die Zahl eins zurückkommen?

---

* Mrs. L.C. Beckett (New York: Art Press, 1955)

Buckminster Fuller besteht auf der Zahl drei* und glaubt, daß es kaum einen nützlichen weiterführenden Gedanken gibt, wenn man nicht immer zumindest drei Dinge auf einmal in Betracht zieht. Und, soweit es mich betrifft, besteht die beste Möglichkeit, der Zahl zwei zu entfliehen, darin, daß man Zufallsoperationen benutzt. Weil dadurch eine enorme Anzahl von Dingen in ein einziges komplexes Ereignis eintreten können. Und dementsprechend vermeiden wir die für unser Denken charakteristische Vereinfachung.

Trotzdem würde es mich interessieren, weshalb Sie über die mechanische, automatische Eigenschaft der Zufallsoperationen nicht schockiert sind. Ist nicht die Klangauswahl durch Losentscheid eine einfache Art, das Problem zu umgehen? Welche Rolle der Zufall im täglichen Leben auch spielen mag, müssen wir nicht zugeben, daß der Zufall die Dinge zu sehr vereinfacht?

Aber wie können wir die Tatsache unserer hiesigen Anwesenheit erklären, daß wir in der Gegenwart leben, jedoch nicht in der Gegenwart von, z.B., Fichten in einem Wald? Diese Komplexität verdanken wir dem Zufall... Unser Leben ist sehr komplex, wobei jeder Augenblick von Zufallsschichten überlagert wird. Der Zufall erlaubt dies schließt aber jenes aus.

Er zwingt uns, Anwesenheit und Abwesenheit zusammenzudenken?

Zumindest Ausschließungen abzulehnen, radikale Alternativen zwischen den Gegensätzen.

Ich habe neulich gehört wie Pater Houang behauptet hat, daß es drei Arten des Denkens gibt. Das westliche Denken, das endlos Dualitäten postuliert, die es nicht lösen kann; das chinesische, das Denken der Weisheit, das in jedem Term der Dualität die Ergänzung des anderen offenbart; und das indische Denken, das davon ausgeht, daß die beiden Terme der Dualität ein und dasselbe sind. Ich glaube, Sie denken eher chinesisch als indisch.

Ja, oder zumindest bin ich so geworden...

---

* Oder ist es die fünf? (John Cage; Fußnote aus dem Jahr 1980)

Wie ist es dazu gekommen?

Es war nach 1945, ich nehme an zwischen 1946 und 1947, daß mich der Orient ernsthaft zu interessieren begann. Nachdem ich das orientalische Denken im allgemeinen studiert hatte, nahm ich drei Jahre an den Kursen von Suzuki teil, bis 1951. Er lehrte an der Columbia Universität und ich fand seine Vorlesungen sehr gut. Er empfahl uns sehr oft, das *Chuang-tse* zu lesen. Deshalb las ich damals immer wieder das *Chuang-tse*. Und ich empfand für den Text, den Gedanken, eine tiefe Bewunderung. *Chuang-tse* ist voller Humor... Eine der Figuren, Chaos, wird mehr geliebt als gefürchtet. Suzuki fand das *I Ging* nicht so gut; er schien es als wichtiges Buch zu erachten, aber als nicht vollkommen akzeptabel. Ich glaube, daß er von allen Büchern, die er erwähnte, das *Chuang-tse* bevorzugte. Ich habe viel mit dem *Chuang-tse* gearbeitet.

Sie lehnen aber nichts im I Ging *ab?*

Ich akzeptiere und habe immer alles akzeptiert, was mir das *I Ging* offenbart hat.

Warum?

Ich habe nie daran gedacht, es nicht zu akzeptieren! Das ist genau das erste, was uns das *I Ging* lehrt: Akzeptanz, Hinnahme. Es treibt folgende Lektion wesentlich voran; wenn wir Zufallsoperationen benutzen wollen, müssen wir die Resultate akzeptieren. Wir haben kein Recht, sie zu benutzen, wenn wir entschlossen sind, die Resultate zu kritisieren und eine bessere Antwort zu suchen. Faktisch verspricht das *I Ging* jedem, der auf einer guten Antwort besteht, ein vollkommen trauriges Los. Wenn ich nach einer Zufallsoperation unglücklich bin, wenn das Resultat mich nicht befriedigt, habe ich zumindest die Möglichkeit, mich zu mäßigen, mich zu ändern, indem ich es akzeptiere. Wenn ich aber darauf bestehe, das *I Ging* zu ändern, dann ändert sich zwar das *I Ging*, aber nicht ich, und ich habe nichts erreicht und nichts erfüllt!

Haben Sie nicht einmal gesagt, daß die Eigenschaft der Poesie darin bestünde, nichts zu erreichen und zu erfüllen?

Gut, denken wir lieber nicht an Erfüllung, wenn wir von Ändern sprechen... Man kann jedoch feststellen, daß uns das *I Ging* eher auf die Flexibilität als auf die Starrheit hinlenkt.

Das I Ging hat Sie auf die Idee gebracht, daß sich alles Bestehende ändert.

Unsere starre Einstellung zur Änderung muß aufhören. Meine eigene Erfahrung bewies mir, daß ich nur auf die Klänge in meiner Umgebung hören muß. Sie ändern sich. Immer und überall höre ich auf die Klänge, die mich umgeben; wenn ich aber das Gefühl hätte, daß mir einer von ihnen nicht gefallen würde oder nicht angemessen wäre – wenn ich dem nachgegeben hätte, hätten sie nicht existiert oder hätten sich nicht ereignet –, dann könnte man sofort bemerken, warum ein derartiger Begriff von Priorität irgendwie unberechtigt ist, da es den Klang ja wirklich gab.

Ist das Entstehen der Zeit zu verdanken?

Entstehen, Verändern und dann Verschwinden: es ist die Anhäufung all dessen. Und es geht darum, dieses Kommen und Gehen zusammenzudenken, diese An- und Abwesenheit.

In Saint-Paul-de-Vence, zur Zeit des Museum Events mit Merce Cunningham, haben Sie einigen Zuhörern, die die zu starke Intensität Ihrer Geräusche kritisierten, erwidert, daß diese Geräusche auch ohne Sie gekommen und verschwunden wären. In Wirklichkeit haben Sie selber sie nicht gewollt. Die Zuhörer müßten es Ihnen nachtun und nicht nur die Zeit akzeptieren sondern alles, was sie zugleich mit sich bringt und nimmt.

Das stimmt, man hat mir oft diesen Vorwurf gemacht. Im Musée d'Art moderne habe ich erwidert, je lauter der Klang, desto größer sei die Möglichkeit, uns zu disziplinieren.

Selbst wenn Sie als Komponist in die Entwicklung von Klängen und Dingen weder eingreifen können noch wollen, kann es dann je eine Technologie geben, die uns gestatten würde, auf die Welt einzuwirken? Tief in Ihnen steckt ein Fatalismus und tatsächlich sogar eine Gleich-

gültigkeit gegenüber allem, was geschieht. Ist diese Ein-
stellung aber nicht inhuman? Wie kann der Taoismus mit
der modernen Wissenschaft versöhnt werden?

Das ist eine sehr ernstzunehmende Frage. Ich weiß nicht,
ob meine Antwort befriedigend sein wird. Zuerst einmal bemerke ich, daß es in unserem Leben Aspekte gibt, die es
notwendig erscheinen lassen, auf dieses Leben einzuwirken. Es gibt aber auch Zeiten, wo es für uns ebenso wichtig ist - gerade wenn es darum geht, auf das Leben einzuwirken -, es nicht zu beeinflussen, sondern sich so weit
als möglich dem zu öffnen, was vorübergeht und was erscheint. Was den Ton anbetrifft: ob er laut oder leise
sei, dumpf oder schrill, oder wie auch immer, das ergibt
kein ausreichendes Motiv, uns nicht dem Bestehenden
zu öffnen, beziehungsweise irgendeinem Ton, der vorkommen könnte. Man muß die Töne Töne sein lassen.

Und gibt es ein Kriterium, anhand dessen wir unterschei-
den können, was wir lassen sollen und was wir ändern
müssen?

Was die Töne anbetrifft, kann ich sagen, daß ich noch
keinen gehört hab, der wirklich unerträglich wäre.

Aber das Geräusch ist eins der schärfsten oder, wenn
Sie es vorziehen, schwerstwiegenden Probleme unserer
gegenwärtigen Umwelt!

Viele Leute schätzen einige Klänge als sehr gefährlich
ein. Bis jetzt habe ich noch keine hören können, obwohl
ich viel rumgekommen bin. Ich weiß, daß die Regierung
der Vereinigten Staaten versucht, eine Maschine zu konstruieren, um die Leute im Fall eines Aufruhrs oder von
Demonstrationen taub zu machen, Maschinen, deren Klänge die Fähigkeit besitzen, die ihnen ausgesetzen Leute
absolut taub zu machen. Aber trotz all dieser Technologie ist man zu keinem nützlichen Resultat in deren Sinne
gekommen. Auf diesem Gebiet wurden keine wirklich ef-
fektiven Anlagen perfektioniert. Mehr oder weniger haben sie also den Gebrauch von Klängen für Polizei und
Militär aufgegeben.

Sie können aber nicht bestreiten, daß Geräusche Aller-
gien verursachen, oder Taubheit durch Gewöhnung.

Ich bestreite das nicht.Ich stelle einfach fest, daß gegenwärtig Geräusche im Dienste der Regierung oder der Polizei nicht beherrscht werden können. Das soll nicht heissen, daß man nicht gegen akustische Umweltbelastung kämpfen sollte. Aber das impliziert auch nicht das negative ästhetische Kriterium, eine Ablehnung von Geräuschen im Allgemeinen. Ich glaube aus meiner eigenen Erfahrung den Schluß ziehen zu können, daß sich unsere ästhetische Einstellung allem, was auf uns zukommt, öffnen sollte. Und wenn ich versuchen wollte, Ihnen eine umfassendere Antwort zu geben, würde ich sagen, daß der Begriff einer allgemeinen existenziellen Veränderung zum Besseren und nicht zum Schlechteren, und zwar - das scheint ein anderer Gesichtspunkt zu sein - eher für die Mehrheit der Bevölkerung als für die Elite, nicht unbedingt unvereinbar sein muß mit einer Offenheit für mögliche ästhetische Antworten.

Chuang-tse besteht darauf, daß Nicht-Handeln nicht vollkommene Inaktivität bedeute, ein Gedanke, der schon bei Lao-tse vorkommt. Der taoistische Quietismus ist letztendlich überhaupt nicht mit dem Quietismus der Molinisten oder der christlichen Mystiker zu vergleichen.

Das stimmt, die Rolle des Handelns muß im Rahmen des Nicht-Handelns erkannt werden. Man muß nur intelligent sein... nämlich wissen, wie man einige Aspekte der Existenz unterscheidet, wie z.B., ganz offensichtlich, gut und böse, und dann in Richtung des Guten gehen.

Würden Sie so weit gehen, diesem Guten, d.h. der verantwortlichen Sorge um die Anderen, die allererste Wichtigkeit einzuräumen?

Das gilt dann nicht nur für andere sondern auch im Verhältnis zu jedem Sein, lebendig oder nicht. Oder, wie die Buddhisten sagen: für alle Seienden, die empfindungsfähig oder nicht empfindungsfähig sind.

Mir scheint, daß uns einer von Koîchi Tsujimuras Sätzen weiterhelfen könnte. Er definiert den "heiligen Tor" des Zen als "einen Menschen,der in jedem alltäglichen Einfachen das Eine zu sehen und wirken zu lassen vermag. Solches Vermögen ist die Sanftmut, die Dankbarkeit und die Barmherzigkeit zu jeder Sache, nicht nur zu Menschen, sondern zu jeglichem, was ist."

Dieser Text stimmt mit dem überein, was ich im Vorwort zu meinem Buch *A Year from Monday* zu sagen versucht habe. Zwischen der Verfügbarkeit gegenüber allem, was geschieht (was ich soeben ästhetische Offenheit genannt habe), und dem Wunsch, die Welt zu verändern (eine aktive Verantwortung für die kleinste Angelegenheit), gibt es keinen Bruch oder keine Umkehr. Von *Silence* bis *A Year from Monday* habe ich mich mit dem gleichen Problem auseinandergesetzt. Aber es ist keine Frage christlicher Moral.

Sagen wir, immer noch Tsujimura folgend, daß wir es mit unpersönlicher Barmherzigkeit zu tun haben, nicht Nächstenliebe oder persönlicher Liebe.

Trotzdem muß ich auf dem Gedanken der Verantwortung für das Einfachste insistieren. Wir können mit Wasser – und was wäre einfacher – versorgt werden, das nicht gechlort wäre, sondern aus den Bergen käme, Wasser aus einem Strom oder einem Gebirgsbach. Weil es nur dort Wasser im wahrsten Sinne des Wortes gibt.

Dann müssen nützliche Einrichtungen mit größter Rücksicht behandelt werden?

Nehmen Sie z.B. das Essen, das Trinken, das Transportwesen, das Kommunikationswesen, die Elektrizität usw... An all diesen Einrichtungen kann man etwas Gutes und etwas Schlechtes entdecken, etwas eindeutig Gutes und eindeutig Übles. Wir müssen nach dem Guten streben – das in sich sehr empfänglich für Veränderungen ist – und zwar mit Hilfe unserer Technologie. Buckminster Fuller hat das veranschaulicht. Die Menschen werden sich immer stärker vermehren, aber die Menge unserer natürlichen Ressourcen wird sich nicht vermehren. Nur die Technologie wird es uns ermöglichen, mehr Güter ohne Mehrarbeit herzustellen. Nur die Technologie wird für die wachsende Anzahl der auf die Welt kommenden Menschen genug Ressourcen bereitstellen.

Können Klänge als etwas Nützliches betrachtet werden?

Anscheinend ist die Einstellung gegenüber Klängen verschieden, da wir Klänge nur dann zu würdigen wissen, wenn wir davon Abstand nehmen, auf sie die Kriterien gut und böse anzuwenden. Wenn das Wasser nicht mehr trinkbar ist und die Luft nicht mehr geatmet werden kann, wie könnten wir auch nur den geringsten Gefallen an einem Klang finden? Wir sollten den Punkt erreichen, wo wir uns gegenüber Nützlichkeiten ebenso verhalten wie gegenüber Klängen – d.h. die Kriterien von gut und böse sollten nur dort angewandt werden, wo sie hingehören.

Kurz gesagt, ist Musik, nach Ihrer Vorstellung, in ihrer Existenz eine Funktion der Technologie, die, wie Sie sagen, unsere Einstellung zu den Nützlichkeiten modifizieren wird.

Sicherlich. Über kurz oder lang werden wir dank Video Zugang zu jeder Fernsehsendung, jeder Kunstreproduktion, Film und gewünschten Büchern haben. Und die Musik wird sich in und durch den von den Medien verfügbar gemachten Überfluß entwickeln.

Wird es keine Konzertsäle mehr geben?

Selbst wenn sie nicht mehr von Nutzen zu sein scheinen, warum sollten wir sie abschaffen? Der Überfluß wird durch die Akkumulation fortgesetzt, nicht durch Selektion oder Beseitigung. Warum sollten wir nicht nutzlose Theater für unnötige, aber von uns immer noch besuchte Konzerte haben?

Vielleicht ist das am schwersten zu fassen für jeden, der Sie beschuldigt, alles rausschmeißen und zerstören zu wollen, wie z.B. für die von ihrem eigenen Ego umwölkten Musiker. Hingegen haben Sie von der Musik im allgemeinen und von Ihrer eigenen Musik eine vollkommen andere Konzeption...

Ich seh nicht ein, warum *meine* Musik, selbst zugestanden, daß ich eine Art Eigentumsrecht auf sie hätte, bestehende Musik ersetzen oder zukünftige Musik dominieren sollte! Es gab schon immer Klänge, sie werden auch nach meinem Tod weiterhin entstehen. Sie befanden sich immer in Koexistenz mit verschiedener mündlicher, geschriebener oder elektronischer Musik. Das einzige, was ich tue, ist, die Aufmerksamkeit auf die Klänge der Umwelt zu lenken. Die Welt der Musik sollte nicht verschwinden, weil ich das Ansehen dieser Klänge wiederherstelle. Ich hoffe, daß Beethoven auch noch in der Zukunft gefeiert wird.

Aber in einer etwas anderen Weise als bisher. Im Jahr 1970 waren schon Werke wie **Ludwig Van** *von Mauricio Kagel oder* **Opus 1970** *von Stockhausen Gesprächsthemen, Werke, die ohne Sie undenkbar gewesen wären, ohne das durch* **Variations IV** *gesetzte Beispiel. Im größeren Maßstab ist es, dank Ihrer Aktivitäten, leichter geworden, Beethoven zu* benutzen - *wie eine "gemeinnützige Einrichtung".*

Wir zelebrieren Beethoven mit weniger Ernst als vor zwanzig oder fünfzig Jahren. Und das ist keine schlechte Sache... Warum sollte eine Zelebrierung traurig sein?

Gestern fragte Sie Pierre Belfond, ob Sie jemals zustimmten, eine von Beethovens Symphonien zu dirigieren - die Neunte zum Beispiel. Könnten Sie Ihre Antwort wiederholen?

Ich sagte ihm, daß ich zustimmen würde, wenn ich genug Musiker zur Verfügung hätte, um in einem einzigen Konzert alle neun Symphonien überlagert dirigieren zu können!*

Und das war natürlich nicht scherzhaft gemeint.

Auf jeden Fall scheint es mir schwerzufallen, noch irgendwie an nicht-flexible Musik zu glauben. Das soll nicht heißen, daß es keine festgesetzte, determinierte Musik mehr geben soll. Was es kaum noch geben sollte, ist die blinde Ehrfurcht vor allem, was nicht-flexibel ist. Die ganze Ernsthaftigkeit, die die Periode "großer Musik" auf die Konstruktion unflexibler Gefüge vergeudet, kann nun ruhig auf andere Aufgaben übertragen werden. Wie z.B. auf die Verbesserung gesellschaftlicher Nützlich-

---

* Hal Freedman, der 1974-75 am Yale Electronic Music Studio arbeitete, überlagerte in *Ring Précis* alle Teile von Wagners Ring-Zyklus und in *Précis 2* alle Streichquartette von Bartok. Vor kurzem habe ich beide Werke von Freedman gehört und fand sie sehr schön. (John Cage; Fußnote aus dem Jahr 1980)

keiten. Ebenso erscheint mir die ganze Wichtigkeit, die dem Streit zwischen den Komponisten beigemessen wurde, wirklich anachronistisch - und hierbei denke ich an den gesamten Anfang des zwanzigsten Jahrhunderts, fast bis zur Gegenwart, als man sich immer dafür interessierte, wer was und wann erfunden hat. Wir haben Besseres zu tun! Das geschah aber alles nur, weil die einfachste Partitur zur Zeit der festgesetzten, determinierten Musik einer Signatur bedurfte und als Einführung in die Welt des Soundso diente, in das poetische Universum des Soundso. Es diente als äußeres Zeichen des Wohlstands, als Zeichen des Prestiges. Dennoch gibt es keinen Grund, diese Zeit der Unflexibilität abzuschaffen. Wir brauchen uns kein einziges Vergnügen vorenthalten - besonders nicht sinnlose Vergnügungen... nicht einmal die tonale Archäologie, die für einige Zeitgenossen immer noch so wichtig ist. Diese Dinge müssen miteinander koexistieren und sich häufen können. Jeder verdient, seine eigene Musik zu haben, die Musik, die er frei wählt - ob er ein Komponist ist oder nicht! Und jeder muß nach seiner Facon leben können.

Solch ein Ideal ist eher individualistisch als sozial...

Wir brauchen eine Gesellschaft, in der jeder selbst entscheidet, wie er leben möchte. Ich bin nicht der erste, der das sagt - ich wiederhole nur Buckminster Fuller.

Die Freiheit, die Sie sich vorstellen, wäre dann vollständig und universell?

Ja.

Aber kommt das Wohlergehen anderer nicht vor dieser Freiheit? Muß nicht jedes Individuum erst an die anderen denken?

Die beste - und einzige - Art und Weise, jemanden das sein zu lassen, was er ist, und an ihn zu denken, folglich an den anderen zu denken, besteht darin, ihn selbst in seinen eigenen Begriffen denken zu lassen. Da das schwierig ist, und da es unmöglich ist, an den anderen in dessen Begriffen zu denken, kann man nur jeder Person genügend Raum gewähren. Man sollte sich möglichst hüten, sich eine Vorstellung darüber zu machen, was jeder machen, was jeder tun oder nicht tun sollte. Und sich bemühen, all das, was er tut – selbst bis zur kleinsten Tat –, so gut wie möglich zu würdigen.

Wir sollten uns davor hüten, uns eine Vorstellung darüber zu machen, was gut ist.

Genau so ist es, nichts aufzwingen. Leben und leben lassen. Jeder Person, sowie jedem Klang, zu erlauben, das Zentrum der Schöpfung zu sein.

DRITTES GESPRÄCH

*Als Sie im Orient umherreisten, waren Sie zuerst in In-
dien, dann im Fernen Osten.*

Ja, man könnte eine derartige Entwicklung aus meinen
Werken ableiten. Die frühen könnte man als expressiv
einstufen. Mir kommt es manchmal so vor, daß ich in ihnen etwas "aussagen" wollte. Als ich Indien entdeckte,
begann sich das, was ich sagen wollte, zu ändern. Und
als ich China und Japan entdeckte, änderte ich schon
die *bloße Tatsache, irgendetwas zu sagen.* Ich sagte
überhaupt nichts mehr. Stille: da schon alles kommuni-
ziert, warum kommunizieren wollen?

Erzählen Sie mir über Indien.

Dank Indien sagte oder äußerste ich eine Anzahl bestimmter Dinge, die mit den Jahreszeiten in Verbindung standen: Schöpfung, Erhaltung, Zerstörung, Ruhe. Ich war
besonders von der Wahrheit der hinduistischen Kunst-
theorie überzeugt. Ich habe versucht, meine Arbeit entsprechend dieser Theorie zu gestalten. Sie lehrt uns,
daß, damit es *rasa* gibt – das ist ein ästhetisches Gefühl
beim Zuhörer –, die Arbeit eine der ständigen Formen
des Gefühls beschwören muß /*bhava* – die Form, der alle
anderen Gefühle untergeordnet werden müssen/. Es
kann auch eine Kombination zweier ständiger Formen geben.

Was sind die ständigen Formen?

/Nach der hinduistischen Theorie gibt es acht unfreiwil-
lige Gefühle: die *attvabhava.* Es gibt auch dreiunddreis-
sig Übergangsformen der Gefühle, die sich von Freude
und Leiden ableiten. Aber all das ist nichts gegen die
neun ständigen Gefühle. Es gibt sie ständig, d.h. sie
führen zum wahren *rasa*; ohne sie gäbe es kein *rasa.* /
Es sind das Heroische, das Erotische, das Wunderbare,
die Ruhe, die Sorge, das Abscheuliche, der Zorn, der
Schrecken und – ich weiß nicht wie ich das neunte richtig bezeichnen soll... vielleicht – die Heiterkeit (the
mirthful). Die Ruhe liegt zwischen den vier "weißen"
und den vier "schwarzen" Formen; das ist ihre normale
Neigung. Deshalb ist es wichtig, sie vor den anderen zu
äußern, ohne sich überhaupt über die Äußerung der anderen zu sorgen. Sie ist das wichtigste Gefühl.

Und warum sind Sie nicht bei diesen großen Formen indischer Ästhetik geblieben? Hatten Sie irgendeinen Grund zur Unzufriedenheit?

Mein Ballett *The Seasons* und die *Sonatas and Interludes* für das präparierte Klavier waren, ebenso wie mein *String Quartett*, vollkommen expressive Werke; 1950 komponierte ich *Sixteen Dances* für Merce Cunningham und es interessierte mich, wie ich einen klaren graphischen Überblick der von mir gewünschten rhythmischen Struktur zustande bringen konnte. Ich kam auf die Idee, Karten und Diagramme zu benutzen. Und während ich die Töne und Klangaggregate auf diese Diagramme notierte, erkannte ich, daß sie sich, indem ich sie folgendermaßen umschrieb, selbst genügten. Anstatt sie, wie ich es vorhatte, auf die Diagramme zu übertragen, hätte ich ebensogut anfangen können, die kombinierten Tonsätze direkt zu zeichnen, ohne mich von vornherein für einen bestimmten Satz entscheiden zu müssen. Die Entscheidung würde von selbst fallen, ohne mich *ebensogut* wie mit mir. Mein Geschmack schien mir zweitrangig.

Haben Sie sofort das Bedürfnis verspürt, diese Idee in ihrer ganzen Konsequenz zu verfolgen?

Nein, nicht sofort. Das *Concerto for Prepared Piano and Chamber Orchestra* ist ein Beispiel für den Mangel an Entschlossenheit, den ich zu jener Zeit, von ungefähr 1950 bis 1951, spürte; währenddessen überließ ich die Klangaggregate, durch die Technik direkter Übertragung auf die Diagramme, ihrer eigenen Entwicklung. Ich fuhr fort, mit meinem persönlichen Geschmack zu experimentieren. Dies sind die beiden Pole dieses *Concerto*. Ich hab im Musée d'Art moderne darüber gesprochen.

Sie sagten, daß im dritten Satz, durch den Verzicht auf den persönlichen Geschmack, alles vollendet sei. Dann wäre der Konflikt gelöst.

Ja, damals hatte ich beschlossen, zu akzeptieren, anstatt kontrollieren zu wollen. Der Pianist, der im zweiten Satz dem Orchester folgte wie ein Schüler seinem Meister in einer Art Antiphonie, gelangt dazu, sich letzterem in der Unpersönlichkeit anzuschließen. Zur selben Zeit gewähre ich den Stillen immer mehr Raum. Das mag verdeutlichen, daß ich aufhörte, ein Komponist zu sein. Die Stillen sprechen für mich, an meiner statt, sie demonstrieren sehr gut, daß *ich* nicht mehr da bin.

Es sind nicht mehr expressive Stillen?

Nein. Sie sagen nichts. Oder, wenn Sie es vorziehen, sie beginnen, *das Nichts* zu sagen!

Aber Ihre früheren Werke waren schon voller Stille...

Expressive Stillen.

Dieser Hang zur Stille betraf mich in den Sonatas and Interludes...

Die aus der Periode stammen, als ich Coomaraswamy gelesen hatte – d.h. als ich vom Orient – nicht so sehr vom Fernen Osten – träumte.

Verdanken Sie Coomaraswamy Ihre Hindu-Kultur?

Er war derjenige, der mich zu allererst von unserer Naivität hinsichtlich des Orients überzeugt hat. Zu der Zeit – es war gegen Kriegsende, oder kurz danach – sagte man immer noch, der Osten und der Westen seien vollkommen fremde, getrennte Entitäten. Und daß jemand aus dem Westen kein Recht hätte, sich zur östlichen Philosophie zu bekennen. Dank Coomaraswamy begann ich zu ahnen, daß das nicht stimmte und daß das östliche Denken für einen Menschen aus dem Westen nicht weniger zugänglich sei wie das europäische Denken.

Trotz Sprachbarrieren und unterschiedlicher Mentalitäten?

Denken Sie ehrlich, daß es das innerhalb Europas oder zwischen Europa und Amerika nicht gibt?

Demnach hielten Sie sich an die These Coomaraswamys über die Übereinstimmung der indischen Ästhetik mit den abendländischen Kunsttheorien des ausgehenden Mittelalters, wie er sie in The Transformation of Nature in Art (N.Y. 1934) *entwickelt?*

Nicht genau. Ich las den *Dance of Shiva* (N.Y. 1918), der einfach über Indien handelt /aber auch, das müssen Sie zugeben, über Nietzsche und die "geistige Bruderschaft der menschlichen Gattung "/.

The Transformation of Nature in Art handelt nicht nur von hinduistischen Kunsttheorien, sondern auch darüber, was dessen Autor als die größte Ästhetik des Westens betrachtet: die vom Meister Eckhart. Was denken Sie über einen derartigen Vergleich?

Als Ich seinerzeit Meister Eckhart gelesen habe, entdeckte ich Gedanken, die meines Erachtens vollkommen analog zu den Gedanken standen, die ich aus meiner orientalischen Lektüre gezogen hatte. Es würde mich sogar interessieren, ob Meister Eckhart nicht diese Gedanken durch die Vermittlung arabischer Philosophien aus dem Orient bezog.

Auf jeden Fall ist es erstaunlich, daß sich Suzuki kontinuierlich auf Meister Eckhart bezieht, um den westlichen Lesern und Hörern der Botschaft des Zen Authentizität zu verleihen.

Ja, er sprach häufig von ihm und zitierte ihn oft in seinen Schriften.

Demzufolge wurden Sie nicht aus Ihrem Element gerissen, als Sie Suzuki an die Columbia Universität folgten? Ist in Ihren Augen Meister Eckharts Platz viel eher bei den Zen-Meistern als unter den indischen Mystikern zu suchen?

Diesen Eindruck hatte ich tatsächlich, als ich ihn las. /Wenn er über die *Gottheit (im Original deutsch)* spricht, oder sogar über den *Grund (im Original deutsch),* hört es sich wie Zen an; das wird verständlich, wenn man ihn im Detail untersucht. /

Sie selbst zitieren Meister Eckhart ziemlich häufig. Grund (i.O.dt.) *kehrt am Schluß jedes Paragraphen Ihrer Vorlesungen über Unbestimmtheit wie eine Litanei wieder.*

/Ich wollte das deutsche Wort beibehalten, weil meine Vorlesung in Deutschland gehalten wurde.../

War es besser mit den Deutschen deutsch zu sprechen? Ihr Argument ist typisch für Zen!

/Meine gesamte Vorlesung ist eine Illustration einer Rede mit musikalischen Beispielen, die ich Bachs Werken, anderen zeitgenössischen Komponisten und meinen eigenen entlehnt habe / einer Rede, die Suzuki über die Natur der Vernunft und die Funktion des Ego, das sich von seiner Erfahrung abschließt, gehalten hat. Ob das nun von innen oder außen kommt oder sich selbst als Ego unterdrückt und sich allen Möglichkeiten, sowohl intern als auch extren, öffnet. Was Suzuki darüber sagte, schien und scheint mir noch direkt auf die Musik anwendbar.

Aber Ihre Originalität beruht darauf, sich nicht auf diese Anwendung zu beschränken. "Orientalische Einflüsse" sind gewöhnlich nur auf der tonalen oder formalen Ebene in den Werken der Komponisten zu bemerken, die dennoch nicht ihre Weltanschauung ändern. Wenn Messiaen das **tala** *benutzt, ist er trotz allem ein katholischer Musiker. Andererseits versuchen Sie zuerst Ihr geistiges Rüstzeug zu erneuern.*

Sagen wir stattdessen lieber, daß ich zum Nicht-Geistigen strebe.

Dennoch ist man versucht sich zu fragen, wie es dazu kam, daß Zen – das in der Vergangenheit besonders im Bereich der Malerei Anstoß zu so vielen minutiös ausgearbeiteten Werken gab und das die Hingabe eines Künstlers an das fertige Sujet, an dem er gerade gearbeitet hat, als selbstverständlich erachtete – wie hat es dann Zen ermöglicht, Sie zu Werken zu verleiten, die man nicht wirklich Werke nennen kann, die man wirklich überhaupt nicht mehr benennen kann?

Aber Zen selbst hat sich geändert! Es ist heute nicht mehr möglich, das zu wiederholen, was Zen gestern hervorgebracht hat.

Dann sind Sie in Wirklichkeit kein Zenist?

Wenn Sie darunter einen buddhistischen Mönch verstehen, nein!

Aber Ihre Musik ist der Buddha?

/ Nicht mehr als alles andere! /

Wo sollten wir Sie denn einordnen? Wo ordnen Sie sich bei all diesen Wandlungen ein?

Wir befinden uns in einem Zustand des Wandels, in dem

viele Elemente – und Ereignisse – zusammenarbeiten. Es gibt viele Stimmen. Meine ist nur eine davon. Wenn das, was ich sage, nur eine kleine Wirkung hat, hat das nicht die geringste Bedeutung. Denn es gibt so viele andere sprechende Stimmen, daß die Wirkung eintreten wird. Wie dem auch sei, die Dinge ändern sich wirklich.

Dann würde ich gern Ihre Meinung über bestimmte, von Alan Watts ehemals entwickelte, Gedanken hören, die sich, wie mir scheint, gegen das wenden, was Sie zu machen versuchen. In Beat Zen, Spießer-Zen und Zen *bezieht er sich auf Künstler, die Zen benutzen, um "jedes beliebige Durcheinander" zu rechtfertigen. Er erwähnt insbesondere Musiker, die stille Musik komponieren, und er qualifiziert diese Praktik als Beat-Zen. Fühlen Sie sich nicht als eine der Zielscheiben?*

Ich weiß in der Tat, daß Watts an mich dachte, als er das schrieb, aber er hatte noch nicht meine Bücher gelesen. Nachdem er sie gelesen hatte, änderte er seine Meinung! Sein Standpunkt zur Musik war, daß Stadtgeräusche nicht herausgelöst und in einen Konzertsaal verpflanzt werden sollten. Die Trennung der Klänge von ihrer Umgebung war, nach seiner Meinung, tödlich. Gut, ich hab nie etwas anderes gefordert! Und es ist mein tiefster Wunsch, daß die Leute letztlich in ihrer eigenen Umgebung auf Klänge hören. In ihrem natürlichen Raum. Offensichtlich mochte er meine stille Musik nicht; er betrachtete sie nur als "moderne Kunst" – als eine Provokation. Aber dann las er mein Buch *Silence*, und seine Meinung über mich änderte sich ganz und gar. Heute befinden wir uns im vollen Einverständnis, denke ich.

Dann nehme ich an, daß Sie seine Meinung darüber teilen, daß dem Zen durch seine Verwestlichung viel Schaden zugefügt wurde, sowohl durch die Spießer-Zen-Mentalität (intellektueller Snobismus) als auch die Beat-Einstellung (überstürzte Hippie-Neugier)?

/Ja, Alan Watts ist unbestritten belesen, aber er ist über seine Belesenheit hinausgegangen, obwohl das, was er schreibt, sehr lesenswert ist. Und er ist kein Hippie. Er bezeichnet sich selbst als "Bohemien". Ich denke wie er, daß Zen auf der Seite der "Bohemien" steht, nicht unbe-

dingt auf der der Hippies oder gar der der Sinologen./
Nun, wir müssen hinzufügen, daß Alan Watts nie einen
besonderen Geschmack für Kunst hatte. Aber einen für
das Denken. Und fürs Kochen. Er ist ein außergewöhnlicher Koch!

In einem Interview, das er vor längerer Zeit gab*, hat
er deutlich seine Meinung über Geschmack geäußert:
"Letztendlich", sagte er, "sind wir nie etwas anderes
als das, was wir essen... Ich, meinerseits, weiß, was
ich will. Wenn es Sie interessiert, hätte ich auf der Stel-
le gern eine Kalbspastete."

Er hat vollkommen Recht! Er spricht genau wie Thoreau,
für den es nicht die geringste Trennung zwischen Geist
und Körper gab. Thoreau bemerkte, daß seine Gedanken
besser wären wenn er gesund als wenn er krank wäre.

Und Sie finden bei Watts das gleiche Interesse für Nütz-
lichkeiten, wie Sie es haben.

Er sagte auch, daß sich das Privateigentum, dank der
Technologie, auflösen würde. Er hat Vorstellungen über
Überfluß und Akkumulation, die den meinen sehr nahe
stehen. Er beschäftigt sich wie Buckminster Fuller mit
Quantitätsproblemen; d.h. wir werden *übermäßige* Qualität haben, *bis zu einem überflüssigen Grad*, sobald wir
gelernt haben, Quantität zu erzielen.

Sind diese Aussagen unter dem Einfluß von Buckminster
Fuller gemacht worden?

Wenn Sie fragen, ob jemand auf andere einen Einfluß aus-
übt... gut, ich glaube, daß die Bücher von Buckminster
Fuller heutzutage auf jeden Fall die wichtigsten sind.
Aber die Frage nach den Einflüssen von Fuller bleibt
zweitrangig! Im Verhältnis zu den Nützlichkeiten befindet sich die Welt in einem derartigen Stadium der Unordnung, daß unser dringendstes Ziel darin besteht, ihre
physischen Probleme zu lösen. Oder sogar, wie Fuller
sagt, die Umwelt zu ändern. In meinen Büchern und Vorträgen habe ich mich oft mit anderen Themen auseinandergesetzt. Während der letzten paar Jahre habe ich an-

---

* L'Express, Nr. 1000; 7.9.1970

gefangen, über Nützlichkeiten zu sprechen. Watts ebenfalls. Aber unabhängig davon, ob Fuller Einfluß ausgeübt hat oder nicht, das Wichtigste ist, daß die erste grosse Änderung in und durch die Verwirklichung dessen, was Buckminster Fuller gesagt hat, stattfinden wird.

Dann halten Sie sein Denken für maßgeblicher als das aller anderen?

Es enthält einen absolut elementaren und fundamentalen Gedanken zum Überleben der menschlichen Rasse. Ich sehe keine andere Möglichkeit. Wenn ich eine andere Lösung erwähnt hörte, wäre ich sehr interessiert, aber ich habe keine einzige finden können.*

Könnten Sie die Hauptpunkte der Lösungsvorschläge Buckminster Fullers beschreiben?

Sie bestehen darin, unser Verhältnis zur Welt der Technik zu untersuchen und darauf zu achten, daß sich dieses Verhältnis verbessert. Das einzige, was wir getan haben, ist, die Nützlichkeiten zu desorganisieren. Wir unterwerfen Sie unseren Produktions- und Eigentumsinteressen, wohingegen die Vorteile der Technologie universalisiert werden sollten. Wir sollten ein Stadium erreichen, in dem uns die Maschinen von der Arbeit befreien. Um das zu erreichen, müssen wir unsere Ordnungs- und Unordnungsmodelle in weltweitem Maßstab überdenken. Wir müssen die Technologie handeln lassen, sie sich entwickeln lassen. Das ist nur möglich, wenn wir in ganzheitlichen Begriffen denken, während wir bisher nur einseitig gedacht haben, entweder politisch oder ökonomisch. Jetzt sollte nur die Universalisierung des Denkens zäh-

---

* Mich interessieren die Ideen von Mao-Tse-tung immer mehr. Das maoistische Modell ermöglichte die Befreiung eines Viertels der Menschheit; das gibt zu denken. Heute würde ich ohne Zögern sagen, daß der Maoismus momentan den besten Anlaß zum Optimismus gibt. Wir müssen seine Lehre mit der größten Aufmerksamkeit begrüßen. Sicherlich ist es eine vor allen Dingen chinesische Bewegung, die wir nicht, so wie sie ist, importieren können; und wir müssen vermeiden, sie scholastisch anzuwenden. Ich bin dennoch überzeugt, daß wir künftig etwas erreichen würden, das uns eine *wirkliche* Lösung böte, wenn wir imstande wären, diese Lehre mit Thoreaus Anarchismus und Fullers "Apolitizismus" zu verbinden. (John Cage; Fußnote aus dem Jahr 1972).

len. Sie sehen, es handelt sich nicht um eine Lösung, sondern um ein Programm!

Ein Marxist würde den Einwand erheben, daß dieses Programm utopisch ist, wenn nicht gefährlich. Er würde Ihnen sagen, daß der allerwichtigste Aspekt der gegenwärtigen sozialen Situation, die ökonomische Auseinandersetzung, unerwähnt bleibt. Denken Sie nicht, daß diese ziemlich großzügige Vision der Dinge die täglichen Notwendigkeiten übersieht und einer Theorie der Produktionsverhältnisse ermangelt?

Aber es ist die Arbeit, die Tatsache des Arbeitens, was uns unterdrückt. Die Änderung des ökonomischen Systems ändert nichts an der Tatsache der Arbeit. Sie verlangt nach Mehrarbeit. Was wir suchen sollten, ist, im Grunde genommen, etwas ganz anderes, nämlich die Abschaffung der Arbeit.

Was denken Sie über die marxistischen Analysen, die manchmal auf Ihre Werke angewandt wurden? Der deutsche Kritiker Heinz-Klaus Metzger glaubt die Einsetzung eines Tänzers, Merce Cunningham, in die traditionelle Rolle eines Orchesterdirigenten (Concert for Piano und Orchestra) *antizipiere die Revolution. Aber versucht nicht die Revolution, den Orchesterdirigenten, der die Welt dirigiert – d.h. den Kapitalismus – zu töten?*

Bedauerlicherweise für diese Analyse. Ich glaube, daß die Rolle des Orchesterdirigenten in meinem *Concert* von 1958 keine Karikatur ist. Nicht eines Dirigenten oder Führers, sondern einer Nützlichkeit! Betrachten wir ein Orchester; wenn jeder Musiker eine Uhr hätte, und wenn all diese Uhren übereinstimmten, wäre ein Orchesterdirigent nicht nötig. Aber die Musiker haben keine Uhr, und es ist besser, wenn wenigstens einer dabei ist, der eine hat – d.h. ein Dirigent, der einer *sein* könnte! All das setzt eine gemessene Zeit voraus, die regelmäßig angeschlagen wird: das Tempo eines Werks. Demzufolge kam zu meinem *Concert* die Bedingung hinzu, daß es mit verschiedenen Geschwindigkeiten gespielt werden sollte. Wenn man nur ein präzises Chronometer hat, ein regelmäßiges Zeit-Stück, wird man nur eine Geschwindigkeit erhalten. Wenn aber ein Tänzer ein unregelmäßiges Tempo skandiert, fühlt keiner sich an die Uhrzeit gebunden. Und durch einen kleinen technischen Fortschritt könnten wir einfach eine mechanische Uhr mit einer Vielfalt von Geschwindigkeiten kreieren. Oder wir könnten sogar, wie es Wittgenstein plante, ein Lineal herstellen, das nicht gerade wäre. Dann könnten wir uns zweifellos des *Maßes* * entledigen. Meine Lösung im *Concert for Piano and Orchestra* ist noch nicht technologisch; sie ist handwerklich.

Soll das heißen, daß Sie alle politischen Interpretationen Ihrer Aktivitäten ablehnen?

Derjenige der Politik sagt, sagt Regierung, und ich habe oft erklärt: wenn es eine unnütze Sache gibt, dann ist es die Regierung! Fuller sagt es sogar treffender als ich. Er sagt, wenn wir alle Politiker, Regierungschefs Minister und andere Bürokraten auf den Mond schössen, würde wahrscheinlich alles genausogut laufen - wenn nicht sogar besser, wenigstens nicht schlechter -,als wenn wir sie wie bisher bei uns behielten. Wenn wir jedoch die für die Nützlichkeiten zuständigen Techniker auf den Mond schössen, würden wir sehr schnell Schaden erleiden. Demzufolge brauchen wir keine Regierung.Genauso wenig wie Politik! In der heutigen Morgenausgabe des *Figaro* sagte jemand von der Regierung, daß eine Entität wie der Staat notwendigerweise existiert, um die Schwachen davor zu schützen, von der Starken kontrolliert zu werden. Was bedeutet diese Formel wirklich? Daß die Mission des Staates darin besteht, die Schwachen, die reich geworden sind, vor den Starken, die arm sind, zu schützen. Denken Sie nicht, das dies die wirkliche Bedeutung des statements ist?

Vielleicht. Aber beteiligen Sie sich nicht an der Politik, wenn Sie das sagen?

Überhaupt nicht. Ich beobachte nur, wie die Dinge wirk-

---

* Gegenwärtig erfreue ich mich des Gebrauchs einer *Gerber Variable Scale* sowohl beim Entwurf graphischer Werke als auch in *Thirty Pieces for Five Orchestras.* Diese Skala ermöglicht mir die Division jeder Länge in vierundsechzig Teile. (John Cage; Fußnote aus dem Jahr 1981).

lich sind. Wenn ich Politik betriebe, würde ich versuchen, eine Regierung zu bekommen, die meines Erachtens besser wäre. Aber es gibt keine bessere Regierung.

Trennt Sie das, was Sie sagen, nicht von allen Marxisten?

Wenn ich sage, daß es keine bessere Regierung gibt, heißt das nicht, die bestehende Regierung sei gut. Es impliziert, daß jede Regierung, in welcher Form auch immer, abzulehnen sei. Es ist die *Tatsache des Regierens*, die abgeschafft werden muß. Dafür müssen wir kämpfen. Und dieser Kampf muß in allen Bereichen fortgeführt werden. Am wichtigsten ist der Technologiebereich. Thoreau sagt nichts anderes. Die Technologie ist, wie Sie wissen, Thoreau nicht fremd.

Kann uns Thoreau wirklich zu einer zeitgemäßen Änderung der politischen und sozialen Ordnung anleiten?

Da gibt es die Dänen, Gandhi und Martin Luther King. Das sind drei Fälle tiefgehender Veränderung im Leben vieler Leute. Alle drei können auf Thoreau zurückgeführt werden. /Während des Krieges haben die Nazis in Dänemark allen Juden befohlen, einen gelben Stern zu tragen. Die Widerstandsbewegung brachte es fertig, Thoreaus Essay *Über die Pflicht zum Ungehorsam gegen den Staat* überall zu verbreiten. Daraufhin begann erst der König und dann alle Dänen, einen gelben Stern zu tragen. Voller Wut sperrten die Nazis den König in seinen Palast und behaupteten, er sei krank. Daraufhin schickten ihm alle Dänen Blumen, und wem es möglich war, der brachte seine Blumen zum Palast. Die Nazis mußten klein beigeben und den König freilassen. / Es war Thoreau, von dem Gandhi und Martin Luther King ihre Energie bezogen, die es ihnen ermöglichte, passiven Widerstand und Gewaltlosigkeit zu praktizieren und die Umwelt davon zu überzeugen, das gleiche zu tun. Beide haben das ziemlich klar gesagt. Die Indianer und die Schwarzen haben Thoreau viel zu verdanken. Und ich glaube, daß wir die Rolle der Gewaltlosigkeit nicht herunterspielen sollten.

Ich würde gern wissen, ob diese drei Beispiele ausreichen, diejenigen zu überzeugen, die heute darauf be-

*stehen, Ihre Musik und Ihre Aktionen primär politisch
zu verstehen.*

Wenn man sie primär politisch versteht, dann nur, weil
man der Idee einer Regierung verhaftet geblieben ist.
Gut, wenn man sich genau und detailliert anschaut, was
eine Regierung ist, kann man ein Gefühl des Ekels nicht
vermeiden. 1967 ging ich zu einem Prozeß. Es war in Cincinnati und ich war von einem Psychoanalytiker eingeladen. Man ließ dort alle Sorten sehr armer Schwarzer erscheinen. Man holte sie jede Nacht von den Straßen Cin-
cinnatis und brachte sie vor's Gericht, wo sie zu einer
bestimmten Zeit Gefängnis verurteilt oder in ein Rehabi-
litationsprogramm gesteckt wurden. Nun, wissen Sie, was
sie getan hatten? Sie hatten ein wirkliches Verbrechen
begangen: sie hatten Poker gespielt, obwohl das gegen das
Gesetz ist! Mehr taten sie nicht. Und all die reichen Leute in Cincinnati hätten am selben Abend ebenso gepokert
haben können. Keiner kümmert sich je um sie. Ich glaube, jeder, ob reich oder arm, spielt abends in Cincinnati Poker...

*Sie sprechen über eine Ungerechtigkeit, aber erlaubt
uns dieses Beispiel, daraus allgemein Schlüsse gegen jede Politik und gegen jede Regierung zu ziehen?*

Ich glaube, daß eine Organisation, die an die Idee des
Regierens gebunden ist und die ein generelles Phänomen
ist, all die besonderen Fälle dieser Art entstehen läßt;
ohne sie würden sie nicht bestehen. Denken Sie an die
Bürokratie, die in den sogenannten entwickelten Ländern
ganz üblich ist. Wir alle sind in jedem Augenblick unseres Lebens ihre Opfer. Selbst ich, der sich aus vielen
Dingen raushält, bemerke das. Unlängst, in Paris, erhielt ich von der O.R.T.F. eine Zahlungsanweisung, und
ich ging zu ihrem großen runden Gebäude. Ich betrat
das erste Bürozimmer, und sie sahen sich die Zahlungsanweisung an; ein zweites Bürozimmer und sie sahen sie
sich an. Erst im dritten Büro... erst dann gaben sie mir
ein wenig Geld. Meinen Sie, drei Bürokraten müßten sich
das ansehen, damit keiner einen Fehler macht? Welch eine Verschwendung! Und es ist ein tägliches Problem!

Sie haben eine sehr weitläufige Definition von Regierung

*– Sie beziehen nicht nur die Politik, sondern auch die
Bürokratie mit ein.*

Ja, alle Formen von Organisation und jeden, der diese
Formen, diese Organisation befürwortet. Ich habe sehr
viel gegen dieses Organisationssystem, d.h. /die Trennung von Dingen, die nicht getrennt werden sollten. /
Wir katalogisieren jeden. Wir schicken die Jungen hierhin,
die Alten dahin. Wir schiffen die Jugend zum Krieg ein.
Jeden Tag werden alle ins Gefängnis gesteckt: die Kinder in die Schule, die Eltern ins Büro oder in die Fabrik,
die Musiker abends in die Konzertsäle. Und wir trennen
die Reichen von den Armen. Was ist eine Regierung? Das-
jenige, das diese Teilungen aufrechterhält. In anderen
Worten, unser Körper ist gegen sich selbst geteilt. Ungefähr überall hat irgendeiner zu organisieren versucht,
d.h. *diesen Körper zu gliedern*; es funktioniert nicht;
man hat es nicht mit einem gesunden Organismus zu tun.

*Wenn man Sie sprechen hört, ist Politik ganz und gar
nicht der Kampf gegen die Unterdrückung und für die
Freiheit, der Kampf gegen die Übel der Gesellschaft, sondern der Ursprung dieser Übel?*

Politik besteht darin, die Herrschaft zu bejahen und zu
wollen. Norman O. Brown hat bewundernswert beschrieben, daß das gegenwärtige Problem kein politisches ist.
Das Problem besteht darin, der Politik ein Ende zu be-
reiten. Das ist auch meine Meinung.

*Demzufolge würden Sie sich in einer polemischen Ausein-
andersetzung zwischen Herbert Marcuse und Norman O.
Brown über dieses Thema auf Browns Seite stellen?*

Sogar ohne das geringste Bedenken. Ich schätze *Love's
Body* (München 1977) als ein bedeutendes Buch. Norman
O. Brown lehnt die Politik rundweg ab. Marcuse kämpft
für sie.

Schon in Die Zukunft im Zeichen des Eros *(Pfullingen
1962) besteht Brown auf der Notwendigkeit, den Gegensatz von Lebens- und Todestrieb aufzuheben, was recht
genau das meint, was Sie gerade zum Thema Körper gesagt haben. Brown fordert einen nichtgetrennten, nicht-
geteilten Körper. Was Brown über den Körper sagt,
wenden Sie auf die Gesellschaft an.*

131

Brown demonstriert in *Love's Body* insbesondere und unwiderstehlich, daß wir uns der *Phantasie* öffnen müssen, um unseren Körper ganzheitlich zu entwickeln. Browns Ansicht über das wahre Leben ist poetisch. Und er hat sehr wohl bemerkt, daß die Politik andererseits darin besteht, das Leben zu unterdrücken, zumindest wenn es poetisch ist.

Und Ihre Darstellung des poetischen Lebens besteht darin, dem Beispiel Thoreaus zu folgen?

Ja, bis zu dem Grad, den Thoreau als Anarchie ohne Polizei ins Auge gefaßt hat. Es ist keine neue Idee. Aber mir scheint, daß sie erreicht werden kann, oder nur durch die Technologie erreichbar ist. Thoreau zeigt uns, daß wir mit der Regierung sehr wenig in Berührung kommen, im Allgemeinen handelt es sich um äußerst formale Angelegenheiten, die man schnell vergessen oder übertreten kann. Worauf Thoreau insistiert, ist die Zwanglosigkeit dieser Bindungen, dieser Ketten. Wir könnten nicht überleben, wenn sie fester wären.

Dennoch hat man Thoreau wirklich ins Gefängnis gesteckt, als er sich weigerte, seine Steuern zu zahlen...

Ja, aber nur für eine Nacht. Seine Tante zahlte seine Kaution; mehr noch, er war wütend, so früh entlassen zu werden. Diese Episode, wie Thoreaus ganzes Leben, veranschaulicht, daß man sich selbst befreien kann... Es fällt uns schwer, es sich vorzustellen, aber die Organisation hält nur zusammen, weil wir sie unterstützen.

Sie sagten, daß bei Thoreau Technologie vorkäme. Er ist jedoch für seinen Haß auf die "Zivilisation" bekannt. Er war über den Gedanken empört, daß das Wasser aus seinem Teich die Stadt Concorde versorgen könnte.

Aber sein Leben in Walden war, technologisch gesehen, sehr fruchtbar. Er war der erste, der die Idee hatte, einen Bleistift* herzustellen, anstatt ein Stück Blei zwischen zwei kleine Holzstücke zu stecken. Aber er wollte nur zwei oder drei herstellen. Er hatte die Idee, daß wir

---

* Wie wir ihn kennen, d.h. mit Blei im Zentrum des Holzes. (John Cage; Fußnote aus dem Jahre 1980)

die technischen Objekte in einer falschen Art und Weise beherrschen. Wir benutzen zum Beispiel Züge, wir reisen. Und was mußten wir dafür tun? Wir zahlten nur für eine Fahrkarte. Wir wissen nicht einmal, was eine Eisenbahn ist. Ein legitimer Gebrauch von technischen Objekten besteht darin, sie unseren Zwecken dienlich zu machen. Oder sich ihnen zu nähern, um ihre Möglichkeiten zu verstehen. Thoreau fiel es nicht schwer, die Existenz der Eisenbahn zu tolerieren, selbst in der Nähe, wo er wohnte. Aber er wußte, wie er sein Boot rudern und Segel dafür herstellen mußte. Er arbeitete ununterbrochen und geistreich an allen Arten von Handarbeit. Zu seiner Zeit, um die Mitte des neunzehnten Jahrhunderts, war die Technologie noch nicht das, was aus ihr wurde. Aber wir folgen nicht Thoreaus Beispiel. Wir könnten viel mehr tun – wir könnten technische Objekte sehr genau studieren, mit ihnen leben und nicht Gefangene unserer technologischen Umgebung sein. Schafft auch dieses Gefängnis ab!

Wenn ich mal alles, was Sie gerade sagten, auf den Bereich **Sprache** *übertragen darf, scheint mir Thoreau nicht weniger faszinierend, wenn er schreibt, wenn er Wörter befreit. Ist er nicht daran interessiert, Wörter zu öffnen? Und haben nicht Sie Ihrerseits dieses Interesse übernommen? Sind nicht z.B. Ihre Vorträge, Ihre musikalischen Werke von der gleichen Art wie verschiedene Kapitel in* **Walden***?*

Das sind sie, wenn Klänge Wörter wären. Ich muß jedoch sagen, daß ich die Sprache noch nicht bis zu dem Punkt getrieben habe wie die musikalischen Klänge. Ich hab mit ihr noch keine Geräusche hergestellt. Ich hoffe, aus ihr etwas anderes als Sprache zu machen.

Wie hoffen Sie, das zu erreichen?

Es ist dieser Aspekt, die *Unmöglichkeit der Sprache*, der mich gegenwärtig interessiert. Ich arbeite gerade an diesem Problem, mit einem Text, den ich direkt den *Song Books* entnommen habe und der sich unmittelbar mit Buchstaben, Silben usw. befaßt, die derartig gemischt werden, daß man sie einen *Thoreau Mix* nennen könnte. Es ist mein allerneuestes Werk.*

In den Song Books *hatten Sie bereits eine ganze Sprache erfunden: falsches Französisch.*

Woran ich jetzt arbeite, geht in die gleiche Richtung. Ich nähere mich der Sprache auf verschiedenen Weisen, so, als ob ich einen Diskurs erhalten möchte, der Sinn zu ergeben *scheint*. Eines Tages hielt ich *Thoreau Mix* in Form eines Vortrages. Es dauerte vierzig Minuten. Gut, das Ergebnis ist nicht von Bedeutung, oder nur ein wenig. Aber während ich mich auf diesen Vortrag vorbereitete, entdeckte ich, daß ich improvisieren könnte, jedoch nur innerhalb ein und derselben Zeile! Und dennoch wußte ich nicht, ob ich es vor einem Publikum machen könnte. Als ich allein improvisierte, benutzte ich all die Mittel meiner Stimme und all die Elemente der Sprache, ohne in bekannte Wörter oder eine Syntax zurückzufallen. Ich fand diese Erfahrung aufregend. Hinsichtlich meines Textes bemerkte ich bei zwei Anlässen, während meines Vortrags in Virginia und in Philadelphia, daß eine Menge Leute im Publikum plötzlich sehr glücklich wurden. Sie fühlten sich auf einmal befreit, ja, fast unmittelbar von all diesen sprachlichen Zwängen entbunden, die wir als ein für allemal fixiert betrachten und von denen wir uns vorstellen, daß sie unmöglich abgeschafft werden könnten.

Sie befreien ebenfalls die Typographie. Durch den Zufall.

Um das Erscheinen oder die Unmöglichkeit einer Bedeutung zu verifizieren, ja, da gibt es das "Multipel", das ich mit dem Designer Calvin Sumsion gemacht habe. Das war 1969 und hieß *Not Wanting to Say Anything about Marcel.* Es ist eine Hommage an Marcel Duchamp. Aber ich wollte nichts über Duchamp sagen, wie der Titel schon sagt. Folglich unterwarf ich ein Wörterbuch dem *I Ging*; ich wählte Wörter aus, dann Buchstaben aus diesen Wörtern und zuletzt ihre räumliche Anordnung durch

---

* Seitdem habe ich daraus *Music for Thoreau* hergestellt; es ist das Werk, das ich *Mureau* betitelt habe und das ich selbst in einem Konzert aufführte. (John Cage; Fußnote aus dem Jahr 1972).

Zufallsoperationen. Ich verteilte diese Wörter im Hinblick auf ihre Typographie, die ebenfalls auf dem Zufall basierte, auf Plexiglasscheiben. Ich stellte die acht Plexiglasscheiben parallel zueinander auf einen Holzsockel. Folglich erscheinen die Buchstaben in der Tiefe; wenn man sie betrachtet, sind sie überlagert und verbunden. Es gibt acht Sockel, von denen jeder acht Scheiben trägt. * Das ganze Ding basiert auf dem Zufall, die Farben einbegriffen. Es ist ein Objekt, das keine Bedeutung hat und von dem man nicht sagen kann, es beziehe sich auf einen Text. Und dennoch wäre Duchamp, so scheint mir, von diesem Objekt "amüsiert" gewesen, wie er zu sagen pflegte.

Wenn ich Sie richtig verstehe, sind diese Wörter eine Fortsetzung Ihrer , genau genommen, literarischen Texte: zum Beispiel jener, die das Ergebnis von Zufallsoperationen in Silence *oder* A Year from Monday *waren.*

Sobald man die Ebene des Wortes überschreitet, ändert sich alles; meine Essays in den von Ihnen erwähnten Büchern handelten nicht von der Frage der Unmöglichkeit oder Möglichkeit von *Bedeutung.* Sie betrachteten es als selbstverständlich, daß *Bedeutung* existiert.

Würden Sie Ihre Methode, das Problem der Erscheinung *von Sinn zu* stellen, *mit der Weise, wie die* Lettristen *ihre Aktivitäten betrachten, vergleichen? Sie (die Lettristen) benutzen eine wahllos erzielte Musteranzahl von Buchstaben oder Sprachelementen. Sie stellen diese Buchstaben zusammen und schreiten fort von Buchstabe zu Pseudo-Wörtern und von Pseudo-Wörtern zu Pseudo-Sätzen, um den anscheinend homologen Teil einer Sprache zu konstituieren. Aber diese Sprache ist keine Sprache.*

Ich erhebe auch nicht den Anspruch, zu einer Sprache zu gelangen.

Aber die Lettristen *erachten diese von ihnen geschaffene Nicht-Sprache nicht als Poesie. Oder Musik.*

Wie können sie Musik vermeiden?

---

* Tatsächlich sind acht "Plexigramme" und zwei Lithographien in dieser Arbeit verwendet. (John Cage; Fußnote aus dem Jahr 1980.)

Sie unterscheiden **Lettrismus,** *der keine Tonhöhe der Stimme spezifiziert, von der Musik, die auf Tonhöhe und Instrumentierung basiert.*

Das scheint mir sehr rätselhaft. Musik kann, wie ich es betrachte, in der Tat von Instrumenten und dem Begriff der Tonhöhe getrennt werden.

Und soweit ich weiß, verweisen sie sehr selten auf Ihre Aktivitäten. Sie müssen Sie für einen verspäteten Schüler Russolos halten...

Auf jeden Fall haben es meine eigentlichen Musik-Werke geschafft, Empörung oder Sympathie zu erregen – das ist nichts im Vergleich zu meinen Büchern. Sie können sich nicht vorstellen, wie viele Leute von *Silence* berührt waren! Ich erhielt viele Briefe, manchmal sehr klare, immer interessante. Im Verhältnis dazu sind die Reaktionen auf meine Musik voraussagbar...

Da Sie auf **Silence** *hinweisen, wie haben Sie dieses Buch komponiert? Bestimmt müssen Sie Ihre eigenen Texte ausgewählt haben, damit sie zusammenpassen.*

Ich bin überhaupt nicht für diese Auswahl verantwortlich. Es ist einfach ein Ergebnis. Ich gab den Leuten von der Wesleyan University alles, absolut alles, was ich geschrieben hatte. Die Auswahl wurde ohne meine Anwesenheit und meine Verantwortung getroffen. Entsprechend war die Anordnung der Stücke.

Dann ist das Buch nicht von Ihnen?

Doch, es enthält eine Idee, die von mir kam. Die Idee, Geschichten hier und dort auszustreuen! Und ich habe ebenfalls ein paar allgemeine Vorschläge hinsichtlich der Gliederung des gesamten Buches gemacht. Im übrigen denke ich, daß mein Herausgeber von Wesleyan gute Arbeit geleistet hat.*

Woher stammt der Titel?

Von mir. Das Buch wurde zusammengestellt, bevor ein

---

* Der verstorbene J.R. de la Torre Bueno, "Bill" Bueno. (John Cage; Fußnote aus dem Jahr 1980.)

Titel dafür gefunden wurde. Als ich noch einmal meine
Arbeit durchging, oder vielmehr das, was meine Arbeit
werden sollte, kam es mir so vor, daß die Erfahrung,
die ich im Tonstudio von Harvard gemacht hatte, ein Wendepunkt war. In meiner Naivität habe ich ehrlich gedacht, daß es eine wirkliche Stille gäbe. Folglich hatte
ich über die Frage der Stille nicht wirklich nachgedacht.
Ich hatte die Stille nicht wirklich überprüft. Ich hatte
nie ihre Unmöglichkeit untersucht. Als ich also in den
schalldichten Raum ging, erwartete ich wirklich, nichts
zu hören. Ohne eine Vorstellung darüber, wie sich nichts
anhören würde. In dem Augenblick, als ich hörte, daß
ich selber zwei Geräusche erzeugte dadurch, daß mein
Blut zirkulierte und mein Nervensystem arbeitete, war
ich wie betäubt. Das war für mich der Wendepunkt.

*Anscheinend haben Sie dann aufgehört zu komponieren.
Ebenso wie Duchamp, der, wie es scheint, nach dem*
Großen Glas *zu malen aufgehört hat.*

Ja, er gab vor aufzuhören. Zur selben Zeit machte er
weiter. Kennen Sie seine posthumen Arbeiten?

La Mariée nue? *Ich habe Yve-Alain Bois' Text gelesen.* *

Das ist echt Duchamp. Er brauchte zwanzig Jahre, zehn
Jahre mehr als für das *Große Glas*, um all die Objekte
für diese außergewöhnliche Collage zu sammeln. Er bau-
te eine Wand aus Backsteinen, die er aus Spanien geschickt hatte. Er selbst modellierte aus Gips den mit ge-
spanntem Schweinsleder bedeckten Körper einer Frau,
den man durch zwei Löcher in einer alten Tür sehen
kann... Und all das, während er vorgab, nichts zu tun!

*Die Kritiker bringen Sie dauernd mit Duchamp in Verbin-
dung. Dennoch sind die Unterschiede zwischen Ihnen
beiden beträchtlich. Nicht nur, daß Sie nicht tatsächlich
zu komponieren aufgehört haben, Sie haben nie versucht,
irgendjemanden von Ihrer Stille zu überzeugen. Dennoch haben Sie komponiert, obwohl Sie abstreiten, ein
Komponist zu sein. Irgendwie sind Sie einem Duchamp*

---

* In der Zeitschrift *VH 101*, Nr. 3; Herbst 1970, S. 63 ff. Der genaue Titel des Werkes von Duchamp lautet: *Étant donné: 1° La chute,
d'eau, 2° Le gaz d'éclairage.*

sehr nahe und gleichzeitig ein Anti-Duchamp. Ihr Ge-
brauch der Stille ist nicht der seine.

Ich muß gestehen, daß mich der Widerspruch von Komponieren und Nicht-Komponieren eine lange Zeit verfolgt
hat. Kennen Sie die Geschichte über meine Beziehung
zur Psychoanalyse? Sie ist kurz. Es muß um 1945 gewesen sein. Ich war verwirrt. Einige Freunde rieten mir,
einen Analytiker aufzusuchen. Alles, was der Analytiker
mir sagen konnte, war, daß ich durch seine Hilfe mehr
Musik produzieren würde, tonnenweise Musik! Ich bin
nie wieder hingegangen.

Repräsentiert dann "Stille", wie Sie sie jetzt verstehen,
den Lebensstil, den Sie sich wünschen, und wie er wahr-
scheinlich am besten mit Jean Greniers Wendung als "be-
ginnende Schöpfung" charakterisiert wird?

Es ist das poetische Leben.

Warum bestehen Sie auf dem Wort Poesie?

Sobald wir gewahr werden, daß wir nichts besitzen, gibt
es Poesie.

Aber wenn der Buchtitel Silence *Ihr Denken richtig über-*
setzt, hätte es ohne Folge bleiben müssen. Oder zumin-
dest hätte irgendeine Fortsetzung ebenso Silence *genannt*
werden können.

Aber ich besitze nicht die Stille.

Gut, woher stammt der Titel Ihres zweiten Buches A Year
from Monday?

Eine Freundesgruppe und ich planten, uns "nächsten
Montag in einem Jahr" in Mexiko wiederzutreffen. Wir
waren am Samstag zusammen. Und wir konnten diesen
Plan niemals ausführen. Es ist eine Form von Stille...

Unterscheidet sich Ihr zweites Buch sehr stark vom er-
sten?

Es handelt insbesondere von Änderung. Folglich geht es
auf Pläne ein. Oder zumindest umfaßt es etwas Zukünfti-
ges – indem die Zukunft im Auge behalten wird. Als ich
an den Titel dachte, war ich, offen gestanden, nicht pes-
simistisch, im Gegensatz zu dem, was Sie aus dem schlies-

sen könnten, was ich sage. Allein die Tatsache, daß unser Plan fehlschlug, die Tatsache, daß wir nicht imstande waren, uns zu treffen, bedeutet nicht, daß alles fehlschlug. Der Plan war kein Mißerfolg.

In diesem Werk haben Sie viele Ihrer Texte dem Zufall zu verdanken. Ihr Anteil ist größer als in Silence. *Und es unterscheidet sich auch in der Typographie von* Silence; *es ist abwechslungsreicher.*

Es ist eine Art und Weise, meine Ideen zu präsentieren, die sich, teilweise unter Einfluß McLuhans, immer mehr mit den Medien beschäftigten.

Manchmal hatten die Leute Vorbehalte gegen das "Mosaikartige" der Gutenberg Galaxy. *Warum sollte ein Buch die Neuerung seines Inhalts in seiner Form widerspiegeln?*

Vielleicht weil es den Unterschied nicht gibt, den die Kritiker glauben zwischen Inhalt und Form finden zu müssen.

Ist es nicht ein Widerspruch, ein ganzes Werk hindurch zu behaupten, daß eben der Begriff des Werks oder Buchs veraltet ist, während andererseits viele Seiten diesem Veralten gewidmet sind?

Die *Gutenberg Galaxy* ist aus Geliehenem und Collagen zusammengestellt: McLuhan erlegt allen Bereichen des Wissens das auf, was ich Schweigen nenne, d.h. er läßt sie sprechen. Der Tod des Buches bedeutet nicht das Ende der Sprache: sie setzt sich fort. So wie in meinem Fall die Stille überall eingedrungen ist, und es noch immer Musik gibt. Es wird sogar noch vielmehr geben, ist einmal alle Psychoanalyse beiseite geschoben! Mithilfe der Stille finden die Geräusche - nicht nur eine Auswahl bestimmter Geräusche, sondern eine Vielfalt aller existierenden und virtuellen Geräusche–definitiv Eingang in meine Musik. Typographische Änderungen, wie die "mosaikartige" Form, sind Geräusche, die in dem Buch ausbrechen! Das Buch ist gleichzeitig dazu verurteilt,nicht zu existieren und in Erscheinung zu treten. Es kann alles willkommen heißen.

Zweifellos ist das Buch nicht länger das lineare Werk-

zeug, auf das wir gelernt haben stolz zu sein.

Weil es alles aufnehmen kann. Und es wird sogar besser funktionieren, wenn es mit allen einschränkenden Konventionen, allen Formen von Organisation, allen Normen, die Typographie inbegriffen, bricht.

Und Joyce ist der Ursprung all dessen.

Sicherlich. Ich würde dennoch sagen, daß mein Werk nicht die Dichte des Joyceschen Werks hat. Joyce komprimiert außerordentlich, wie er sagt. Und das trifft auch auf meine Musik zu. Feldman hat Recht, wenn er sie zu restriktiv findet. Was ich musikalisch getan habe, rührt nicht von einem derartig weiten Verständnis der Möglichkeiten her, wie es in der Literatur Joyce hatte.

Waren Sie nicht versucht, einen Text von Joyce musikalisch zu verarbeiten?

Ja, natürlich. Sie kennen sicher meine Melodie für Stimme und geschlossenes Klavier, *The Wonderful Widow of Eighteen Springs*. Und eines Tages hoffe ich, die Komposition der *Ten Thunderclaps* – auch von Joyce – zu beenden*. Auch in den *Song Books* habe ich einen Text, der von ihm stammt.

Die Song Books *vergegenwärtigen nicht nur Satie und Thoreau?*

Nein. Jedes der neunzig Stücke kann sich oder kann sich nicht auf das Thema "Wir verbinden Satie und Thoreau" beziehen.Wenn sich das Lied nicht auf das Thema bezieht, kann es sich auf Joyce oder irgendeinen anderen beziehen. Und wie es kommen mußte, benutzte ich bei einem der Lieder Joyce.

Weit entfernt davon, ausschließlich auf dem Zufall zu beruhen, appelliert die Erarbeitung dieses Werks an eine konzertierte Reflexion?

Ich habe einfach, und zwar sehr schnell, nach einigen

---

* 1979 habe ich mit John Fullermann, Tonberater bei ICRAM in Paris, das *Roaratorio, An Irish Circus on Finnigans Wake* gemacht. (John Cage; Fußnote aus dem Jahr 1980) (dt. hg. von Klaus Schöning, Königstein 1982. A.d.R.)

anderen Autoren als Satie und Thoreau gesucht. Und der erste, den ich fand, war Joyce. Sie wissen, ich mußte die *Song Books* sehr schnell verfassen! In drei Tagen habe ich fast das ganze Werk entworfen.

Sie brachten es fertig, sich die gesamte Komplexität der bearbeiteten, kopierten und gemischten Texte in drei Tagen vorzustellen? Und auch die mimischen, szenischen und tonalen Effekte?

Ich mußte mich wirklich beeilen. Ich hatte nur sehr wenig Zeit.

Wenn man den enormen Erfolg, den Sie erzielten, in Betracht zieht, hätte ich niemals eine derartige Geschwindigkeit erwartet. Ich war mir insbesondere der Schwierigkeiten dessen bewußt, was Sie von den Sängern verlangten.

Zum Thema Gesangstechnik: in ein paar Tagen werden wir die *Song Books* wieder aufführen, aber nur als Duett, mit Cathy Berberian und mir, unter elektronischer Begleitung von David Tudor und vielleicht Gordon Mumma. Ich hatte mit Cathy Berberian ein langes Gespräch über dieses Thema. Und sie erklärte mir, daß sie es während der Pariser Musik-Wochen lieber ohne die ganze Klangfülle von *Rozart Mix* und dem *Concert for Piano and Orchestra* gesungen hätte.

Und was waren ihre Gründe?

Sie wollte das Werk einem Publikum vortragen, das ihr aufmerksam zuhörte. Aber Sie können sich vorstellen, daß mein Interesse darin besteht, über eine derartige Situation hinauszugehen. Deshalb erklärte ich Cathy, daß ich persönlich ein Konzert vorzöge, daß sich tatsächlich durch Unbestimmtheit entwickelt. So daß niemand wüßte, wann es anfinge und wann es ende. Und ich sagte ihr, daß ich das von der neuen Aufführung der *Song Books* erwarte - eine Unbestimmtheit der zeitlichen Grenzen des Werks. Und auch eine Aufführung, wo das Publikum nicht in Reihen säße.

Was denkt sie über das alles?

Gut, zuerst besteht sie darauf, daß das Publikum sitzen bleiben müsse, ohne seine Plätze zu verlassen. Wie es

sich gerade ergibt, hat man im New Yorker Saal mehr Bewegungsfreiheit. Sie betonte jedoch, daß, wenn sich die
Leute bewegten und womöglich auch, wie in Paris, auf
die Bühne stiegen, sie dann nicht mit ihrer Arbeit fortfahren könnte.

*Aber in Paris war es richtig, daß das Publikum am Ende
auf die Bühne kletterte.*

Ich erklärte Cathy Berberian, daß ich eine Situation bevorzuge, in der die Kunst verschwindet und sich Stück
für Stück mit dem sogenannten Leben vermischt. Also
schlage ich etwas neues vor. Jeder wird eine verschiedene Vorstellung geben. Ich werde in der "offenen" Richtung fortfahren. Sie wird eine Darstellung nach ihrem
eigenen Wunsch in "geschlossener" Art liefern. Wenn das
Publikum den Saal betritt, werde ich schon spielen; sie
wird zur angegebenen Zeit die Bühne betreten und sie
wieder verlassen, wenn es der Schluß erfordert, d.h.
zu einer bestimmten Zeit. Ich selbst werde weitermachen.
Wir werden also beide auf der Bühne sein, denn ein anderes Arrangement stört sie.

*Jeder von Ihnen wird auf seine Art und Weise Mittelpunkt
sein.*

Als ich verstand, daß unsere Ansichten zu diesem Thema auseinandergingen, fragte sie mich: "Möchten Sie,
daß ich mich ändere?" Und ich antwortete: "Natürlich
nicht, ich mag Sie, wie Sie sind." Es wäre wunderbar,
zu zeigen, daß zwei Leute mit radikal verschiedenen Ansichten zusammenarbeiten können. Dementsprechend be-
reite ich jetzt die nächste Aufführung vor. Ob es klappt
oder nicht, kann ich nicht voraussagen. Ich weiß nicht,
was passieren wird.

Das ist die "experimentelle" Situation par excellence.

Ja, keiner kann voraussagen, was passieren wird. Ich
weiß es selber nicht. Das ist eine explosive Situation.
Kunst geht in alle Richtungen, und man kann sie noch
nicht einmal erkennen, solange man sie noch nicht selbst
beschritten hat.

Deshalb muß Ihre Konzeption der Song Books keinem auf-

*gedrängt werden. Sie ist ebensoviel wert wie Cathys. Und
sie ist gewiß nicht weniger wert.*

Während ich noch einmal über dieses Werk nachdachte,
habe ich hinsichtlich dieses Themas ebenfalls entdeckt,
daß ich irgendwie alles, was ich seit 1952 komponiert habe, für David Tudor geschrieben habe. Er war immer in
meinen Gedanken, als ich komponiert habe. Und in den
Song Books verwandelte ich die Sänger immer in David
Tudor! Natürlich waren sie nicht David Tudor. Was ich
also während des Komponierens dieses Werks im Kopf hatte, oder vielmehr, die geistige Verfassung, in der ich
die Partitur entwarf, löste sich überhaupt nicht ein. Ich
möchte damit nicht sagen, daß ich das, was passierte,
nicht mochte. Aber was geschah, war nicht das, was ich
vorgesehen hatte.

Und das macht Ihnen oder dem Werk nichts aus?

Nicht im geringsten! In der linearen Kunst kann man im-
mer voraussagen, was passiert. Und dessen sicher sein.
Es ist, als ob man ihren Spuren folgt. Schließlich holt
man sie ein, und dann macht man es zu seiner eigenen
Angelegenheit. Während "offene" Kunst nur fliehen kann.
Dann versetzte ich mich in eine Situation, in der ich nicht
bewerten kann. Wenn ich ein Urteil fälle, habe ich den
Eindruck, engstirnig zu werden. Deshalb ziehe ich den
Überfluß, die Nicht-Linearität vor.

*Aber wie leicht können Sie jemanden tolerieren, der Ih-
nen widerspricht? Akzeptieren Sie wirklich, daß die Ansicht von Cathy Berberian neben Ihrer eigenen steht?
Gibt es letztlich einen Unterschied zwischen dem "Offenen" und dem "Geschlossenen".*

Ich weiß nur, daß es mir schwerfällt, mich aus meinen
eigenen Ansichten herauszuhalten. Wenn ich sage, ich
"ziehe" Überfluß "vor", scheint das immer noch eine Be-
wertung zu sein. Vielleicht bin ich noch ein Opfer der
Sprache? Auf jeden Fall versuche ich, von einer Aktivität zur nächsten überzugehen, ohne mich zu sehr an
die erste zu erinnern. Ich versuche, mich nicht zu behindern: von einem Wert blockiert und Sklave eines Ur-
teils zu sein. Natürlich schaffe ich das selten. Dennoch
ist das das poetische Leben! Es ist Erlösung. Aber es

ist ebenfalls der Sprung, der dich zum Ausgangspunkt
zurückfallen läßt.*

---

* Die vorangegangenen Seiten schildern meine geistige Verfassung
vom Anfang 1971, als das Konzert, das ich mit Cathy Beberian geben sollte, näher rückte. Nun, fünfzehn Tage vor dem Konzerttter-
min erhielt ich von Cathy ein Telegramm. Es setzte mich von ihrer Krankheit in Kenntnis - sie wäre nicht in dem Zustand, im
März mit mir das Konzert in New York aufzuführen. Zuerst dachte
ich, mich nach einem neuen Sänger umsehen zu müssen, dann erkannte ich, daß nicht genug Zeit verblieb, um an den *Song Books*
zu arbeiten und von ihnen eine lebendige Interpretation vorzubereiten. Das war der Zeitpunkt, als ich mich entschloß, ganz allein
eine Aufführung von *Mureau* zu präsentieren. - Ich wollte den ersten Teil meines *Thoreau Mix* singen, und mich mit drei Aufzeichnungen des zweiten, dritten und vierten, ebenfalls von mir gesun-
genen, Teils begleiten.
Als ich meine Europa-Reise von Mai bis Juli 1972 mit David Tudor
antrat, setzte ich meinen Gesang fort. Wir präsentierten *Mureau*
und die *Mesostics re Merce Cunningham* überlagert von Tudors elektronischen Werken *Rainforest* und *Untitled*. Ich zeige dem Publikum,
wie ich bin, wie ich singe. Ich gebe ihm meine Stimme. (John Cage;
Fußnote aus dem Jahr 1972).

VIERTES GESPRÄCH

Seit 1952 steht Ihre Arbeit im Zeichen David Tudors.
Wie haben Sie ihn kennengelernt?

Während ich 1949 hier in Frankreich war, begann ich
mich für die Musik von Pierre Boulez zu interessieren,
und ich nahm die *Deuxième Sonate* in die Vereinigten
Staaten mit. Ich hatte die in Paris publizierte Erstausga-
be, und später gab mir Boulez sein Originalmanuskript.
Also reichte ich mein Exemplar weiter an William Masselos,
der damals der beste mir bekannte Pianist war, und
schlug ihm vor, die *Sonate* zu spielen. Und ich zeigte
Morton Feldman , den ich gerade kennengelernt hatte,
das Manuskript. Er sagte mir, daß der erste Pianist, der
dieses Werk spielen könnte, nur David Tudor sein kann.
Und er stellte mich ihm vor. David begann sofort, an dieser Musik zu arbeiten. Und nicht nur an der Musik: er
lernte Französisch, um Artaud, Char und Mallarmé im
Original zu lesen, d.h. um so intensiv wie möglich in
eben der Atmosphäre des Boulez' der *Deuxième Sonate*
zu leben. Die Musik, die der von Boulez am nächsten war
und von David Tudor schon gespielt wurde, war Stefan
Wolpes *Battle Peace.* Ich weiß nicht, ob Sie es kennen.

Ich kenne dieses Werk nicht, aber ich habe seinen Autor
vor Jahren in Darmstadt getroffen.

Es ist eine furchtbar schwierige und sehr faszinierende
Partitur. Wie bei der *Deuxième Sonate* versteht man auf
Anhieb fast überhaupt nichts. Der Unterschied besteht
darin, daß es mehr Leidenschaft enthält als die *Sonate.*
Beide Werke lassen einen erbeben, zumindest wenn man
sie das erste Mal hört. Aber das *Battle Piece* läßt einen
nicht nur erbeben, es überwältigt einen auch mit seiner
Kraft. Obwohl Boulez gewöhnlich sehr sanft ist, wird er
sogar mit den *Structures*, und später mit den zweiten
Structures und *Le Marteau sans maître*, noch ruhiger.
Deshalb entdeckte ich, daß David Tudor nicht nur die
Deuxième Sonate wirklich lernte und sich erfolgreich
durcharbeitete, sondern auch, daß er sich sehr intensi-
ver und abwechslungsreicher Studien unterzog, zum Beispiel las er *Das Theater und sein Double* - und alles umsonst! Er dachte nicht einmal daran, die *Sonate* in der
Öffentlichkeit zu spielen. Eigentlich sollte Masselos die
erste Aufführung in einem von der League of Composers

gesponsorten Konzert geben, da ich ihnen empfohlen hatte, die *Deuxième Sonate* in ihr Programm aufzunehmen... Als ich das alles realisierte, sagte ich mir, daß ich Masselos aufsuchen müßte, um zu sehen, was er tat. Und als ich mit Masselos sprach, bemerkte ich, daß er noch keine Möglichkeit gefunden hatte, an der *Sonate* zu arbeiten. In der Tat hätte es ihn überhaupt nicht gestört, wenn David Tudor an seiner statt gespielt hätte. Also wurden die Pläne geändert, und es wurde angekündigt, daß die erste Aufführung von David Tudor vorgetragen würde. Und so geschah es. Natürlich gab er eine ausgezeichnete Vorstellung.

Mit David Tudor haben Sie nicht nur den idealen Interpreten von Boulez entdeckt, sondern auch den Ihrer eigenen Werke.

Ja, die "Premiere" der *Deuxième Sonate* war unser ursprüngliches Bindeglied. Zu der Zeit korrespondierte ich mit Boulez, und Tudor und ich entzifferten und übersetzten die Briefe, die er mir schrieb. Es war eine aussergewöhnliche Zeit. Wir arbeiteten zusammen mit Morton Feldman und Christian Wolff. Earle Brown stieß etwas später zu uns. Ich schrieb gerade die *Music of Changes* und Feldman schrieb seine ersten graphischen Stücke. Wir komponierten das alles, und dachten, David Tudor könnte es aufführen. Wir wußten, daß er fähig wäre, all das auszuführen, was wir ihm zutrauten, und daß er getreu das spielen würde, was jedes Stück erforderte.

Das erinnert mich an Busottis Five Piano Pieces for David Tudor. Busotti erklärt im Vorwort, daß die Wendung "for David Tudor" im Titel als Instrumentalanweisung verstanden werden sollte. Später wandte sich David Tudor der Komposition zu...

Natürlich, er komponiert heute, aber damals nicht. Als er jünger war, versuchte er zu komponieren, aber er mochte keinem die Ergebnisse zeigen; irgendwie ähnelten sie den Stücken von Messiaen*, und er hielt sie nicht für gelungen. Anstatt also zu komponieren, widmete er sich dem Klavier. Er begann als außergewöhnlicher Organist. Ich glaube, im Alter von dreizehn Jahren hat-

* Nicht Messiaen sondern Leo Ornstein. (Fußnote von John Cage; 1980)

te er alles gespielt, was für die Orgel geschrieben wurde.
Als wir begannen, zusammenzuarbeiten, hatte er bereits
alles, was je für Piano geschrieben wurde, gespielt. Er
widmete sich den allerneuesten Klaviermusiken.

*Selbst dann befriedigte es ihn nicht, nur ein Interpret
zu sein?*

Nein. Als ich anfing, *Williams Mix* zu schreiben, war das
Arbeitsvolumen so immens, daß David meine ganzen Kom-
positionstechniken lernte und zur selben Zeit mit mir komponierte. Seine Unterstützung half mir sehr. Und danach hatten er und dann auch Earle Brown und ich die
ganze Arbeit, die Tonbänder zu schneiden; wir mischten
und edierten die Tonbänder auch mit Hilfe von Louis und
Bebe Barron.

*Das erklärt sein Verständnis für Ihre Arbeit – er konn-
te dessen Weiterentwicklung im Detail verfolgen.*

Sie wissen ja, daß er auch 1958 einige außergewöhnliche
Kurse in Darmstadt abhielt.

Spielten Sie damals als Duo?

Ja. Seit 1943 versuchte ich mindestens einmal im Jahr,
und manchmal zweimal, in New York ein Konzert zu geben. Als ich David Tudor kennenlernte, wurde ich ganz
natürlich sein Manager. Ich kannte mehr Leute als er,
und ich war älter – das erleichterte es mir, z.B. den Universitäten zu schreiben und Tourneen zu organisieren.
So kam es dazu, daß wir beide durch die Vereinigten
Staaten reisten. Dann war da 1954 London, mit anschlies-
sender Europa-Tournee: Köln, Paris, Brüssel, Zürich,
Mailand und, natürlich, Donaueschingen. Es war das erstemal, daß David in Europa war. Seitdem sind wir zusammen dorthin zurückgekehrt. Wir sind auch getrennt
gereist.

Warum ist diese Tournee immer noch berühmt?

Ich glaube nicht, daß man uns in Europa sehr ernst
nahm.

*Dennoch hat sich Karlheinz Stockhausen, nachdem er
Sie und David Tudor in Köln gehört hat, mit "offener"
Musik – im europäischen Sinne des Begriffs – in seinem*

Klavierstück XI, *dessen Struktur von der Wahl des Interpreten abhängt, auseinandergesetzt.*

Ja, vielleicht war er von dem, was wir taten, beeindruckt.

Waren die Reaktionen auf Ihren Tourneen in den Vereinigten Staaten anders.

Ich denke, daß jeder, der die Tanz-Performance mit Merce Cunningham vom Oktober 1955 im Auditorium der Clarkstown High School in New City gesehen hat, sich daran erinnern wird. Der Abend wurde von einer ziemlich außergewöhnlichen Person organisiert, einem Filmemacher und Polemiker, Emile de Antonio, der damals Direktor der Rockland Art Foundation, einem Kunstzentrum war. Ziemlich viele Leute hatten, trotz des schlechten Wetters - an diesem Tag gab es ein Unwetter, wahre Überschwemmungen! - darauf bestanden, aus New York zu kommen. Die Straßen waren ausgespült... Es gab aber auch eine ganze Gruppe von Zuschauern, die von unserem Programm aus der Fassung gebracht wurde und den Saal verlassen wollte. Unglücklicherweise verhielt es sich so, daß der Sturm immer schlimmer wurde, je stärker sie den Wunsch hatten, wegzugehen. Sie waren gezwungen, die gesamte Session über dazubleiben... Es war ebenfalls Emile de Antonio, der das Retrospektive-Konzert zu meiner fünfundzwanzigjährigen Komponistentätigkeit im Mai 1958 im New Yorker Townhall zu organisieren half. Meine Maler-Freunde hatten beschlossen, dieses Konzert für mich aufzuführen, und dank ihnen, dank der Großzügigkeit Jasper Johns' und Robert Rauschenbergs, konnte dieses Konzert stattfinden. Dank George Avakian wurde es aufgezeichnet.

War das der Augenblick, da Sie begannen, wirklich berühmt zu werden?

Ja. Bis dann waren viele Leute nur sporadisch an meinen Aktivitäten interessiert. 1952 gab ich gewöhnlich kleine Privatkonzerte in meiner Wohnung in der Monroe Street. Manchmal schickte *Harper's Bazaar* oder *Vogue* Modelle, die in der "Bozza Mansion" fotografiert werden sollten. "Bozza" war der Name meines Vermieters. Danach änderte sich alles. Alle fingen an, mir zu schreiben, mich anzurufen usw.

1958 ist entschiedenermaßen ein Wendepunkt in Ihrer Karriere. In der Town-Hall war die Premiere des **Concert for Piano and Orchestra,** *Ihr markantestes Werk der gesamten "Unbestimmtheits"-Periode. Und es war ebenfalls 1958, als Sie und David Tudor Ihre zweite große Europa-Tournée machten.*

Ja, in letzter Minute wurde ich gebeten, in Darmstadt einen Kurs abzuhalten. Tatsächlich bin ich für Boulez eingesprungen, der in letzter Minute abgesagt hatte. Tudor lehrte dort ebenfalls. Und wir bereisten fast ganz Europa.

Zumal Brüssel – ich sage "zumal", weil ich Sie dort kennengelernt habe – und Mailand.

Ja, ich blieb eine ganze Weile in Italien.

Diejenigen, die David Tudor und Sie in Darmstadt und anderswo gehört hatten, konnten entweder für die "offenen" Werke gewonnen werden oder sie erweiterten ihre instrumentale und... theoretische Palette hinsichtlich der Unbestimmtheit. Das führte zu einem ziemlich tiefen Umbruch in den musikalischen Sitten Europas!

Das hat man mir oft erzählt. Aber ich denke, David Tudor hatte eine Menge mit dieser Ideenbewegung zu tun. Sogar mehr als ich.

Zu welchen neuen Ideen trug er auf der Aufführungs-Ebene bei?

Das Bemerkenswerteste war seine Fähigkeit zu spielen, indem er Klänge erzeugte, deren entgegengesetzte Intensitäten einander unmittelbar folgten. Er konnte nach einem lauten Ton einen Klang mit irgendeiner Amplitude erzeugen. Er hatte einen erstaunlichen Sinn für die Qualitäten eines jeden Tons. Und alles, was er berührte, wurde klar durch ihn. Bei ihm schienen die schwierigsten Passagen eher zur Unterscheidung als zur Verwirrung der Klänge beizutragen. In Wirklichkeit wird er bei allem, was er unternimmt, fast sofort ein Virtuose.

Hat er andere Aufnahmen autorisiert, außer denen, die wir hier kennen, z.B. die **Sonatine pour flûte et piano** *von Boulez? Hat er Musik aufgenommen, die nicht neueren Datums ist?*

Er hätte dem nie zugestimmt.

Später widmete er sich ausschließlich einer vollkommen anderen Aufführungs- oder Kompositionsform: der elektronischen Musik live.

Ja, er arbeitet gegenwärtig mit Schaltkreisen, die die Video- und Audio-Effekte kontrollieren und sich gegenseitig rückkoppeln.

Was ihn dazu zwingt, den wahren Beruf eines Komponisten vollkommen neu zu definieren?

Seine Kompositionen bestehen aus Schaltkreisen, die er auf verschiedene Weise reaktivieren kann*. Er ist nicht der einzige, der sich vollkommen von den traditionellen Schöpfungsmethoden getrennt hat. Z. B. Max Neuhaus, ein ehemals außergewöhnlicher Schlagzeuger, benutzt nur noch Schaltkreise.

Auf der letzten Tournee der Merce Cunningham Dance Company im Frühjahr und Sommer 1970 wurden auch einige Stücke dieser elektronischen Musik live aufgeführt; manchmal präsentiert unter Ihrem Namen, manchmal unter David Tudors Namen und manchmal Gordon Mummas. Haben Sie tatsächlich alle zusammen an diesem Werk gearbeitet, ohne Unterschied oder Hierarchie?

---

* Ich erwähnte weiter oben, daß ich zur Zeit unserer 1972er Tournee zu verschiedenen Gelegenheiten (London, Basel, Pamplona usw.) meine neuesten Werke, *Mureau* und *Mesostics*, gesungen hatte, während David Tudor zwei seiner Werke aufführte, *Rainforest* und *Untitled*. *Rainforest* stammt aus dem Jahre 1968; David definiert es als eine "Assemblage elektronischer Transduktoren, die jedes Input-Signal als eine Funktion eigenständiger Charakteristika verschiedener physikalischer Objekte modifizieren." Was *Untitled* anbetrifft, so ist es nicht *ein* Werk, sondern eine Werk-Serie, die Toshi Ichiyanagi gewidmet ist. Der Autor behandelt die darin enthaltenen elektronischen Komponenten, "als ob sie natürliche Objekte wären". Er greift sich eine bestimmte Anzahl von ihnen heraus, indem er die Einmischung eines jeden Input-Signals vermeidet und produziert eine Wechselwirkung unvorhersagbarer gegenseitiger Beziehungen zwischn den Komponenten. Als "Outputs" dienen Video oder Audio, oder sogar audio-visuelle Apparate. (John Cage; Fußnote aus dem Jahr 1972.)

Sie beziehen sich wahrscheinlich auf die Begleitung von *Signals*, das Mumma, Tudor und ich unabhängig voneinander, aber zur selben Zeit spielen.

Gibt es einen alles umfassenden Plan?

Nein, überhaupt nicht. Jeder von uns behält die Freiheit, unabhängig von den Plänen der anderen beiden, seine eigenen Pläne zu verfolgen. Jeder von uns hat genug Vertrauen in die beiden anderen, um zu wissen, daß es gutgehen wird. Und ich finde diese Aufführungen sehr interessant.

Sie haben keine Titel?

Als Titel benutzen wir die Monate und die Wochen. Zum Beispiel "die zweite Aprilwoche" oder "die dritte Märzwoche". Und auf dem Programm ändern wir die Reihenfolge der Komponisten.

In einem gewissen Sinn sind Sie dann nicht mehr der "musikalische Direktor" der Merce Cunningham Dance Company?

Nein, und ich bin darüber froh. Alles geht viel besser als früher.

Es stimmt also, daß viele unter Ihrem Namen laufende Werke als Grundlage von Aufführungen dienen, die sich in jeder Beziehung, entsprechend dem Interpreten, unterscheiden. Demnach wird nach Ihrer Meinung der Interpret zum Komponisten.

Ja, und das Publikum kann Interpret werden.

Was wird der Komponist?

Er wird Mitglied des Publikums. Er beginnt zuzuhören.

Die Klänge existieren schon vor dem Komponisten, und sie leiten ihn sogar; aber der Komponist ist kein anderer als der Interpret, der kein anderer als das Publikum ist. Demzufolge ist es unmöglich, die verschiedenen Rollen zu unterscheiden.

Sie durchdringen einander.

Das bedeutet, die Musik ist ein vollkommen globales – und globalisierendes – Phänomen.

Ja, es beinhaltet, daß wir uns alle *in* den Klängen befinden, von ihnen umgeben sind.

Die Arbeit, die David Tudor mit Ihnen jetzt durchführt, fordert die Unterscheidungen und Hierarchien dessen heraus, worauf traditionelle Musik basiert. Aber wenn wir insbesondere den Fall **Variations II** *betrachten: wie trägt er dieses Werk vor, um es in sein eigenes umzuformen?*

David Tudor ist derartig verschlossen, daß es, selbst für mich, sehr schwierig ist, genau zu wissen, was er in einem bestimmten Moment tut. Alles, was ich über seine Arbeit weiß, ist, daß er Regelkreise mit Audio- und Video-Effekten zusammenstellt und zwischen ihnen einen Rückkopplungseffekt herstellt. Das "Audio" ist vom "Video" nicht zu trennen, aber wenn die Regelkreise eingeschaltet sind, können sie als "output" entweder visuelle oder akustische Effekte produzieren. David Tudor hat jedoch die andere Eigenschaft: er liebt Rätsel. Mein *Variations II* ist eine Art Rätsel. Legen Sie es einem konventionelleren Musiker vor, und er wüßte nichts damit anzufangen. Im Prinzip ist *Variations II* nichts weiter als eine Serie von Transparenten. Auf einigen dieser Transparente befindet sich nur ein Punkt, auf anderen eine Linie. Auf keinem von ihnen befindet sich mehr als ein einziger Punkt oder eine einzige Linie. Die Idee bestand darin, daß diese Linien und Punkte in einer beliebigen Art und Weise überlagert werden können, vorzugsweise indem sie planlos gemischt werden. Anschließend werden Senkrechten von den Punkten zu allen Linien gezogen, und dann kommt man, durch den Gebrauch aller möglichen Meßinstrumente, zu einer präzisen Vorstellung bezüglich jedes Parameters eines jeden Klangs.

Bei einer Partitur wie **Variations II** *habe ich den Eindruck, daß alle Parameter gleich sind – ich meine, daß sie gleichermaßen meßbar sind.*

Ja, wir wissen, daß die Zeit leicht zu messen ist – z.B. mit einem Chronometer. Wir können verhältnismäßig leicht die Tonhöhe messen; und mit Hilfe der Elektronik können wir sehr feine Frequenzunterschiede erzielen. Wenn wir wirklich wollten, könnten wir mit Hilfe des Dezimal-

systems sogar die Intensitäten messen. Aber wir können
nicht die Klangfarbe messen. Angesichts dieser Frage eines beweglichen Zugangs zu Parametern beschloß David
Tudor, mit dem Unbekannten anzufangen, als er die Arbeit an *Variations II* aufnahm – lieber mit dem Unbekannten beginnen, als das Unbekannte dazu zwingen, bekannt
zu werden. Er war der Ansicht, daß wir das Unbekannte
benutzen müssen, um das Bekannte unbekannt zu machen.
Und nicht umgekehrt. Das kommt von seiner Genialität,
Rätsel zu lösen. Und ich wage stark zu bezweifeln, daß irgendjemand anderes jemals die Idee hatte, dementsprechend zu verfahren. Ich muß zugeben, daß es sich um
eine Idee handelt, die mir nie gekommen wäre. Als er diese Frage, die Töne zu messen, in Betracht zog, und als
er erkannte, nicht zu wissen, wie er dabei verfahren
sollte, sagte er sich also: das einzige, was ich über diese Struktur der Klangfarbe behaupten kann, ist, daß sie
entweder einfach oder komplex ist. Und demnach werde
ich, wie bei all den anderen Sachen, die ich präziser zu
messen weiß, sagen, daß ich von ihnen nur weiß, daß sie
entweder einfach oder komplex sind. Indem er meine
Transparente benutzte, erhielt er Anweisungen, die die
Einfachheit oder die Komplexität jedes Musik-Ereignisses
betrafen, und ich glaube, daß er ihnen gestattete, ihr
eigenes Zeitmaß zu begründen. In anderen Worten, er
setzte jeden Klang in Beziehung zu den von den Transparenten und ihren Kombinationen erhaltenen Informationen, unter der Voraussetzung z.B. einer komplexen
Obertonstruktur, einfacher Frequenzen und einer komplexen Amplitude für einen gegebenen Klang. Sowie er
diese Charakteristika gefunden hatte, suchte er – glaube ich – eine Zeitdauer, die auf das Ganze dieser Charakteristika eingehen würde, d.h. die es dem Ganzen gesta-
tete, seine eigene Zeit zu finden. Ich glaube, daß es sich
hinsichtlich der Dauer so abgespielt hat, aber ich bin
mir dessen nicht sicher.

In **Languages of Art** *kommentiert Nelson Goodman eine
der Figuren des* **Solo for Piano** *aus Ihrem* **Concert for
Piano and Orchestra***, *eine Figur, die jenen in* **Variations II**

---

* London: Oxford University Press, 1969, S. 188 FF. Vgl. Stück BB,
  S. 53 der Partitur.

*ähnelt und meines Erachtens in die gleiche Richtung geht;
er bemerkt, daß es in der Aufführung oder Neuschöpfung Ihrer Partituren überhaupt keine zeitbestimmenden Hinwei-
se gibt. Goodman weist nach, daß es von einer wie* **Variations II** *geschriebenen Sache keine authentische Aufführung geben kann. Es kann keine Aufführungen geben, die
der Vorlage* **entsprechen**. *Es kann aber Aufführungen
geben, die* **nach** *dieser Vorlage* **verfahren**. *Sie erfolgen*
danach: *vielleicht haben Sie die Intelligibilitäts-,
Kausalitäts- oder Eigenschaftsbeziehungen zwischen dem
geschriebenen Text und den instrumentalen oder elektronischen Ausführungen zerstört, zu denen sie seitens des
Interpreten Anlaß gibt.* **Aber Sie haben die Zeit nicht
zerstört.** *Im Gegenteil, Sie lassen sie in ihrer ganzen
Reinheit vorwärtsdrängen. Sie befreien sie von den Beziehungen, die als Vorstellungsbild dienen konnten. Die
Art und Weise, wie David Tudor das Bekannte auf das
Unbekannte reduziert, d.h. das Kausale auf das Unbestimmte, ist keineswegs paradox; es verlängert das, was
Sie selbst versuchen. Daß er der Zeit ihre Freiheit läßt, ist
vollkommen natürlich. Wir wissen nicht, wie er anders
vorgehen könnte.*

**Ja, Zeit liegt zwangsläufig jenseits des Maßes. Sie kann
nie wieder Uhrzeit werden. Eine andere Art das auszudrücken, bestünde in einer Affirmation, daß Schreiben
eine Sache ist, Aufführung eine andere und Zuhören eine dritte; und daß es keinen Grund gibt, diese drei Ope-
rationen zu verbinden. Wenn ich beim Schreiben ein besonderes Zeitmaß anwende, wird der Zuhörer nicht mit
der Zeit selbst konfrontiert, sondern mit der Art und
Weise, wie der Performer das Gelesene versteht. Und der
Performer wird nicht die Zeit gelesen haben, sondern
ein Zeitmaß. Genau dies geschieht bei der konventionellen Musik.**

*In Ihrer Musik formt sich das Maß selbst. Es muß nicht
vorwegnehmen, was anschließend kommt. Es kommt* **mit**
der Zeit auf. Nicht **davor** ...

/Man kann niemals ein vorher bestimmtes Maß anwenden./

*Der "experimentelle" Charakter Ihrer Unternehmungen
liegt streng genommen im freien Funktionieren der Zeit.*

Ja, "experimentell" meint, was geschieht, *bevor* man die *Zeit hatte*, es zu messen.

Und entsprechend "befreien" Sie den Interpreten. Z.B. die Studenten der Musikabteilung in Vincennes, die mit Davorin Jagodic zum **Song-Books-Konzert** Rozart Mix *vorbereiteten und spielten, waren unabhängig von David Tudors Interpretation. Sie waren ebensowenig Tudor wie Simone Rist und Cathy Berberian es in der Aufführung der* **Song Books** *waren. Aber das spielte keine Rolle.*

Nein. Ich denke sie haben eine schöne Vorstellung gegeben.

In welchem Sinne war es eine schöne Vorstellung?

Darin, daß sie mit großer Sorgfalt spielten, um sicher zu gehen, daß jeder Klang mit sich selbst identisch war.

Große Sorgfalt soll heißen, mit Barmherzigkeit für jeden Klang? Grenzenlose Barmherzigkeit?

/Genau./

Dennoch spielten sie letztenendes in einer Art und Weise, wie es David Tudor nie getan hätte. Wir haben schon im Musée d'Art moderne darüber gesprochen; sie ermunterten das Publikum, sich zu bewegen, indem sie das Schild hinter Ihrem Rücken hochhoben. Betrachten Sie immer noch diesen Eingriff, diese Unterbrechung des gesamten Prozesses, den Sie eingeleitet hatten, als eine einfache Reaktion der Studenten?

Ja, es ist ein Aspekt dessen, was ich jugendliche Energie nennen würde.

Aber um in Ihr Werk einzusteigen – und dies stimmt mit Ihren eigenen Ansichten überein –, mußte das Publikum doch nicht **gezwungen** *werden? Der von Ihnen vorgeschlagene Plan schien sich über die Gewohnheiten der Konzertliebhaber hinwegzusetzen. Es mußte übertrieben betont werden, diese Gewohnheiten aufzugeben. Haben die Ausführenden von* **Rozart Mix** *dies gespürt?*

Ja, sie bewegten sich eher in Richtung auf das Werk und den Geist des Werks, als sich ihm zu widersetzen. Nur daß sie in zu großer Nähe zu einer mit der Polizei verknüpften Gesellschaft lebten: sie wurden freiwillige Polizisten.

Die **Rozart Mix**-*Performer fühlten sich in der gegebenen Situation gezwungen, jedem zu* verordnen, ordnungswidrig *zu handeln.*

Vielleicht ziehen wir auch nicht genügend die physische Natur der Situation in Betracht. Das haben Sie selbst gesagt. Die *Song Books* vergegenwärtigen das gleiche Problem wie *Musicircus:* keiner im Auditorium des Théâtre de la Ville konnte aufstehen und herumgehen, ebenso wenig wie irgendjemand in Jean Richards Zirkus umhergehen konnte.

Als Sie anfingen, den **Musicircus** *im Juni und Juli 1970 zu planen, bestanden Sie auf der Notwendigkeit, dafür Sorge zu tragen, daß jeder ein Maximum an Raum zur Verfügung hatte. Aber keiner der Organisatoren hatte vorausgesehen, daß es einen solchen Zustrom geben würde.*

Und diese Werke benötigen immer mehr Raum... einen nicht unterteilten Raum, der den Künstlern und dem Publikum eine wirklich vollkommene Bewegungsfreiheit gestattet. Der Raum muß genauso frei wie die Zeit sein. Klangquellen benötigen eine extrem weite räumliche Streuung, besonders wenn verstärkte Klänge zusammen mit gewöhnlichen nicht-verstärkten Klängen einbezogen werden.

Aber die Vereinigten Staaten können Ihnen soviel Raum zur Verfügung stellen wie Sie wollen.

In der Tat, ich war für den sehr großen Saal in der Universität von Illinois für die Aufführung von *HPSCHD* sehr dankbar. Es wäre schwierig gewesen, etwas Gleichwertiges in Europa zu finden.

Denken Sie, daß das nur eine Frage der Ökologie ist?

Es ist möglich, daß Amerika gegenwärtig eine Musik vorbereitet, die der Zukunfstkuppel Fullers ebenbürtig ist! In den riesigen geodätischen Kuppeln, die nach Fullers architektonischer Prognose riesige Städte überdachen werden, werden sich die akustischen Situationen sehr stark von denen unterscheiden, die wir gewöhnt sind und die uns durch die gezwungenermaßen kleinen Ausmaße unserer städtischen Konzertsäle aufgezwungen wurden. Aber in der Fullerschen Kuppel hat man es schwer, sich Gehör zu verschaffen. Folglich wird die alte Vorstellung von Kunst als *Kommunikation* aus dem Fenster geworfen; aber es wird nicht einmal mehr Fenster geben.

Das erinnert mich an die Variante der **Earth Art,** *die die australische Küste meilenweit in Packpapier einwickeln will... aber würden Sie sich nicht selbst in diesen gigantischen Kuppeln immer noch eingesperrt vorkommen? Einige Werke von Charles Ives könnten nicht nur auf einem Berg gespielt werden, sondern auch von einem Berg zu einem anderen zurückgeworfen werden...*

Aber es gibt auch neuere Werke von Christian Wolff, die auf den Feldern oder in den Wäldern gespielt werden könten und bei denen Instrumente benutzt werden, die für derartige Situationen charakteristisch sind.

Was denken Sie darüber?

Nun, ich finde das alles natürlich großartig!

All das stimmt damit überein, daß Sie auf der Notwendigkeit einer Befreiung der Zeit insistieren, wie Sie es am Schluß Ihres Vortrags über **Unbestimmtheit** *betonen. Wenn Sie die Überlagerung oder die simultane Aufführung verschiedener Werke fordern, wird das Raumgefühl intensiviert.*

Ja, denn es gibt ein Zusammenfließen von verschiedenen Musiken, so etwas wie Ives' Vorstellung von verschiedenen Orchestern, die sich auf der Straßenkreuzung treffen. Als er mit einem Orchester umherreiste, das auf einem Dorfplatz eines neu-englischen Dorfes spielte, war Ives über die von ihm durch die räumliche Veränderung zu hörenden Effekte verblüfft. Ich habe mit siebzehn in Seville ein ähnliches Experiment durchgeführt. Ich befand mich an einer Straßenkreuzung und verspürte eine plötzliche Freude, als ich bemerkte, daß ich gleichzeitig verschiedene Musiken hören konnte. In dem von Ihnen zitierten Vortrag sprach ich auch über das Erfordernis, die vortragenden Künstler so weit wie möglich von einander zu trennen, um nicht – als Ergebnis unzureichenden Raums zwischen den Musikern – am Ende ein einziges Werk zu haben. Zusammengedrängt können sie nur ein Stück zur selben Zeit spielen, was letztlich bedeutet, daß sie sogar in der komplexesten Polyphonie dasselbe spielen.

Wie kamen Sie auf die Idee, Rozart Mix, Concert *und die* Song Books *auf den Pariser Musik-Wochen überlagert zu spielen?*

Nun, ich glaube, daß sich zur Zeit unseres Gesprächs in Paris im Juni 1970 alles um das *Concert for Piano and Orchestra* drehte. Zuerst wollten wir nur dieses aufführen; erst später begannen wir uns zu fragen, ob nicht andere Werke nebenher gespielt werden sollten.

War das der einzige Grund?

Mir scheint, daß das der erste Grund war; ich dachte an *Rozart Mix,* weil ich das Erfordernis eines Kontinuums verspürte, das die Fähigkeit besäße, sich selbst über eine beliebige Zeitlänge fortzusetzen. Und ich wollte etwas, das vor Eintritt des Publikums beginnen und sich fortsetzen würde, bis jeder gegangen ist, um die Erfahrung eines Anfangs und eines Endes abzuschaffen. Es schien mir auch praktikabel zu sein, weil Tonbänder ein wenig den Klavieren ähneln – sie sind überall. Wenn ich an ein derartiges Stück gedacht hätte, wie es David Tudor gegenwärtig vorbereitet, wäre alles anders geworden. Und, technisch gesehen, sehr schwierig. Jedoch diese beiden Stücke, *Rozart Mix* und das *Concert,* zusammenzulegen, schien mir gut durchführbar. Auf jeden Fall werden wir auf dem kommenden Konzert in New York die *Song Books* ohne das *Concert* und ohne *Rozart Mix* spielen. Und das wird zu einer ungewohnten Situation beitragen, weil die meisten Solos in den *Song Books* aus einfachen Linienführungen ohne jegliche Begleitung bestehen. Demnach werden Umweltgeräusche in die Musik eindringen können. Sie werden das *Mix* herstellen.*

---

* Die letzten drei Sätze sollten im II.Konditional,in der Vergangenheitsform,gelesen werden.Wie ich schon gesagt habe,hat das,was ich vorausgesehen hatte,nicht stattgefunden.(Cage;Fußnote v. 1972).

Folglich dringen die Werke einerseits in den Raum ein,
sie besetzen ihn, und andererseits dringt Raum "in" die
Werke ein, er sickert in den Körper der Werke selbst.

Und wirklich geht aus der Tatsache, daß die Werke überlagert sind und sich *ihre eigenen* Räume anhäufen, der
Raum hervor. Es gibt nicht nur einen Raum - es gibt einige Räume, und diese Räume haben die Tendenz, sich
untereinander zu vervielfältigen.

Aber läuft diese Wucherung der Räume, dieser Eindruck
von Pluralität, von polyphoner Befreiung, der allein aus
der Lektüre Ihres Concert for Piano *entsteht, nicht Ge-*
fahr, zu verschwinden, sobald Sie zur Homophonie einer
einzelnen Aufführung der Song Books *zurückkehren?*

Ich hoffe nicht. Ich erwähnte, daß es neben dem "geschlossenen" Raum von Cathy Berberian meinen "offenen" Raum geben würde. Das ergibt schon zwei Räume.
Und dann gibt es noch die Umgebungen, die ihren Beitrag entrichten werden. Indem die Räume verschiedener
Werke kombiniert werden, kann uns die Umwelt spontan
alles bieten, was wir künstlich hergestellt haben könnten. /Es gibt immer eine Ökologie, und diese Ökologie ist
lebendig./ Und die Werke, egal wie zahlreich sie sein mögen, können immer mit ihr verschmelzen. Woher ihre Vielfalt kommt.

Lassen Sie mich zu diesem Punkt die Aufnahme von Variations IV *einbringen. Ich weiß, Sie mögen keine Schall-*
platten, aber diese scheint mir von Bedeutung zu sein.
Dem Anschein nach gibt es ein Ratespiel, fast ein Quiz.
Es scheint, daß der Zuhörer aufgefordert wird, sein Ge-
dächtnis zu schärfen; er wird gefragt, ob er Schumann
erkennt, oder Tschaikowski oder diesen und jenen Tan-
go. Und da das alles auf einmal erfolgt, erzeugt es den
Eindruck einer grenzenlosen Klangansammlung. Aber
diese Ökologie ist den Beschränkungen einer Schallplat-
te unterworfen.

Die Schallplatte, über die Sie sprechen ist eine Aufführung von *Variations IV*, die selbst eine Variation von
Variations IV ist. Das ursprüngliche Stück handelte ausschließlich vom Raum. Und es hat nichts mit den Klängen
zu tun, die in diesem Raum vorkommen. Die meisten Klän-

ge auf der Schallplatte fanden in Wirklichkeit außerhalb*
des Raums statt, in dem das zu diesen *Variations IV* ge-
hörende System aufgebaut war. Wenn man das ursprüngliche Werk hört, erscheint es ziemlich ruhig! Warum gibt
dann die Schallplatte das so ungetreu wieder? Weil die
Aufführung sich von einem Raumbereich zum anderen bewegen sollte, reisen sollte, entsprechend dem von den
Interpreten selbst vorbereiteten Aktionsprogramm, indem die Transparente benutzt wurden, um eine Landkar-
te zu kreieren. Eine getreue Wiedergabe würde diese Bewegungen von einem Platz zu einem anderen** miteinbe-
ziehen. Folglich würde sie einen Überhang an Stillen beinhalten. Und sehr wenig Klänge würden dann im Auf-
führungsraum selbst aufgefangen werden. Was mich bei
dieser Aufnahme verblüfft, ist, daß sie sozusagen keine
Stille enthält.

*Aber Sie haben uns gelehrt, daß diese von Ihnen gefor-
derte Stille nirgends und zu keiner Zeit existiert!*

Was ich damit meine, ist, daß die Bedingungen der Räum-
lichkeit des Werkes selbst während des Aufnahmeprozes-
ses nicht beachtet wurden, weil das auch nicht möglich
war. Was wirklich aufgenommen werden sollte, und ich
bedaure wirklich, daß das nicht möglich war, ist die
Grundeigenschaft von *Variations IV:* Klänge, die aus einer gewissen Entfernung kommen, und eine kleine Anzahl von Klängen, die von dort kommen, wo sich das Publikum befand. Mit klar unterschiedener Intensität. Die
Geräusche aus dem Publikum hätten überintensiv erscheinen müssen im Vergleich zu denen, die aus einer größeren Entfernung kamen. Auf der Schallplatte ist alles
gleich , alles ist gleich weit entfernt.

*Wie konnte es trotz Ihrer Absichten zu diesen Verzerrun-
gen kommen?*

Nun, es hat sich so ergeben, daß wir dieses Stück als Begleitung für einen von Merce Cunninghams Tänzen ausgewählt haben. Und im Verlauf einer unserer Tourneen

---

* Nicht außerhalb sondern innerhalb.(J.Cage; Fußnote v. 1980)
** Meistens um das Auditorium herum, selten innerhalb. (J. Cage;
  Fußnote aus dem Jahre 1980.)

sollten wir in einem Theater in Little Rock, Arkansas, spielen. Es war ein schönes modernes Theater mit einem ausgezeichneten Kontrollstudio. Wir konnten das Kontrollstudio benutzen, um Klänge ins Auditorium und in den das Auditorium umgebenden Flur senden. Gut, an diesem Tag verletzte sich David Tudor das Knie, so daß es für ihn schwer war, sich umherzubewegen. Mit dem Ergebnis, daß er im Kontrollraum sitzen blieb und ich mich im Raum umherbewegte. Und er war darüber erfreut, alle Klänge auf einmal in den Saal blenden zu können, unabhängig davon, wie weit sie entfernt waren. Anhand dieses Experiments in Little Rock können Sie sich nun bebesser vorstellen, wie die Aufnahme gemacht wurde. Wir waren in einer kleinen Kunstgalerie in Los Angeles, und wir beide, David und ich, hatten einen separaten Kontrolltisch. All die verschiedenen Klänge, die anfangs aufgrund ihres verschiedenen räumlichen Ursprungs vollkommen unterschiedlich waren, liefen nun, als Aufzeichnungen mit ihrer eigenen besonderen Ebene, in den Kontrollzentren zusammen. Aber es gab für uns keine Möglichkeit, die Entfernungen zwischen den verschiedenen Punkten im Raum, wo jede Klangquelle ihren Ursprung hatte, zu simulieren.

Dann wurde also, dank David Tudor, eines Ihrer Ziele, die gegenseitige Durchdringung von Klangqualitäten, dennoch erreicht?

Keineswegs! Alles, was wir auf dieser Schallplatte erreichten, war eine typische Variation à la Schönberg, bei der bestimmte Dinge verändert waren und andere nicht.

Sie meinen, Sie kehrten zurück zu einem Objekt, einer starren Opposition zwischen Gestalt und Grund?

Der Aufnahme fehlt jedes Gefühl für Tiefe, der Diversifizierung des Raums, die in der Partitur klar angedeutet wird.

Dennoch ist das Resultat von einem rein akustischen Standpunkt aus sehr reizvoll.

Natürlich. Ich denke, wenn man sich die Schallplatte nur als Variation der *Variations IV* anhört, ist sie nicht so schlecht. Überdies ist diese Aufnahme berühmt geworden. Sie fasziniert religiöse Gruppen... Auf der Weltausstellung in Montreal wurde sie kontinuierlich, Tag und Nacht, in einen der Religion im allgemeinen gewidmeten Pavillion übertragen! Es ist eine ideale ökumenische Musik!

Trotz allem bleiben Sie ziemlich streng. Stehen Sie der Max Neuhaus-Version von Fontana Mix, Fontana Mix-Feed, *ebenso kritisch gegenüber?*

Soweit ich weiß, ist das, was Max gemacht hat, der ursprünglichen Partitur viel näher als unsere Variation von *Variations IV*.

Und im Musée d'Art moderne haben Sie die Aufzeichnung von Cartridge Music, *die aus einer Überlagerung von vier Versionen dieses Werkes entstanden ist, mit der Idee gerechtfertigt, daß diese Schallplatte immer noch die Realisation eines hörbaren Ganzen gestatte, das man anders unmöglich herstellen könne.*

Genau. Hier gibt es eine getreue Wiedergabe der Partitur, denn sie fordert Klänge, die zwei Instrumentalisten niemals zur selben Zeit in ein Tonbandgerät eingeben können. In diesem Fall gewinnt die Aufnahme durch die besonderen, vom Tonstudio gestellten Anlagen. Davor, während unserer Tourneen, gaben wir eine Direktaufführung von *Cartridge Music*, indem wir die vier "Stimmen" von der Aufnahme mit unserer live-Version überlagerten.

Dann beziehen sich Ihre Überlagerungen nicht auf ein einzelnes Prinzip, weder auf die Schichtungen desselben Werks, noch die Anhäufung verschiedener Werke?

Nein, es gibt keine Konstante. Meistens hängt es davon ab, was sich gerade zuträgt. Ich verlasse mich auf menschliche Ressourcen und die Techniken, die zur Verfügung stehen.

Als Sie z.B. Ihr großes Orchesterstück Atlas Eclipticalis *mit der* Winter Music *überlagerten, hatten Sie zuerst das Gefühl, daß es keine besondere Korrespondenz zwischen diesen Werken gäbe. Hatten Sie an eine Komplementarität von Klangfarben gedacht? Oder folgten Sie immer noch einem strukturellen Grundprinzip, wie Pierre Mariétan und seine Gruppe, als sie bei der Musik-Wochen-Auf-*

führung fünf Partituren zusammen spielten.

Als ich *Winter Music* schrieb, spielten es David Tudor und ich als Duett ohne elektronische Anlagen. Ich kann mich jetzt nicht erinnern, ob *Atlas Eclipticalis* eine spezifische Andeutung auf *Winter Music* enthält. Es ist möglich... Ja, ich glaube, daß das der Fall ist. Demnach hatte ich am Anfang die Möglichkeit einer Kombination dieser Werke in Betracht gezogen. Aber Sie sehen, sobald ich vorgeschlagen hatte, daß jede dieser Partituren bei Gelegenheit mit einer anderen gespielt werden könnte, fanden es die Leute wunderbar; und sie sind immer noch erfreut, wenn irgendein Stück mit irgendeinem anderen Stück kombiniert wird. Und vor kurzem war Petr Kotik, ein junger tschechischer Komponist, der in Buffalo arbeitet, daran interessiert, die *Song Books* aufzuführen; er wollte wissen, ob überhaupt jede Musik dazu passe. Bevor ich überhaupt Zeit hatte, ihm zu antworten, fügte er hinzu: "Ich spreche nicht von Ihrer Musik, sondern über die anderer Leute." Also sagte ich Ja. Weil das natürlich völlig in Richtung des Zirkus geht. Das bedeutet ebenfalls, daß ich jeden Anspruch auf Struktur aufgegeben habe. Oder jegliche Illusion hinsichtlich der Korrespondenzen, die Sie erwähnten und die nur innerhalb einer "Meßbarkeit" existiert - Messen - Zeitkonzeption... oder Struktur.

Christian Wolff hat in einem Text über Sie geschrieben, daß, selbst wenn Ihre Werke äußerst "ausgeweitet" sind, d.h. so "offen" wie möglich, es immer noch Werke sind. Sie bestehen fort, und sei es nur als reine Transparente.

Das ist sicherlich wahr. Ich bilde mir ein, Prozesse zu komponieren und am Ende habe ich Objekte. Tatsächlich, wenn meine Werke überlagert werden, wenn sie "ausgestattet" werden oder sich gegenseitig ausfüllen, behalten sie dennoch ihre Individualität - zumindest für mich.

Das ist nicht alles, was Christian Wolff zu sagen versucht. Er schlägt vor, daß Sie ein Schöpfer bleiben, was auch immer Sie in Ihre Werke einführen. Sie befürworten den Zufall, aber Sie sind derjenige, der bestimmt, was der Zufall ins akustische Universum entläßt. Sie belassen es sicher nicht so, wie es ist. Sie zähmen es auf Ihre Art und Weise.

Was jedoch viel interessanter ist, ist, daß die ehemals von mir komponierte Musik, von der ich niemals annahm, sie wäre mehr als ein Objekt oder eine Sammlung von Objekten, künftig sehr leicht in Prozesse integriert werden kann.

Wie eine ansteckende Eigenschaft, die sich von den Prozeß-Werken auf die Objekt-Werke ausbreitet.

Ja, künftig werden wir uns Objekt-Werke anders anhören. Wir werden Beethoven in einer neuen Art und Weise hören. Es ist eigenartig, daß soetwas passieren kann. Früher hätte mich das erschreckt.

Haben Sie jemals die umgekehrte Bewegung festgestellt – die Vergegenständlichung von Prozessen?

Ich kann Ihnen von einer Erfahrung erzählen, die ich im letzten Frühjahr in New York gemacht habe. Es war während eines Konzerts für vier Klaviere im Whitney Museum. Das Programm wurde von Morton Feldman vorbereitet und enthielt Musik von Christian Wolff, Earle Brown und von mir. Die ausgezeichneten Musiker waren - glaube ich - alle Komponisten und nicht nur Pianisten. Also ging ich ins Konzert; offenbar kam man bei dieser so gut vorbereiteten und präsentierten Musik nicht umhin, sich exstatisch zu fühlen. Gut, außer meinem immer noch starken Interesse an der Musik von Christian Wolff, fand ich den ganzen Abend fast unerträglich. Lag es an mir? Wie dem auch sei, diese Reihe aufeinanderfolgender Stükke, denen wir einfach aufgrund des Programms unsere Aufmerksamkeit schenken mußten, hat mich derartig gelangweilt, daß ich mir an Ort und Stelle schwor, nie wieder in ein Konzert zu gehen. Und man bedenke nur, daß ich vor ein paar Jahren die Schöpfung und das Hören besonders dieser Musik so aufregend gefunden hatte! Und nun ähnelte sie Kirchenmusik...

Aber Sie haben einst erwähnt, daß Partituren wie **Winter Music**, *sobald Sie sie spielten und trotz längerer Stille-Intervalle, zu Melodien wurden. Gegen Ihre Absichten wurden sie zu Objekten komprimiert.*

Das ist richtig; überdies habe ich diese Beobachtung Christian Wolff zu verdanken.

Und Sie sagten, Sie wären sich der entgegenlaufenden Entwicklung nicht weniger bewußt? Wie wird ein Objekt-Werk zu einem Prozeß-Werk?

Lassen Sie mich Ihnen über eine andere Erfahrung erzählen. In Palermo, wo vor nicht allzulanger Zeit dieselbe *Winter Music* unter ebenso außergewöhnlichen Bedingungen wie im Whitney Museum gespielt wurde, aber mit der Unterstützung von Paul Ketoff und seinen elektronischen Anlagen – was beim Whitney-Museum-Konzert nicht der Fall war – wurde das Werk plötzlich wieder lebendig. In anderen Worten, im Gegensatz zu dem, was Virgil Thomson in einem Artikel behauptet, denke ich, daß wir mit Hilfe und durch die Elektronik die Kirche verlassen haben und ins Leben getaucht sind.

Ja, aber es gibt verschiedene Arten der Elektronik. Die meisten der in den Studios produzierten elektronischen Werke sind sicherlich nicht mehr als Objekte; das Gleiche gilt für viele Computer-Musik. Andererseits hat elektronische Musik live ihre eigene Faszination. Vielleicht liegt eine Erklärung dieses Phänomens in der Tatsache, daß elektronische Klänge live vor einem Publikum manipuliert werden und daß sie ein bestimmtes Gleichgewicht von Ursache und Wirkung zwischen dem Instrumentalisten und dem resultierenden Klang herbeiführen. Was uns bei gewöhnlicher elektronischer Musik stören würde, wäre das Tonband. Die Entmenschlichung! Was denken Sie darüber?

Ich denke, daß live Klänge eine verschiedene Qualität besitzen und daß sie größere Extreme von Sanftheit und Lautsärke erreichen. Sie haben eine Präsenz, und diese Präsenz ist intakt, während konventionelle elektronische Klänge aus den Studios der "Experimental"-Musik notwendigerweise komprimiert sind. Es liegt in ihrer Natur, daß sie einem nur eine etwas schwierigere Form von Muzak bieten.

Was verstehen Sie unter Muzak?

Musik für Fabrikarbeiter oder für Hühner, um sie zum Eierlegen zu zwingen. Die vermischte Musik, die von den meisten Radiosendern den ganzen Tag über gespielt wird.

Ihr eigener Gebrauch der elektronischen Musik live steht

in keiner Verbindung zu dem, was technisch als "high-
fidelity" bezeichnet wird. Alles ändert sich, wenn man
sich darüber hinausbewegt...

Ja, man hat die Freiheit, das zu akzeptieren, was statt-
findet, ohne sich darüber zu sorgen, wobei man darauf
verzichtet, die Welt der Klänge zu kontrollieren. Man ist
nicht länger durch eine minimale Verzerrung tödlich ge-
quält.

Und tatsächlich sind Verzerrungen erwünscht, wenn ich
das an David Tudors und Max Neuhaus' Gebrauch des
feedback beurteilen kann.

Heutzutage führt elektronische Musik live zu Überraschungen. Wenn man Instrumentalklänge live mit aufgenommenen elektronischen Klängen mischt, wie ich es
manchmal getan habe, geht dieser Überraschungseffekt
verloren.

Vorausgesetzt, man kompliziert das Sytem, wie bei Rozart
Mix?

Aber dann muß man sehr nah an der Verteilung der Klänge arbeiten. Man kann nicht mit gekreuzten Armen sitzen-
bleiben und sie sich abspulen lassen, wenn es nur ein
Tonband gibt. Man muß viele von ihnen in Gang bringen
und dann Veränderungen in das Geschehen einführen.
/Das ist der geringste Aufwand, um der Linearität zu entfliehen./ Was zählt ist, daß der Klang gleichzeitig transformiert und wiederhergestellt wird, aber auf eine Weise,
daß er nicht wiederzuerkennen ist. Er wird wiedergeboren. Es ist ewige Wiedergeburt oder Reinkarnation. Es
ist Leben. Die Zeit ist mit den Klängen und in jedem von
ihnen. Sie entsteht mit jedem Ton. Und das geht weiter
und weiter.

FÜNFTES GESPRÄCH

HPSCHD: Eine Zusammenarbeit mit Lejaren Hiller
Die Schwierigkeiten des Programmierens
Mozart komputerisiert
Cheap Imitation
Über das *Concert for Piano and Orchestra:* ein Zusammenbringen von Differenzen
Die Zirkus-Situation
Über Xenakis
Offenheit
Zufälligkeit
Gespräch und Kommunikation
Über La Monte Young und Feldman: Musik-Objekte
Das Rätsel des Prozesses
Musikalisierung der Sprache
Über Terry Riley
Zum Lob Christian Wolffs
Über konzeptuelle Kunst
Die Unmöglichkeit, Erfahrung abzuschaffen
Das Paradox von *Vexations*
Verweis auf Wittgenstein

*Hat elektronische Musik live Ihrer Meinung nach irgend-
eine Zukunft, und wenn ja, welche?*

Wir sind voller Widersprüche. Obwohl ich über den Bedarf elektronischer Klänge gesprochen habe, habe ich
im letzten und in diesem Jahr immer noch an einem "normalen" Orchesterwerk gearbeitet.*

*HPSCHD benutzte beides, verstärkte Cembali und Ton-
bandgeräte. Sehen Sie darin keinen Widerspruch?*

So viele Dinge passen zusammen! Aber das Wichtigste an
HPSCHD ist die Verwendung des Computers.

Bedurfte dieses Werk vieler Programmierung?

Als ich von Lejaren Hiller die Einladung erhielt, an der
Universität von Illinois mit Computern zu arbeiten, sagte ich sofort zu. Ich hätte nie versucht, mit einem Computer allein fertig zu werden, aber als man mir einen zur
Benutzung anbot, war ich wirklich daran interessiert,
was ich aus ihm herausholen könnte. Aber gleichzeitig
hatte ich den starken Wunsch, etwas mit ihm zu machen.
Hiller bat mich, während meines einjährigen Aufenthalts
an der Universität von Illinois die Fertigstellung zweier
Werke zu planen. Damals entwarf ich das Gerüst für
HPSCHD, unter Einbeziehung von zweiundfünfzig Tonbändern und all den Unterteilungen einer Oktave von
fünf bis zu sechsundfünfzig Tönen. Ich entschied mich
dafür, weil sie mit dem Computer ziemlich leicht herzustellen
waren, wohingegen sie ohne einen Computer sehr schwer
zu erzielen gewesen wären; was die sieben Soli anbetrifft,
hatte ich zuerst nicht daran gedacht.** Sie setzen eine
Unterteilung der Oktave in zwölf Halbtönen voraus und
eigneten sich zu einer live-Aufführung. So wurde das
gemacht.

---

* Die Orchestrierung von *Cheap Imitation*, fertiggestellt im Jahr 1972.
  (John Cage; Fußnote aus dem Jahr 1972.)
**Da das Werk von Antoinette Vischer in Auftrag gegeben wurde,
  hatte ich nur ein Solo für das Cembalo geplant. Es war Hiller, von
  dem die Idee der sieben Soli stammte, und die Entscheidung, die
  anderen sechs hinzuzufügen, resultierte erst aus einem Gespräch
  mit ihm.(John Cage; Fußnote aus dem Jahr 1972.)

Und was sollte die zweite Partitur sein?

Die *Ten Thunderclaps* aus *Finnegans Wake* – die Transformation eines live-Orchesters und -Chors in einen echten Orkan.

Das Werk wurde nicht fertiggestellt?

Ich habe immer wieder daran gedacht und werde es wohl tun. All die Details, die die Organisierung von *HPSCHD* betrafen, haben soviel Zeit in Anspruch genommen, daß ich dem nicht nur ein, sondern zwei Jahre widmen mußte. Wir verbrachten das erste Jahr damit, den Computer zu programmieren. Zuerst sollte ich einen Assistenten bekommen, der meinen Instruktionen gemäß programmieren sollte. Aber dieser Assistent ist nie aufgetaucht, und endlich hat Lejaren Hiller selber freiwillig die Aufgabe des Programmierens übernommen. Da er ein Komponist ist, habe ich vorgeschlagen, daß dieses Werk unser beider Namen tragen sollte. Und er war einverstanden.

Dann ist HPSCHD *Ihr gemeinsames Werk?*

Ich habe es immer gemocht, in einem Team zu arbeiten. Es ist eine Arbeitsweise, die an den Weg des Zufalls gewöhnt und die Gewohnheiten des Ego notwendigerweise abschafft. Je mehr Egos man hat, desto eher besteht die Möglichkeit, das Ego überhaupt zu beseitigen. Wir haben in vollkommener Harmonie zusammengearbeitet.

Aber es hat dennoch ein Jahr gedauert, bis das Programmieren abgeschlossen war...

Und sogar am Ende eines Jahres hatten wir nicht so viel geschafft, wie wir hofften. Klar, die Musik, die wir uns vorstellen können, überschreitet bei weitem alles, was wir programmieren können. Wenn wir genau das produziert hätten, was wir planten, hätten wir ebenso gut noch das zweite Jahr dafür verwenden können! Es ist schwierig, simultane Ereignisse zu synchronisieren.

Warum?

Wir hatten die von Max Matthews bei Bell Telephone aufgestellten Computer-Musikprogramme studiert, und wir erkannten, daß der Ton eines Cembalo einen sehr kurzen Anschlag hatte, gefolgt von einem Tonabfall, der durch eine Kurve gekennzeichnet wurde. Folglich versuchten wir ein Zusammentreffen zwischen diesem Tonabfall und einem zweiten Anschlag von geringerer Intensität zu programmieren, gefolgt von einem schwächeren zweiten Tonabfall, der mit seiner eigenen Verlaufskurve verschlungen war. Wir erkannten, daß es schwierig würde, die zweite Kurve zu produzieren. In den extremsten Fällen konnten wir sie ignorieren. Aber wir konnten nicht die auf den ersten Anschlag folgende Kurve ignorieren. Also begannen wir die Synchronisierung der beiden Anschläge noch einmal zu programmieren. Dies entsprach dem Zupfen der Saiten, indem man sie abklingen läßt und während dieses Abklingens sie wieder anschlägt. Nun, es war uns unmöglich, den Computer diese beiden Tätigkeiten übereinstimmend koordinieren zu lassen. Dafür hätten wir nicht nur eine beträchtliche Menge Zeit investieren müssen, es wäre auch sehr teuer geworden. Und wir hatten schon viel investiert. Folglich entschieden wir, auf den zweiten Anschlag zu verzichten. Wir mußten uns mit der einfachen Kurve des ersten Abklangs zufriedengeben. Wir übertrugen sie auf eine der *I Ging*-Tabellen und programmierten das *I Ging* selbst. Aber die Kurve paßte nur in einen Teil der Tabelle, und als das *I Ging* andere Zahlen in anderen Teilen dieser Tabelle lieferte, mußten wir sie außerachtlassen. Andererseits hätte irgendeine am untersten Teil des Diagramms erscheinende Zahl die Variationen beeinflussen können. So konnten wir uns mit verschiedenen Versionen ein und desselben Anschlags begnügen. Das war interessant. Das brachte uns auf die Idee, Ornamente zu erfinden, die die verbundenen Klänge verbessern würden. Wir taten alles mögliche, sie zu programmieren, aber die Anstrengung war umsonst. Die mit diesen Vorprogrammen kombinierten Programme zur Kontrolle der Klangproduktion auf wirklichen Tonbändern überschritt die Kapazitäten des Computers. Da mußten wir wiederum unsere Pläne fallenlassen. Alles in allem konnten wir nur ein paar Zufallsoperationen integrieren – viel weniger, als man glauben würde. Andererseits erzielten wir eine höhere Komplexitätsebene, als sie jemals erreicht wurde. Ich bezweifele, daß irgendjemand jemals das Resultat von 52 verschiedenen Unterteilungen einer Oktave simultan gehört hat.

*Und inwiefern wurde diese Arbeit durch Mozart moti-
viert?*

Kennen Sie von Mozart *Eine Anleitung "Walzer oder
Schleifer mit zwei Würfeln zu componieren"* ? Eines der
Cembalo-Soli in *HPSCHD* ist eine Computer-Interpretation
eines Walzers, wie ihn sich Mozart vorstellte. Wir stellten ihn fertig und überarbeiteten ihn dann, indem wir
die von Mozart verwendeten Zeitmaße mit anderen aus
seinen *Klaviersonaten* austauschen; sie wurden ersatz-
weise für den Walzer verwendet. Wir hatten zweihändi-
ge Musik - wir trennten die Hände und machten aus jeder
einzelnen ein verschiedenes Computerprogramm. Die rechte Hand verwendete bestimmte *Sonaten*, die linke andere.
Stück für Stück verschwand der *Walzer* und wurde nach
und nach durch die *Sonaten* ersetzt. Als nächstes erweiterten wir dieses Prinzip auf die gesamte Musikgeschichte, von der Zeit Mozarts bis zu der Hillers und meiner.
Wir wählten Komponisten hinsichtlich ihres "Stellenwerts",
den jeder in der Musikgeschichte einnahm, indem wir mit
mehr oder weniger gleichen historischen Intervallen arbeiteten. Es sind in der Reihenfolge: Mozart, Beethoven,
Schumann und Chopin, Gottschalk, Busoni, Schönberg,
Hiller und Cage. Wir haben das für beide Hände zusammen und für jede Hand einzeln durchgeführt.

*Bis zu welchem Grad haben Sie sich auf den Computer
umgestellt? Ist er nun für die Erarbeitung Ihrer Werke
unerläßlich geworden?*

Ich gebrauche ihn nur, wenn er mir zur Verfügung steht.
Ich habe zuvor nicht so viele Zahlen verwendet. Tatsächlich habe ich erst seit meiner Arbeit an *HPSCHD* angefangen, das *I Ging* im viel größeren Maßstab zu verwenden. Ich werfe die Münzen nicht mehr selbst - das *I Ging*
ist "computerisiert" worden. Ich kann mir jetzt vorstellen, mit einer großen Anzahl von Hexagrammen auf einmal zu arbeiten. In der Vergangenheit habe ich manchmal Zahlen benötigt, aber meine Projekte waren weniger
anspruchsvoll. Als ich für die Komposition von *Atlas
Eclipticalis* Münzen werfen mußte, war ich auf den guten
Willen der Tänzer der Merce Cunningham Company angewiesen, und ich bezahlte sie für ihre Arbeit. Mit dem
Computer ist das nicht mehr nötig.

Was denken Sie über den Gebrauch von Computern, um Klänge zu synthetisieren?

Sie meinen, um Klänge herzustellen? Das ist Matthews' Position. Hiller hatte diese Idee, elaborierte Programme zu benutzen, damit der Computer neue Klänge erfinden kann, die ansonsten unmöglich herzustellen wären. An der Universität von Illinois arbeiten sie bereits daran. Der Anschlag kann sich auf einen Klang beschränken, dann kann er, während er sich fortsetzt, den Charakter eines vollkommen anderen Klangs annehmen. Klangsynthese ist heutzutage möglich geworden.

Waren Sie nicht versucht, derartige Experimente bei Ihren allerneuesten Werken wie Cheap Imitation, *das Sie gegenwärtig orchestrieren, anzuwenden?*

Nein, ich habe nicht daran gedacht, vielleicht weil diese Komposition direkt von Satie inspiriert wurde. Ich mag Saties *Socrate* so sehr, daß es mich wahrscheinlich innerhalb eines konventionellen Musikrahmens beläßt.

Dann ist Cheap Imitation *eine Ausnahme in Ihren Produktionen; wird es ein "klassisches" Werk sein?*

Ganz bestimmt nicht! Es mag einige ziemlich befremdliche Klänge enthalten... Sie sind wahrscheinlich nicht allzuweit von den Klängen entfernt, die wir durch den Computer zu erhalten hoffen. Ich habe die Instrumente katalogisiert, denen es möglich ist, jeden Klaviersatz in *Cheap Imitation* problemlos zu spielen. Sowie jeder Satz sein Instrumentenverzeichnis hatte, befrage ich das *I Ging*, wieviele von ihnen spielen sollten. Obwohl es vielleicht vierzehn gibt, die spielen können, mag mir das *I Ging* sagen, nur sechs zu benutzen. Ich befrage noch einmal das *I Ging*: Welche sechs der anfänglich vierzehn Instrumente sollen spielen? Wieviele Noten und welche Noten des Satzes werden sie spielen? Und wie? Sollten sie jede Note bis zur nächsten halten, sie kürzen oder ihr ihre eigene Länge geben? usw.

Welche Art akustischer Resultate wird das nach Ihrer Meinung erzeugen?

Das Werk wird sehr ungewöhnlich sein, da es sich von einer reichen Klangfülle zu einer schwachen zu bewegen

hat. Mit dem Gefühl einer beständig wechselnden Klangfarbe. Es wird wie eine Kontra-Alt-Melodie sein, die Kon-
sistenz und Homogeneität besitzt; es wird sich anhören,
als ob die Melodien falsch verliefen. Es wird etwas, was
ich mir sehr gerne anhören werde.

Sie sagten, der Computer neutralisiere in **HPSCHD** *den
Zufall. Ist der Zufall wirklich für* **Cheap** Imitation *verantwortlich?*

Ich habe nur ein Element "frei" belassen: die Tonlage,
in der der Klang erscheint. Ich habe nicht die Wahl der
Tonlage durch Zufallsoperationen kontrolliert.

Haben Sie sie nach der Klangfarbe ausgewählt?

Nein, denn das Werk wurde anfangs für das Klavier geschrieben; aber ich wählte das Klavier, bevor ich genau
beschlossen hatte, was es werden sollte: Ich habe viele
Versuchsläufe mit dem *I Ging* durchgeführt, um die Art
und Weise, in der ich komponieren würde, zu determinieren. Für die erste Seite, sagen wir mal, habe ich einige
Möglichkeiten. Dann wähle ich eine, mit der fortzufahren
ist. Es ist wie die Entdeckung eines Computerprogramms;
habe ich jedoch einmal ein Programm gefunden, lasse ich
es laufen.

Das erinnert mich an das **Solo for Piano** *in Ihrem* **Concert
for Piano and Orchestra***; Sie verwenden vierundachtzig
dieser "Kompositionsmethoden", die eine große Anzahl
unterschiedlicher Notationssysteme zulassen. Haben Sie
im* **Solo** *nicht ein System in diese Notationen eingeführt,
eine Verbindung zwischen einem System und einem anderen?*

Ich fragte mich,ob ich eine Kompositionsmethode wiederholen sollte, die ich schon verwendet hatte, ob ich das,was
ich schon gemacht hatte, variieren sollte, oder ob ich
schließlich etwas Neues schaffen sollte. Jeder Möglichkeit
teilte ich einen Buchstaben zu. Ein zweiter Buchstabe
diente dafür, wenn es eine variierte Repetition eines
schon elaborierten Kompositionstyps gab. Die verschiedenen Buchstaben standen für Variationen und Innovatio-
nen. Nur Wiederholungen behielten die gleichen Buchstaben. Und sie waren weiter nichts als Wiederholungen von
Kompositionsmethoden, keine Repetitionen der Musik selbst.

Dann war es keine Frage echter Repetition.

Nein, Schönberg hätte sie Variationen genannt.

In Cheap Imitation *haben Sie nicht die Wahl der Tonlagen mittels der* Zufallsoperationen *kontrolliert. Beinhaltet für Sie Zufall Indeterminiertheit wie auch Determiniertheit? Ist er ein Mittel der Kontrolle?*

Ja, und ich glaube, daß wir nicht alles dem Zufall überlassen sollten.

Würden dann die Notationen im Solo *des* Concert *auf eine Ablehnung des Zufalls hindeuten?*

Eine Ablehnung der Determiniertheit durch den Zufall. Ich benutze das gleiche Prinzip in den *Song Books*, um herauszufinden, ob sich besondere Soli auf das "Thema" des Werks beziehen oder nicht, ob ich schon bestimmten Kompositionsmethoden hätte folgen sollen oder nicht,ob der nächste Teil eine Variation oder eine Innovation sein sollte. Eine bestimmte Verwandtschaft besteht zwischen den *Song Books* und dem *Solo* des *Concert for Piano and Orchestra*.

Obwohl diese Musik immer noch indeterminiert ist, ist sie weniger dem Zufall unterworfen als Ihre früheren, anhand von Unvollkommenheiten im Papier, komponierten Werke – Werke, die ein strenges Ergebnis des Zufalls waren?

Unvollkommenheiten im Papier? Sie sind mit meiner Verwendung von Schablonen (templates) zu vergleichen.

Wie wäre dieser Begriff ins Französische zu übersetzen? Mit "Vorlage" oder "Modul" oder "Durchpausen"?

Man könnte auch "Pattern" oder "Diagramm" sagen. Wenn ich ein Blatt Papier nehme und ein paar Löcher hineinmache, wird es zur Schablone. Ich kann es auf ein anderes Blatt Papier legen und durch die Löcher malen. Derartig habe ich meine *Music for Carillon No. 1* komponiert. Ich benutzte gefaltete Papierstücke mit Löchern,und diese führten mich zu den Tonhöhen.

Führt Ihr Gebrauch von Schablonen zu einem Resultat, das sich von dem, das durch die Verwendung von Tabel-

*len erzielt wird, stark unterscheidet? Wir haben schon
über die Tabellen, die Diagramme im Hinblick auf Ihr*
Concerto for Prepared Piano and Chamber Orchestra *gesprochen. Hat es in Ihrer Handhabung des Zufalls irgendeine Entwicklung gegeben?*

Wenn man eine Schablone benutzt, kann man sie immer
wieder, so oft man will, benutzen, selbst auf der Basis
von Zufallsoperationen. Die Möglichkeit, etwas immer wieder benutzen zu können, erinnert an die Wiederholung
von Leitmotiven. Der kompositorische Gebrauch von Tabellen, wie in *Music of Changes*, kann jedoch derartige
Variationen oder Modifikationen schwerlich dulden. Später, als ich *Music for Carillon Nr. 4* schrieb, benutze ich
Sternkarten, wie ich es schon bei *Atlas Eclipticalis* getan
hatte. Demnach kann man sagen, daß mir die Sterne als
Schablonen dienten. Aber ich benutzte die Zufallsoperationen, um zu vermeiden, daß die Seite am gleichen Punkt
angelegt wird. Folglich konnte die Schablone nicht länger als Grundlage für Wiederholung dienen. Es gibt bei
diesen Arbeitsmethoden tatsächlich einen Fortschritt.Sie
bewegen sich von der Möglichkeit der Wiederholung zur
Unwahrscheinlichkeit jedweder Wiederholung.

Stecken Sie nicht damit ein **Continuum** *à la Stockhausen
ab?*

/Es könnte eins sein, wenn ich all diese Eventualitäten
auf einmal und in einem einzigen Werk benutzte. Aber
ich habe sie immer eine nach der anderen angewendet./

*Ist es möglich, eine Parallele zwischen dieser Evolution
von der Wiederholung zur Nicht-Wiederholung und der
fortschreitenden Abschaffung aller Expressivität in Ihrer Musik zu ziehen? Haben Sie den Eindruck, daß es in
Ihren neueren Werken immer noch Ruhe, Heroismus,Zorn
usw. gibt? Oder sind diese Emotionen vollkommen und
endgültig verschwunden?*

Mir scheint, daß diese Emotionen nicht mehr in meinen
Werken entdeckt werden können, sondern bei den Leuten,
die ihnen zuhören. Sie haben ihren Ort gewechselt. Emotionen verspüre ich, wenn ich zuhöre.

*Obwohl Sie wissen, daß das Werk nicht länger einen Vor-
wand zu diesen Emotionen liefert?*

In meiner neuesten Musik hatte ich die Absicht zu vermeiden, daß jemand genötigt wird, auf ganz bestimmte Weise zu empfinden. Emotionen existieren in jedem von uns, nicht in den Dingen außerhalb. Oder wenn es tatsächlich immer noch, wie in den *Song Books*, einige Elemente, die man "expressiv" nennen könnte, gibt, sollten sie in eine Zirkus-Situation gestellt werden. Der Ausdruck einer Emotion mag durchaus einem Objekt ähneln; wenn er jedoch in einer Zirkus-Situation auftaucht, kann er nicht länger die Natur des Prozesses ändern.

Was verstehen Sie unter einer "Zirkus-Situation"?

Der Prozeß öffnet sich, um Dinge einzubeziehen, die keine emotionalen Eigenschaften besitzen, aber ebenso, um Objekte wiedereinzubeziehen, die durch Bedeutung und Zweck belastet sind. Diese Objekte werden innerhalb des Prozesses mitgetragen, sie dominieren ihn aber nicht mehr und verwandeln ihn nicht in ein Objekt. In den *Song Books* gibt es z.B. den Refrain eines anarchistischen Lieds, das die Worte Thoreaus aufgreift: "Die beste Regierungsform ist überhaupt keine Regierung." Gut, wir werden diese Art Regierung, d.h. überhaupt keine Regierung haben, wenn wir bereit sind, es zu akzeptieren. Wenn man es hört, ist es praktisch ein populäres Lied, so populär wie ein Slogan oder eine Fahne. Aber es kann in diese erweiterte Situation Eingang finden, ohne den Charakter der Situation zu ändern.

Wenn ich Sie richtig verstehe, befördern die Song Books *unter anderen Objekten ihren eigenen Einwand - nämlich, daß Objekte nicht länger existieren können. Dann gibt es endlich keine Gefühle mehr.*

Stellen wir uns eine Straße mit vielen Leuten vor. Wir können voraussetzen, daß jedes Individuum emotionalen Stress verspürt. Aber die Situation als ganze kann ausserhalb der Betrachtung jedes Individuums gesehen oder erfahren werden.

Wenn ich Ihre Position mit der von Xenakis vergleiche, bemerke ich, daß sie fast den gleichen Ausgangspunkt haben. Xenakis benutzt, im graphischen Sinne des Begriffs, Wahrscheinlichkeitsformeln, um die Bewegung einer Menschenmasse oder das Schlagen des Hagels gegen eine Fensterscheibe zu beschreiben und von seiner Musik beschreiben zu lassen. Aber er kontrolliert diese Bewegungen, indem er sie in einem Gesetz zusammenfaßt, das die Richtung der allgemeinen statistischen Tendenz kontrolliert. Sie selbst versuchen nicht, diese Bewegungen zu kontrollieren oder deren Richtung zu bestimmen.

Ich vertraue auf die Fähigkeit, irgendetwas entstehen zu sehen. Unabhängig davon, was es ist, d.h. alles, und nicht diese oder jene besondere Sache. Das Problem ist, daß etwas geschieht. Aber das Gesetz, das dieses etwas beherrscht, ist *noch nicht* vorhanden. Nun, wenn es eine Tendenz gäbe, die die Erscheinung einer besonderen Sache im Gegensatz zu einer anderen kontrolliert, dann wäre diese Tendenz selber – als eine statistische Tendenz – nicht unbeweglich. Sie wäre kein Gesetz. Sie befände sich in einem Stadium der Mutation, das es verbieten würde, sie als Gesetz zu bezeichnen. Wenn man in diesem Stadium der Mutation ist, befindet man sich im Wandel und taucht in den Prozeß ein. Wenn man sich hingegen auf Statistik einläßt, wendet man sich wieder der Objekt-Welt zu, und das Vorhandensein von Gefühlen, die mit diesen Objekten verbunden sind, kann uns von neuem einen Zwang auferlegen.

Unbestimmtheit, wie Sie sie verstehen, würde dann nicht im Gegensatz *zu dem stehen, was die Physiker darunter verstehen. Ihre Musik steht nicht im* Gegensatz *zu der Musik von Xenakis! Sie liegt davor; sie beschreibt deren Bedingung der Möglichkeit.*

Ja, ich glaube, was ich suche, ist das Öffnen von allem, was möglich ist und für alles was möglich ist.

Eher Eventualität, Zufälligkeit *als* Zufall.

Zufall, wie ich ihn benutze, ist weder etwas, das ich kontrollieren muß, noch, das mich kontrollieren muß. Es ist nicht der Zufall eines Physikers. Aber das heißt nicht, daß es den Zufall des Physikers nicht geben sollte.

Und dann ist es eine Art von Zufall, die mich in Ruhe läßt oder mich befreit. Unter anderem frei, meine eigenen Emotionen zu fühlen – fast zu wählen. Ich kann jetzt besser verstehen, was Sie über den Stress sagten und über den Wechsel der Tonlage, den Ihre Musik mit sich bringt, wenn sie sich der Unbestimmtheit zuwendet. In einer "Zirkus-Situation" wird jeder für seine eigenen Gefühle verantwortlich. Bis dahin war er nur Zeuge dessen; die Gefühle sind aber die eines jeden Subjekts, jedes Individuums. Das ist nicht so schlimm, als wenn man mit den Gefühlen einer Menschenmasse zu tun hätte.

Sagen Sie es positiv. Zwei Leute haben verschiedene Gefühle, und das erlaubt ihnen, miteinander zu sprechen.

Nicht-Wiederholung – das ist die Differenz, die den Dialog ermöglicht.

Ja. Und manchmal, wenn ich rede, hinterlasse ich den Eindruck, daß ich gegen Emotionen bin. Wogegen ich jedoch bin, ist die Pflicht, Gefühle zu haben.

Demnach wären die Menschen in Ihrer idealen Gesellschaft einander nahe, aber ohne miteinander zu kommunizieren...

Sie würden nicht kommunizieren, sondern sie würden reden, sie würden Dialoge führen. Ich ziehe den Begriff eines Dialogs, einer *Konversation* dem Begriff der Kommunikation vor. Kommunikation setzt voraus, daß jemand etwas, einen Gegenstand, zu kommunizieren hat. Das Gespräch, woran ich denke, wäre kein Gespräch, das sich auf Objekte konzentrieren würde. Kommunizieren verpflichtet immer zu etwas: zu einem Diskurs über Objekte, einer Wahrheit, einem Gefühl. Während eine Unterhaltung sich nichts aufbürdet.

Aber wenn nichts vorgeschrieben ist, können wir überhaupt alles sagen...

Es ist dieses "überhaupt alles", das uns Zugang zu dem gewährt, was ich *Offenheit* nenne. Zu dem Prozeß. Zur Zirkus-Situation. In dieser Situation tauchen die Objekte auf. Aber die Tatsache, daß es sich um eine Unterhaltung und nicht um Kommunikation handelt, bedeutet, daß wir davon abgebracht werden, *über* sie zu sprechen. Was zur Sprache kommt, ist nicht dieses oder jenes Objekt. Es ist die Zirkus-Situation! Es ist der Prozeß.

Und, Ihrer Meinung nach sind wir in dieser Situation

oder diesem Prozeß. Wonach man sich sehnt, hat man im Grunde schon.

Wir besitzen nie etwas außer Objekten. Es geht hier nicht darum, überhaupt etwas zu besitzen. Aber es ist wahr, daß wir uns im Prozeß befinden. Wir haben es nur vergessen.

Muß die Rückbesinnung auf diese Situation notwendigerweise die Gestalt der Anarchie annehmen, einer Auflösung aller Prinzipien und Regierungen?

Prinzipien und Regierungen werden durch die Vergeßlichkeit begünstigt. Sie sind an sich Vergeßlichkeit. Sie lenken uns von dem ab, was ist.

Als wir während eines früheren Interviews über Logik sprachen, sagten Sie, daß man sie vergessen sollte.

Logik, Organisation, Regierung sollte man alle vergessen, insofern sie dadurch entstehen, daß sie uns das Wesentliche vergessen machen!

Und es ist nicht nur Ihre Musik, es ist Ihr eigenes Leben, das Sie dem Wesentlichen und seiner Erinnerung widmen möchten. Oder tatsächlich dem Vergessen dessen, was uns vergeßlich macht.

Deshalb versuche ich, meine Musik meinem Leben anzugleichen. Auf daß es frei sei und ohne Ziel! D.h. ohne Objekt.

Die jungen Musiker, die behaupten, von Ihrem Beispiel inspiriert zu sein – ich denke an La Monte Young –, scheinen mir nicht Ihrem Beispiel bis zum Schluß gefolgt zu sein. Repräsentiert nicht La Monte Youngs Musik eine Rückkehr zur Harmonie? Widerspricht das nicht der Faszination, die Sie andererseits für ihn empfinden. Wie ist das möglich? Und was halten Sie davon?

Die äußerste Sorgfalt, die La Monte Young für mikrotonale Relationen aufbringt, und die Aufmerksamkeit, die er seinen Hörern abverlangt, unterscheidet sich tatsächlich in jeder Hinsicht von der Einstellung, die ich bei der Herstellung meiner Musik habe. Mein Wunsch ist, die Wahrnehmungsvermögen offen zu lassen; er möchte sie konzentrieren.

Ist das im Verhältnis zu Ihnen nicht ein konventioneller Standpunkt?

Man könnte seine Musik auch als konstruktiv betrachten, weil er durch die Konzentrierung der Aufmerksamkeit hofft, in den Hörern Ruhe herzustellen. Ich hingegen setze voraus, daß diese Ruhe existiert. Und daß wir, sozusagen, die Schule verlassen haben. Daß wir damit beschäftigt sind, zu leben, und daß unsere Grundausbildung schon abgeschlossen ist. Deshalb konstruiere ich nichts.

Haben Sie nicht vor einigen Jahren eine ähnliche Bemerkung über Feldman gemacht, als sie sagten, daß seine Musik sich nicht **ändere** *sondern* **fortsetze**? *Auch Feldman möchte gern aus seiner Komposition eine pädagogische Übung der Ruhe machen.*

Und der Erotik. Meines Erachtens ist Feldmans Musik nicht nur ruhig, sie ist äußerst erotisch. Bei La Monte Young empfinde ich kein anderes besonderes Gefühl als die Ruhe.

*In beiden Fällen, La Monte Young und Feldman, wird der Hörer einem bestimmten Gefühl ausgesetzt. Es sind Musik-Objekte... * *

Aber wenn ich La Monte Young zuhöre, lenke ich die Erfahrung auf meine Art und Weise, nicht auf seine. Es ist eben so, daß man in seiner Musik die Freiheit hat, eine wirkliche Welt von Möglichkeiten und von Ereignissen zu entdecken. Man kann sich innerhalb eines einzigen Tons einrichten. In dem Moment verwandelt sich das Hören in ein spezifisches Objekt wie unter einem Mikroskop,

---

* In diesem Jahr, aber es ist schon einige Zeit her, hörte ich ein Streichquartett von Morton Feldman, das aus einem einzigen Satz von anderthalb Stunden bestand. Es war schön, *weil* es nicht schön war. Durch die Länge wurde es nicht zum Objekt. Trotzdem hätte es den gleichen Eindruck hinterlassen, wenn das Publikum nicht gefesselt gewesen wäre, sondern sich in einer unterschiedlichen architektonischen Situation befunden hätte, die zu jedem Punkt in Zeit und Raum Ausgang und Eingang gestattet hätte, d.h. zu hause. (John Cage; Fußnote aus dem Jahr 1980)

wo das Objekt zu einer ganzen Welt, einem Universum wird, einfach weil es in solchem Ausmaß vergrößert worden ist. Es hört auf, ein Objekt zu sein.

Ist es möglich, alle musikalischen Objekte oder vielmehr alle Musikobjekte derartig umzugestalten?

Sicherlich. Man muß sich jedoch in ein Prozeßstadium versetzen, in die Zirkus-Situation. D.h., man nimmt eine veränderte Haltung gegenüber dem konventionellen Hören ein.

Man muß seine Einstellung ändern, um sich auf die Veränderung hin zu bewegen?

Oder zu vermeiden, an dem hängenzubleiben, was uns die Musik auferlegt: Kontinuität. Wenn ich sage, daß sich Feldmans Musik eher fortsetzt als sich zu ändern, soll das nicht unsere Anerkennung für diese Musik schmälern. Ich entziehe mich dem, was sie mir auferlegt.

Um sie anzuerkennen, müssen Sie sich entschließen, sie gegen deren eigenen Sinn zu hören.

Vielleicht höre ich sie mir nicht so an, wie es Feldman von mir erwartet, aber das ist kein Mißverständnis seines Werkes. Mir hat es an keinem *Verständnis* für diese Musik *gefehlt.*

Würde dem Werk demnach nicht ein Verständnis seiner selbst fehlen?

Man könnte das von allen Musik-Objekten sagen. Sie biegen die Klänge zu dem, was die Komponisten wollen. Aber um die Klänge gefügig zu machen, müssen diese schon existieren. Und sie existieren. Ich bin eher an der Tatsache interessiert, daß es sie gibt, als an dem Willen der Komponisten. Ein "richtiges Verstehen" interessiert mich nicht. In einem Musik-Prozeß gibt es nirgends mehr ein "richtiges Verstehen". Und demzufolge auch kein weit verbreitetes "Mißverständnis". Demnach sind Musik-Objekte in sich ein "Mißverständnis". Aber Klängen macht es nichts aus, ob sie einen Sinn ergeben oder ob sie in die richtige Richtung gehen. Sie müssen nicht geleitet oder irregeleitet werden, um sie selbst zu sein. Sie *sind,* und das genügt ihnen. Und mir auch.

Irgendwo sagt Marcuse über Heidegger, daß die Frage des Seins schon *immer beantwortet worden ist... Sie verwenden Klänge. Die* sind.

Aber es geht nicht um Besitz oder Eigentum. Ein Klang besitzt nichts, ebensowenig wie ich ihn besitze. Ein Klang *hat* sein Sein nicht, er hat nicht einmal die Gewißheit, in der folgenden Sekunde zu existieren. Befremdend ist, daß er kam, um da zu sein, genau in dieser Sekunde. Und daß er vergeht. Das Rätsel ist der Prozeß.

Aber es gibt nichts mehr darüber zu sagen... Wir werden immer auf den Punkt zurückverwiesen: es gibt nichts zu sagen.

D.h. zur Stille – zur Welt der Klänge. Wenn ich etwas zu sagen hätte, würde ich es mit Worten sagen.

Demnach scheint dann für Sie die Musik das beste Mittel zu sein, um diesen Prozeß eines Zugangs zum Sein zu verdeutlichen, diese Bewegung der "Offenheit", die wir nicht benennen können, ohne sie zu entstellen?

Vielleicht deshalb, weil ich zur Welt der Sprache nicht genügend Neigung verspüre! Aber ich habe Ihnen über kürzliche Versuche auf diesem Gebiet erzählt. Ich weiß nicht, ob es mir gelingen wird.

Sie schlagen vor, Sprache zu musikalisieren. Sie möchten, daß Sprache wie Musik gehört wird.

Ich hoffe, die Wörter bestehen zu lassen, wie ich versucht habe, Klänge bestehen zu lassen.

Muß man die Sprache entobjektivieren, um sie zu musikalisieren, sie zu einer Zirkus-Situation, einem Prozeß zurückzuführen?

Wir hätten keine Sprache, wenn wir uns nicht im Prozeß befänden. Aber ich glaube nicht, daß die normale Sprache uns diesen Prozeß *geben* kann. Deshalb bestehe ich auf der Notwendigkeit, uns von der Sprache nicht ins Schlepptau nehmen zu lassen. Worte zwingen uns Gefühle auf, wenn wir sie als Objekte betrachten, d.h. wenn wir sie nicht auch das sein lassen, was sie sind, nämlich Prozesse.

Manchmal benutzen Sie das Wort "Prozeß" im Singular

und manchmal im Plural. Das erinnert mich an Terry Ri-
ley. Vielleicht landet er schließlich bei einem Musik-Ob-
jekt, aber ist das von ihm konstruierte Objekt nicht das
Gegenstück zu dem, was La Monte Young macht? Handelt
es sich nicht bei seinem – statt um ein einzelnes, unter
einem Mikroskop betrachtetes Objekt – eher um eine My-
riade kleiner, durch ein Teleskop betrachteter Objekte?

Ja, wenn man ihn sich auf meine, nicht auf seine Weise
anhört. Aber wenn man sich nach dem richtet, was er
für seine Forschungsrichtung hält, bemerkt man, daß
seine Musik eine große Anzahl von Beziehungen umfaßt;
und anstatt sie sich frei entwickeln zu lassen, werden
diese Beziehungen von ihm ausgewählt. Sie tragen dazu bei, seiner Musik den Anschein eines Raga zu verleihen. Man hat das Gefühl, daß es viele Klänge gibt, die
vorkommen könnten und die diese Musik unterbrechen würden.

Würden Sie sagen, daß sich diese Musik ebenso von der
Ihren unterscheidet wie von der La Monte Youngs?

Sie bedarf eher bestimmter Klänge als anderer. Deshalb
würde ich sagen, daß sie zur gleichen Schule gehört
wie die Musik La Monte Youngs. Sie erteilt uns die gleiche Lektion: das Bedürfnis nach Ruhe.

Was würden Sie vergleichsweise über Christian Wolffs
Musik sagen?

Gut, ich habe schon erklärt, daß es eine Musik ist, die
ich liebe, weil sie so viele Stillen enthält, und daß jeder
Klang darin sehr stark das Zentrum seiner eigenen Existenz ist! Ich denke nicht, daß Christian Wolffs Musik
sich ihrer Umgebung widersetzt. Während im Fall von
Young und Riley Ereignisse geschehen, die ganz einmalig sind und keine Ähnlichkeit mit dem Leben um uns haben. Ich habe schon erwähnt, daß einige der neuesten
Werke von Christian Wolff geschrieben wurden, um draußen, im freien Raum gespielt zu werden. Das macht die
Tatsache, daß sie Barrieren niederreißen, daß es für
sie keine Wände gibt, die ihr standhalten würden, sogar noch offenkundiger. Man kann nicht mehr sagen,

ob ein gegebener Klang Teil der Musik ist oder ob es ihn ganz einfach gibt.*

Das Werk wird genau zu dem, wie wir in unserer Umwelt leben?

Ja, und wir könnten das gleiche über nicht-musikalische Werke sagen: Assemblagen oder bestimmte Gemälde.

Welches Verhältnis haben Sie zu Konzept-Künstlern?

Ich kenne sie nicht gut genug, um über sie etwas sagen zu können. Ich bin nicht einmal über ihre Aktivitäten oder ihre Arbeiten auf dem Laufenden.

Ihnen geht es um eine Reinigung der Sprache über Kunst und auch der Sprache der Kunst. Wenn beispielsweise ein Ready-made einer empirischen Aussage entspricht, entsteht das Problem, von dort zu analytischen Aussagen zu gelangen. Ich möchte Ihnen folgenden Text von Joseph Kosuth zitieren: "die Aussagen der Kunst sind ihrem Wesen nach nicht tatsachenbezogen, sondern sprachlich: das besagt, sie beschreiben nicht das Verhalten materieller oder auch geistiger Objekte; sie drücken Definitionen von Kunst oder die formalen Konsequenzen von Kunstdefinitionen aus. Infolgedessen läßt sich sagen, Kunst gehe nach einer Logik vor... (Und) das charakteristische Merkmal einer rein logischen Untersuchung besteht darin, sich mit den formalen Konsequenzen unserer Definition (von Kunst) zu befassen, und nicht mit Fragen empirischer Sachverhalte."

/Umso besser, wenn sie das interessiert.../ Ich meinerseits fühle mich nicht gerade... angesprochen.

Ich erwähne sie nur, weil sie sich auf Sie ebenso wie auf

---

* Eins der allerneuesten Stücke von Christian Wolff, *Burdocks*, basiert gleichermaßen auf Stille. Aber es ist vorgesehen, daß die auftauchenden Klänge ziemlich oft miteinander zu kleinen rhytmischen und/oder melodischen Gruppen verbunden werden, die ziemlich deutlich als "musikalische", im Sinne vergangener musikalischer Konventionen, erscheinen... Das schafft ein wirkungsvolles Gefühl der "Humanität"... aber kein überwältigendes. (John Cage; Fußnote aus dem Jahr 1972.)

Duchamp beziehen. Sie sind einer der Autoren, die sie zitieren... Sie stehen z.B. in dem von Donald Karshan zu der Ausstellung im New Yorker Culture Center 1970 herausgegebenen Katalog **Conceptual Art and Conceptual Aspects,** *wo auf das Manifest von Kosuth zurückgegriffen wird.*

Und was zitieren sie von mir?

Die Geschichte über eine Eskimo-Frau, die eine Reise macht, und da sie kein Englisch kann, dem Schalterbeamten das sagt, was sie hört –d.h. das Reiseziel des Reisenden, der vor ihr abgefertigt wurde...

Und sie hat schließlich doch etwas Englisch gelernt und fragt den Schalterbeamten: "Wo würden sie hinfahren, wenn sie eine Reise machten?" Und sie bekommt eine Fahrkarte für eine Kleinstadt in Ohio, die der Schalterbeamte ihr nennt – und sie fährt dorthin, um sich dort für immer niederzulassen. Ich kann in dieser Geschichte nicht allzuviel Logik entdecken.

Aber sie zeigt ziemlich gut eine Gleichgültigkeit gegenüber Zielen, gegenüber Teleologie, was doch eine Ihrer Ideen wäre. Und sie scheint mir ohne weiteres anwendbar auf das Gebiet der konzeptuellen Kunst – hypothetisch indifferent gegenüber dem Resultat, eben der Tatsache, ob es ein Objekt gibt, um das Hergestellte zu bezeugen oder nicht.

Ja, es bleibt nichts weiter als die Idee...

Oder das Konzept. Man könnte diese konzeptuelle Kunst unter einer erweiterten Kategorie fassen, die die Richard Kostelanetz unter dem Begriff "Kunst als Folgerung" analysiert. Ihr stilles Stück 4'33 " *inspirierte Kostelanetz einige schöne Seiten zu schreiben, die Ihnen sicher gut bekannt sind, da sie in seinem Buch* **John Cage*** *enthalten sind.*

Was mir aber wirklich an dem stillen Stück gefällt, ist, daß es jederzeit gespielt werden kann. Aber es wird nur lebendig, wenn man es spielt. Und jedesmal, wenn man das tut, macht man eine Erfahrung, sehr lebendig zu sein.

---

* Richard Kostelanetz, John Cage, Köln 1973, S. 156-158

Ihre eigene nicht-konzeptuelle Interpretation müßte den Logikern der konzeptuellen Kunst furchtbar "empirisch" erscheinen...

Wenn ich es bei einer als "Kunstwerk" titulierten Sache ausschließlich mit einer Idee zu tun habe - überhaupt nicht mit einer Erfahrung -, dann verliere ich offensichtlich die Erfahrung. Selbst wenn ich mir sagte, daß ich diese und jene Erfahrung gehabt hätte, wenn ich es nicht erfahren habe, ist es für mich verloren! Aber ich denke nicht, man sollte sich der Erfahrungen berauben. Als ich die erste Aufführung der 840 Wiederholungen von Saties *Vexations* mit einigen anderen Pianisten in New York gab, gab es die übliche Reklame vor dem Konzert, und vielen Leuten war bewußt, was auf sie zukommen würde. Viele von ihnen wollten nicht kommen, weil sie zu wissen glaubten, was passieren würde. Und selbst diejenigen von uns, die spielen sollten, glaubten auf etwas sich Wiederholendes zuzusteuern. Wir anderen, die Pianisten, *hätten tatsächlich* wissen müssen, was passierte. Aber folgendes geschah: Mitten in der achtzehn-stündigen Vorführung änderte sich unser Leben. Wir waren sprachlos, weil etwas geschah, das wir nicht in Betracht gezogen hatten und meilenweit davon entfernt waren, es voraussehen zu können. Wenn ich diese Beobachtung auf die Konzept-Kunst anwende, scheint mir die Schwierigkeit dieser Kunstart darin zu bestehen; wenn ich es richtig verstehe, so bringt sie uns dazu, uns einzubilden, daß wir etwas wüßten, *bevor* dieses etwas geschehen ist. Das ist schwierig, da die Erfahrung selbst sich immer von dem unterscheidet, was wir darüber dachten. Und mir scheint, daß die Erfahrungen, die jeder haben kann und die jeder fähig ist zu würdigen, genau die Erfahrungen sind, die zu unserer Veränderung beitragen und, insbesondere, zur Änderung unserer Vorurteile.

Ich habe in einem Text von Peter Yates gelesen, er hätte Ihnen die Werke Wittgensteins geliehen und Sie hätten sich in dieser Philosophie heimisch gefühlt.

Das stimmt. Aber ich hab nicht alles verstanden. Ich habe folgenden Satz im Gedächtnis behalten: "Die Bedeutung ist der Gebrauch."

Diese Formel taucht als Zitat in dem programmatischen Text von Joseph Kosuth wieder auf, den ich vorhin erwähnte.

Da ich die Konzept-Kunst nicht kenne, weiß ich nicht, welche Schlüsse er aus seiner Wittgenstein-Lektüre zieht.

Aber wie verstehen Sie ihn?

Daß es Gebräuche, Lebensformen, Arten gibt, Musik Sprache usw. zu behandeln. Und daß /alles was wir gebrauchen legitim ist, da wir es gebrauchen. Das ist eine faktische Situation. Und über diese faktische Situation hinaus gibt es keine "Bedeutung". *Alles* ist möglich. Sogar Konzept-Kunst.../

Folglich müssen wir nach Ihrer Ansicht, diese diskursive Welt, in die die konzeptuellen Künstler eingeschlossen sind, verlassen.

Ja, und verstehen, daß sich *Gebrauch* eher auf Erfahrung bezieht.

Der logische Diskurs der Konzept-Künstler erscheint Ihnen illegitim, da er die Erfahrung ausläßt. Würden Sie jedoch sagen, daß das auf jeden *Diskurs zutrifft und wir der Sprache im allgemeinen mißtrauen müssen?*

Im Gegenteil! Ich kann einen bestimmten Diskurs ziemlich leicht durchhalten. Ich kann ihn *verwenden*. Aber es gibt nicht nur allein einen Diskurs. Es gibt andere und ebenso mich, der ihn liest. Und ich bin keine Kategorie. Nehmen Sie z.B. die *Vexations* und die Leute,die nicht zum Konzert kamen, weil sie glaubten, von vornherein zu wissen, was geschehen würde. Gut, während dieser achtzehn Stunden haben sie etwas anderes getan. Sie schliefen oder aßen oder arbeiteten... Sie hatten andere Erfahrungen. Gut, mir ist nicht einsichtig, wie sich Konzept-Kunst von dieser Einstellung unterscheidet, bestimmte Erfahrungen im Namen eines bestimmten Diskurses abzulehnen. Das kann nur bedeuten, sich in einen Diskurs einzuschließen, *um* nicht ins Konzert zu gehen oder *um* nicht im klassischen oder modernen Stil zu malen usw. Aber die Voraussetzung, die einem gestattet, bestimmte Erfahrungen auf ein Mindestmaß zu beschränken, abzulehnen, zu unterdrücken, bedeutet genausogut, daß man andere Erfahrungen machen kann. Teleologien erfolgen im Nachhinhein. Um dorthin zu gelangen, um bestimmte Erfahrungen zugunsten anderer zu neutralisiern, muß man in der Tat seine Aufmerksamkeit auf das konzentrieren und sammeln, was man erreichen und besitzen möchte. Ich hingegen versuche die Aufmerksamkeit zu zerstreuen, sie abzulenken. Aus der Sicht dessen, der sich im Diskurs gefangen glaubt, entziehen sich die Umwelt und die Realität, die nur durch Entspannung der Aufmerksamkeit wahrgenommen werden können, seinem Zugriff, der Diskurs kann sie nicht unter seinen Einfluß bekommen usw. Mir dagegen entzieht sich nichts. Noch ist irgendetwas *präsent*, ohne sich zu bewegen. Dinge kommen und gehen. /Sie sind ebensowenig an- wie abwesend. / Wenn sie eher das eine oder das andere wären, würden sie   sich auf Objekte reduzieren. Wieder einmal haben wir es eher mit Prozessen als mit Objekten zu tun, und es gäbe keine Objekte wenn das Ganze kein Prozeß wäre, der Prozeß, der ebenso jedes Objekt ist.

SECHSTES GESPRÄCH

Beziehungen zu Malern: Rauschenberg und Mark Tobey
Kalligraphie
Entwickeln von Schreibtechniken
Notations: das Aquarium
Zusammenarbeit mit Merce Cunningham
Raum: Co-Präsenz und Simultaneität
Das erste Happening in Black Mountain
Artaud und die Theatralisierung der Musik
Verschiedene Happening-Arten
Kaprow und Higgins
Nam June Paik
Reunion und die Idee des Spiels
$33^1/3$
Das Publikum als Teilnehmer:*Newport Mix, Rozart Mix,
   Variations V*
Jazz und Free Jazz
Über das *Museum Event* in Saint-Paul-de-Vence
Canfield
Zum Lob des Rock

Im letzten Gespräch distanzierten Sie sich von der Konzept-Kunst.* Diesmal möchte ich mich mit Ihnen über die Maler unterhalten, die Ihren Ideen nahestehen und die in der gleichen Richtung wie Sie arbeiten. Z.B.Rauschenberg.

Es war phantastisch, als ich Rauschenberg das erste Mal traf. Fast sofort hatte ich das Gefühl, daß es für uns nicht unbedingt notwendig war miteinander zu sprechen, so viele Berührungspunkte hatten wir. Ich antwortete sofort auf jedes Werk, das er mir zeigte. Es gab keine Kommunikation zwischen uns - wir waren die geborenen Komplizen!

Ich erinnere mich an einen bestimmten Abend in Beaux in der Provence. Die Merce Cunningham Company hatte während des Tanz-Festivals eine Aufführung. Sie waren mit David Tudor dort. Und es wurde ein Szenenaufbau von Rauschenberg verwendet, was die allergrößte Überraschung war. Der Szenenaufbau bestand ganz und gar aus Automobilen, die sich - natürlich nicht zu schnell - zwischen den Tänzern bewegten.

Mir gefiel die Idee, Autos in eine Berglandschaft miteinzubauen. Es gab viel Ärger, um das in Beaux auf die Beine zu stellen; wie Sie wissen, ist die Zufahrtsstraße zum Theater, oder was für das Festival als Theater diente - der höchste Punkt des Felsens von Beaux -, kaum ein Pfad. Auf jeden Fall ist es ein Weg, wo man selten auf Autos trifft.

Dennoch mag eine Szenenausstattung mit nur zwei oder drei umherfahrenden Autos sehr amüsant oder gefährlich sein. Reicht das aber aus?

Natürlich nicht. Als ich sagte, daß ich mit Rauschenberg vollkommen harmoniere, hätte ich hinzufügen sollen,daß das besonders am Anfang war. Das war, als ich ihn in

---

* Gegenwärtig fühle ich mich der Konzept-Kunst sehr nahe, weil ich mit drei außergewöhnlichen Künstlern befreundet bin, mit Tom Marioni, Gründer und Direktor des Museum of Conceptual Art in San Francisco, mit Bill Anastasi und mit Dove Bradshaw, mit dem ich Schach spiele. (John Cage; Fußnote aus dem Jahr 1980.)

Black Mountain kennenlernte. Damals malte er monochrome Bilder, ganz in schwarz. Als nächstes kamen seine weißen Gemälde, die nicht mehr gegenständlich waren – einfach Leinwand. Später, während der Zeit der Automobile auf der Klippe von Beaux, begann er ein paar Werke unter Benutzung spezifischer, von ihm ausgewählter Objekte zusammenzustellen. Und er stellte sie systematisch und wiederholt aus. Ein wenig wie die Variationen im Sinne Schönbergs, für jeden sichtbar gemacht. Die Idee, Autos zu benutzen, muß durch den Einfluß des Theaters entstanden sein. Selbst als Rauschenberg Happenings produzierte, schienen seine das Theater betreffenden Ideen viel einfacher als seine Ideen über das Malen. Wenn er malte, konnte er einen glauben machen, in einer Welt unbegrenzter Möglichkeiten zu sein. Man hatte den Eindruck, daß überhaupt alles auf der Oberfläche geschehen konnte. Im Theater kam man nicht ganz auf seine Kosten; er schien eine ziemlich einmalige Idee gehabt zu haben, blieb aber an ihr kleben.

Und was denken Sie über die "light-shows", die er sich für das andere Merce Cunningham Ballett ausdachte?

Die Lichter gehen auf die Vorstellung eines sehr weiten Universums, einer Vervielfachung der Möglichkeiten zurück. Man hatte niemals das Gefühl, einem einzelnen Effekt die Aufmerksamkeit zu schenken, und man selbst brauchte sich im Folgenden nicht weiter darauf konzentrieren, dem zu folgen, was er hatte tun wollen.

Haben irgendwelche anderen Maler Ihr Bedürfnis nach Zerstreuung und Auflockerung der Aufmerksamkeit verspürt?

Ja, Mark Tobey.

Wegen seiner Zen-Einflüsse?

Nein, er war kein Buddhist. Er war an einer anderen östlichen Religion interessiert, deren Namen ich vergessen habe, die aber aus Persien kommt.

*Ja, seine Inspiration kam vom **Book of Certitude** von Baha U'llah, einem persischen Propheten aus dem 19. Jahrhundert. Aber Tobey wurde von einem chinesischen*

Freund auch in die Kalligraphie eingeführt, und er verbrachte eine Zeit in einem Zen-Kloster in Kyoto; nach Tobeys eigener Ansicht hat das seine Naturauffassung verändert.

Ganz ehrlich gesagt, war ich nur eine kurze Zeit bei Tobey in Seattle, wo er damals wohnte. Aber in dieser kurzen Zeit sahen wir uns oft – oft genug für mich, um von einigen seiner Einstellungen beeindruckt zu sein. Eines Tages machten wir einen Spaziergang von der Cornish School bis zum japanischen Restaurant, wo wir zusammen essen wollten – d.h. wir liefen fast durch die ganze Stadt. Nun, wir konnten in Wirklichkeit nicht richtig laufen, er blieb dauernd stehen, um überall etwas Überraschendes wahrzunehmen – auf einer Barackenwand oder im offenen Raum. Dieser Spaziergang war für mich eine Offenbarung. Es war das erste Mal, daß mir ein anderer Unterricht im vorurteilslosen Betrachten erteilte, jemand, der das, was er sah, nicht mit etwas vorher Gesehenem verglich, der gegenüber der leichtesten Nuancierung des Lichts feinfühlig reagierte. Tobey blieb auf den Bürgersteigen stehen, Bürgersteige, die wir normalerweise beim Spaziergang nicht wahrnehmen, und sein staunender Blick verwandelte sie sofort in ein Kunstwerk. Dem flüchtigsten Detail schenkte er seine Aufmerksamkeit. Für ihn war alles lebendig. Er hatte einen außergewöhnlichen Sinn für die Präsenz der Dinge. Seine Arbeit war unglaublich vielfältig. Er wird oft mit Picasso verglichen. Es war unser eigener, ein amerikanischer Picasso! Dann gibt es natürlich auch viele seiner Werke, die mich nicht interessieren. Aber ich glaube, ich war von denjenigen, die ich lieber mochte, stärker fasziniert als von irgendeinem anderen Gemälde. Seitdem hatte ich vielleicht nie wieder genau das gleiche Gefühl*. Diejenigen, die ich allen anderen vorziehe, sind seine *White Writings**.* Hierbei handelt es sich um weiße Gemälde aus den dreissiger Jahren, die den Eindruck vermitteln, daß jeder Pinselstrich eine spezifische Weißqualität birgt. Nach meiner

---

* Doch; in diesem Jahr in Basel, vor einem seiner Werke. (John Cage; Fußnote aus dem Jahr 1972.)
** Und von denen bevorzuge ich diejenigen, die keine figurativen Elemente enthalten. (John Cage; Fußnote aus dem Jahr 1972.)

197

Meinung überragen sie Pollocks Leinwände. Pollocks Farben scheinen Eimern entnommen zu sein, und wenn man fünf Farben hat, ist das schon alles. Während man sie bei Tobey nicht alle zählen kann. Tobey ist Natur!

Waren Sie nicht selbst einmal Maler?

Als ich anfing, habe ich beides gemacht, Musik und Malerei. Ich beschloß, mich der Musik zu widmen, weil die Meinungen derjenigen, die mir etwas bedeuteten, eher meine Musik als mein Malen bevorzugten.

Aber mir scheint, daß es sich bei der Sorgfalt, die Sie für das Schreiben – ich würde fast Kalligraphie sagen – Ihrer Partituren aufbringen, um eine sehr fein ausgearbeitete Technik handelt. Oder stimmt das nicht?

/Wissen Sie, ich habe einfach eine Art Zirkus zu meinem eigenen Bedarf erfunden. Wenn Sie sich das *Solo for Piano* aus dem *Concert* nehmen, werden Sie eine Menge Phantasie entdecken, eine Menge ziemlich ziselierter Details darin.../

Insbesondere eine aquatische Bilderwelt der verschiedensten Algen und Korallen...

Aber sie versuchte sich nie als visuelle Gestaltung auszugeben. Alles ist durch musikalische Erfordernisse entstanden – oder vielmehr aus einer Notations-Notwendigkeit. Weil diese graphische Arbeit im Grunde auf Schönberg zurückzuführen ist! Ich erzählte Ihnen, wie beeindruckt ich von den Fragen über Variation und Repetition war, die Schönbergs scharfen Verstand beschäftigen. Beim *Concert for Piano* beschloß ich, die Prinzipien der Variation und Repetition und also die Innovation und Erfindung neuer Formen auf das gesamte Werk anzuwenden, d.h. auf die Kompositionsweisen. Aber je weiter das Werk fortschritt, sah ich mich gezwungen, zunehmend Graphismen zu erfinden, um meine Probleme zu lösen. Es wurde alles mit Zufallsoperationen durchgeführt, um das Abgleiten in eine unkontrollierte Improvisation zu vermeiden. Also schien das Notationsarrangement auf einer gegebenen Seite später ein bestimmtes visuelles Interesse zu vermitteln. Es war aber nur das Resultat einer bestimmten Arbeit, und innerhalb dieser Arbeit, meiner Treue, den für mich entworfenen Plan bis zum Schluß durchzuführen, um mit Hilfe der Zufallsoperationen Schönbergs Kriterien anzuwenden.

Trotzdem, je weiter man in Ihrem Werk voranschreitet, desto mehr entwickelt sich die Notation zu einer "kausalen" Schrift. Sie verweist nicht auf das, was erreicht werden soll, sondern sie ist der Ausgangspunkt für den zu vollziehenden Akt. Wenn man fünfzehn bis zwanzig Hilfslinien oberhalb des Notensystems für ein Klavier zeichnet, muß der Interpret irgendwo östlich von der Klaviatur nach einem anzuschlagenden Objekt suchen. Ist diese bestimmte Idee einer "gestischen" Notation auf Ihr Schreiben für Schlagzeug zurückzuführen?

Als ich Musik für Schlagzeug schrieb, verwendete ich einfach Noten, um die sehr unterschiedlichen Klänge zu bezeichnen, die wir zusammenbringen konnten. Wir änderten andauernd die Klänge, und die Notation diente ausschließlich als ein Mittel, das zu tun. Kurz danach wurde meine Schrift wieder vollkommen konventionell. Die Noten mußten nicht mehr jedesmal anders interpretiert werden. Aber als ich erst einmal das präparierte Klavier entwickelt hatte, wurde die Notation ein Mittel, um etwas zu produzieren. Demnach genügten nicht mehr Worte, um das Resultat zu bezeichnen. Zuerst hatte ich das Raster der innerhalb des Klaviers auszuführenden Transformation aufzuschreiben und darzulegen, wie die Tastatur angeschlagen werden soll, aber der Interpret hatte nicht mehr den Eindruck, daß er das Stück sofort nach dem ersten Lesen hören würde, wie es klingen würde.

Und wie haben Sie Ihre ersten "elektronischen" Werke notiert? Ich denke dabei nicht nur an die Imaginary Landscapes, *an denen Sie kurz vor dem Krieg in der Cornish School in Seattle arbeiteten, sondern auch an Ihre Begleitmusik zu* The City Wears a Slouch Hat, *Kenneth Patchens Rundfunksendung 1941 für CBS in Chicago.*

Wissen Sie, das war alles ziemlich einfach. Ich schrieb diese Versuche ebenso, wie ich meine Schlagzeugpartituren schrieb, mit Noten und Wörtern, die unentbehrlich waren, um die Beschreibung der Klänge zu skizzieren.

Dann haben Sie erst später Ihre besondere Schreibtechnik entwickelt?

1958 sah ich mich durch eine Partitur wie *Concert for Piano* veranlaßt, nach der größtmöglichen Diversifikation zu suchen./Wie ich schon erwähnte, hatte ich auch die Absicht, einige Ideen Schönbergs an ihre Grenze zu treiben./ Aber diese nicht-homogene Seite meiner Notationen erklärt sich auch aus der Idee einer möglichen Mixtur aller Notationen.

Tatsächlich handelt es sich um graphische Collagen! Das taucht auch wieder in Ihrem Buch Notations *auf. Ohne die "Spielanweisungen", die der Komponist gewöhnlicherweise an den Anfang einer Partitur setzt, nochmals zu transkribieren, reproduzieren Sie alle möglichen Schriften, die nur in alphabetischer Folge klassifiziert werden. Es ist ein Buch für Graphologen.*

Ich fügte einige Bemerkungen in Form von Zitaten an den Seitenrand hinzu, was prinzipiell nichts mit den Musik-Beispielen zu tun hatte. Ich vollendete diese Arbeit zusammen mit Alison Knowles, indem wir den Hinweisen des *I Ging* folgten. Es sagte uns, wieviele Wörter und bezogen auf welches Thema wir schreiben mußten. Das *I Ging* wurde ebenfalls für die Randbemerkungen anderer Komponisten zu Rate gezogen und bestimmte im einzelnen, wie viele Wörter sie schreiben sollten.

Und woher hatten Sie die Idee für eine derartige Arbeit?

Zunächst ging es darum zu versuchen, Geld für die Foundation for Contemporary Performing Arts zu beschaffen. Diese Institution erhielt ihr Kapital, sogar den größten Teil ihrer Mittel, aus dem Verkauf der Gemälde, die uns einige Maler zur Verfügung stellten. Man ging von dem Gedanken aus, daß Künstler, die wie Maler oder Bildhauer fertige Produkte herstellen, natürlich an Geld herankommen, während diejenigen, deren Werke - wie Musik, Tanz, Theater - aufgeführt werden müssen, zu jeder Aufführung oder Produktion Geld benötigen und Geld verlieren. Performance-Künstler, deren Objekte produktiv auszuführende Handlungen sind, erhielten deshalb - dank der Geschenke unserer Maler-Freunde - für einige Jahre

Geld von der Stiftung. Es kam jedoch der Tag, als wir die Großzügigkeit der Maler fast ausgeschöpft hatten und wir eine andere Hilfsquelle finden mußten. Einige Vorschläge wurden unterbreitet. Und ich dachte an die Zusammenstellung einer Manuskriptsammlung, die verkauft werden könnte. Auf diese Weise hätten sich die Musiker in einem gewissen Sinn selbst geholfen. Ich habe diese Sammlung noch nicht verkauft, aber ich hoffe, daß es bald geschehen wird*.
Folglich raffte ich alles, was ich zufällig besaß, zusammen, und ich begann allen Musikern, die mir einfielen, zu schreiben und viele antworteten sehr großzügig. Ich füge meiner Sammlung immer noch einiges hinzu. Eins der letzten Werke, die ich erhielt, war ein bis vor kurzem noch unbekanntes Musikprojekt von Marcel Duchamp. Teeny Duchamp hat es mir gegeben, und es geht von der Hypothese eines Güterzugs aus, von dem einige Waggons unter dem Ladeschacht durchfahren; der Zug wird weder mit Kohlen noch mit Flüssigkeiten beladen, sondern nur mit Noten. Das führt zu einer Notenverteilung auf verschiedene Oktaven und der Produktion neuer Klangskalen.

Im Vorwort zu **Notations** *vergleichen Sie sehr einleuchtend die Weise, wie Sie Musik und auch die Existenz im allgemeinen betrachten. Ich möchte über das Aquarium reden.*

Ja, ich ging von der Vorstellung aus, daß in einem klassischen Aquarium jede Fischart in eine kleine Abteilung mit einem lateinischen Namen eingesperrt ist. Während in den neueren Aquarien alle Arten gemischt sind und es unmöglich ist, einen direkt vorbeischwimmenden Fisch genau zu bestimmen. Ich erlaubte mir, daraus einige Schlüsse zu ziehen, die nicht nur zu meinem Buch passen, in dem die verschiedensten Notationen (von übertriebenster Genauigkeit bis zum völligen Fehlen von Notationen) koexistieren, wenn auch nur in alphabetischer Reihenfolge; sie passen auch zu meiner Musikbetrachtung und der gesamten Gesellschaft, in der die Trennung - und daran glaube ich fest - endlich abgeschafft werden muß.

* Die Sammlung ist bei der Northwestern University deponiert worden, obwohl sie zum Verkauf freisteht. (J. Cage; Fußnote a.d. Jahr 1980.)

Was McLuhan über das Bedürfnis des elektronischen Zeit-
alters sagt, nämlich die Trennung der Leute zu überwin-
den, erinnert mich an Ihr Aquarium. Heutzutage versteht
sich die Musik nicht mehr isoliert.

Wir haben mehr als nur Ohren.

Und das wirft wieder ein den Ästhetikern bekanntes Pro-
blem auf: Das der Korrespondenz zwischen den Künsten.

Ich glaube nicht so sehr an "Korrespondenz". Mir scheint,
daß es stattdessen einen Dialog gibt. D.h., daß sich die
Künste, jenseits jeder Kommunikation, miteinander unterhalten. Je fremder sie einander sind, desto nützlicher
ist der Dialog.

Das trifft vollkommen auf Ihre Zusammenarbeit mit Merce
Cunningham zu. Kennen sie sich schon lange?

Ja, seit ungefähr 1936. Das war in Seattle. Er war ein
Schüler von Bonnie Bird, die an der Cornish School eine Tanzklasse unterrichtete. Ich war Bonnie Birds Be-
gleit-Komponist.

Das war, als Sie Ihr Schlagzeugorchester dirigierten?

Aber ich begleitete mit meinem Orchester nicht die Tänzer. Es gab keinen Platz für das Orchester. Im Theater
benutzten die Tänzer die Bühne. Es gab keine Seitenku-
lissen. Um einen Platz für das Klavier zu schaffen, mußten wir die erste Sitzreihe entfernen. Diese Bedingungen trugen zur Entwicklung des präparierten Klaviers
bei. Aber ich bat die Tänzer oft, das Theater zu verlassen und in meinem Schlagzeugorchester zu spielen. Und
Merce war einer von ihnen. Und dann wurde es offenkun-
dig, daß er sein Leben dem Tanz verschreiben würde.
Folglich verließ er Seattle, um der Martha Graham Company, der Bonnie Bird ehemals angehörte, beizutreten.
Und von dort ging er direkt nach New York - lange vor
mir.

Sie haben ihn aus den Augen verloren?

Bis 1943 haben wir nicht zusammengearbeitet. Und ich
war es, der ihn ermutigte, die Martha Graham Company
zu verlassen und zu versuchen, sich auf seine eigenen

Füße zu stellen. Nicht weil ich Martha Grahams Arbeit nicht mochte. Tatsächlich fand ich einige ihrer Ballette sehr gut, besonders eines, *Celebration*. Aber die von ihr produzierten Werke wurden zunehmend literarischer.Es gab eine Reihe von Werken über Emily Dickinson usw., und ich war gegen diese ganze Literatur. Also schlug ich Jean Erdman und Merce Cunningham vor, die Martha Graham Company zu verlassen, und sie stellten für sich beide ein Programm zusammen, für das ich die Musik schrieb. Seitdem habe ich unablässig mit Merce Cunningham gearbeitet. Ich habe für ihn sehr viel Musik komponiert,und ich war für die Musik seiner Company verantwortlich. Gegenwärtig teile ich - wie ich Ihnen schon erklärte - meine Verantwortung mit David Tudor und Gordon Mumma.* So sind wir nie getrennt. Ich nehme an fast allen seinen Tourneen teil.

Die geistige Gemeinschaft zwischen Ihnen dürfte vollkommen sein. Trotzdem behalte ich das Wort "Dialog" bei, um Ihre Beziehung zu ihm zu charakterisieren. Ihre Musik ändert sich von einem Ballett zum andern vollkommen; aber bei Merce Cunningham hat man den Eindruck, Figuren oder sogar vorhandene und kodifizierte Stile wiederzuentdecken. Wenn man also Filme über Merce Cunningham sieht und sie mit seinem Ballett vergleicht - wie in der letzten Saison in Paris -, sagt man sich, daß die Tänzer derartig genau und präzise arbeiten, daß nichts Unvorhergesehenes mehr passieren kann.

Ja, aber da stehen Sie vor dem unvermeidbaren Unterschied zwischen Tanz und Musik, zwischen den Bewegungen eines Menschenkörpers und dem "Tanz" der Töne.

Und wir befinden uns nicht mehr ausschließlich im Aquarium?

Wenn zwei Töne miteinander kollidieren, gibt es kein Problem; im Fall der Choreographie führt die geringste ungestüme Kollision zwischen zwei Tänzern dazu, daß einer von ihnen gehindert wird, mit dem Tanzen fortzufahren. Sie müssen den Gegensatz zwischen Nützlichkeit

---

* Momentan mit David Tudor, Martin Kalve und Takehisa Kosugi. (John Cage; Fußnote aus dem Jahr 1980.)

– diesmal benutze ich das Wort im Sinne einer unumgängli-
chen Notwendigkeit – und der ästhetischen Erfahrung in
Betracht ziehen. In der Musik gibt es diesen Gegensatz
nicht oder nicht mehr, während er aber seine Strenge
beim Tanz beibehält. Folglich bietet uns die Musik ein
von der Nützlichkeit entbundenes Lebensmodell. Während die Choreographie ein Beispiel dafür bietet, was getan werden muß, um mit der Nützlichkeit zu leben. Ich
möchte dennoch einen ziemlich unbekannten Aspekt von
Merces Aktivitäten betonen – und, das muß ich hinzufügen, auch meiner. Unsere gemeinsamen Ideen haben
bei vielen jüngeren Tänzern und Choreographen dazu geführt, daß sie die Krafttechniken ablehnen, die er selbst
um jeden Preis beibehält. Und wenn er bemerkt, was diese Tänzer und Choreographen tun, ist Merce oft versucht,
die von ihm immer, auch jetzt noch, beibehaltene äußerste Disziplin für seine Truppe infragezustellen. Nun, ich
glaube, daß es sehr wichtig ist, daß er diese Disziplin
unbedingt aufrechterhalten will – was ihn anbetrifft.
Warum? Weil die Energie auf der höchsten Ebene, Energie, die durch die Bewegung eines Menschenkörpers aus-
gedrückt werden kann, nicht hervortreten würd, wenn
die Tänzer nicht den Mut gehabt hätten, ihr Training
äußerst genau zu nehmen. Er sagt das immer wieder. Und
er hat recht.

*Nichtsdestotrotz gibt es in seinem Repertoire Tänze, die
entspannter und gelöster als andere sind.*

Das ist wahr, bestimmte Tänze sind streng. Andere sind
offener. Ich muß dennoch sagen, daß Merce Cunninghams
Ideen den meinen sehr nahe stehen, obwohl wir nicht immer die gleichen haben. Welche Bedingungen auch immer
herrschten, wir konnten immer in völliger Freiheit miteinander arbeiten. Das ist genau deshalb möglich, weil
wir die gleichen Ansichten teilen.

Sie und Merce haben einen **Sinn für den Raum** *bewiesen,
der vielen zeitgenössischen Tänzen fehlt. Hat Merce Cunningham diesen "Sinn" durch Sie mitbekommen, und wie
hat er ihn bekommen?*

Wir erreichten diese Autonomie nicht gleich am Anfang.
Natürlich ist das eine Idee, die mich immer heimgesucht

hat. Die Unabhängigkeit zweier verschiedener Künste entsteht durch den Raum, von dem jede von ihnen umgeben ist. Und an Raum mangelt es uns immer. Es ist besser, zuviel als zuwenig Raum zu haben. Aber ich werde Ihnen antworten, indem ich Ihnen erzähle, wie Leonhard Bernstein 1952 auf dem Festival der Brandeis University die ersten Ballette, die *musique concrète* verwendeten, einführte. Er bat Merce Cunningham, zweimal an dem gleichen Abend einen Tanz aufzuführen, zu Auszügen aus der *Symphonie pour un homme seul* von Pierre Schaeffer und Pierre Henry und zwar wegen der ungewohnten Musik. Tatsächlich richtete sich Merce auf zwei vollkommen unterschiedliche Choreographien ein: eine als Solo, und die andere für siebzehn Tänzer. Und da einige Tänzer ziemlich unerfahren waren, bat er sie, sich auf die Darstellungen aus dem täglichen Leben zu beschränken. Aber bei dieser Musik ist es schwierig herauszufinden, wo man sich befindet, da sie gewöhnlich keinen regelmäßigen Rhythmus hat. Folglich erhielten die Tänzer eine eigene Partitur, die sich nicht nach der Musik richtete. Die Musik schrieb den Tänzern nicht mehr irgendetwas vor. Das war 1952; seitdem hatten Merce und ich viele Gelegenheiten, jene Erfahrungen zu erneuern. Wir stimmen jedes Mal in der Erkenntnis überein, daß sowohl der Tanz als auch die Musik ein Recht auf Raum besitzen, den die Möglichkeit von Simultaneität einfach voraussetzt. Auf jeden Fall hat Merce Cunningham den Tanz in seiner Abhängigkeit von dem, was er nicht ist, befreit. Das ermöglichte uns, die Zusammenarbeit fortzusetzen, d.h. einander zu begegnen.

Dann ist Dialog vor allem Raum?

Sicherlich. Seit 1952 erwarten die Tänzer, zumindest die der Company, nicht mehr irgendeine Synchronisierung von Geste und Klang. Wir nehmen an der selben Zeit teil... Aber diese Teilnahme ist nicht mehr hierarchisch. Darüberhinaus können die Proben vor den Aufführungen getrennt stattfinden.

Sie erwähnten 1952 als ein besonders bedeutendes Jahr für Merce Cunningham und seine Tänzer. Aber im Musée d'Art moderne haben Sie über ein anderes, vielleicht so-

gar noch bedeutenderes Ereignis gesprochen, das eben-
falls im Jahr 1952 stattfand, und an dem Merce Cunning-
ham sehr stark beteiligt war, und das von Ihnen organi-
siert wurde – das erste Happening am Black Mountain Col-
lege. Dort veranstalteten Sie einen freien Austausch
nicht nur zweier, sondern aller Künste.

Die Idee lag in der Luft. Merce Cunningham war schon
lange damit beschäftigt, heterogene Tatbestände, die ohne gegenseitige Beziehungen bestehen können, zusammenzubringen. Für die Black Mountain Show hatte ich
die Idee, alle Objekte der Umgebung, einschließlich der
verschiedenen Aktivitäten der Künstler, als Klänge zu
behandeln. Demnach mußte ich eine Methode entwickeln,
um diese "Klangquellen" zu vervielfachen. Andererseits
wurde ich von Schwitters Beschreibungen des Dada-Thea-
ters beeinflußt, ein Buch, das gerade erschienen war.
Und ich hatte Artaud gelesen. Also beschlossen wir, das
Publikum in vier Dreiecke zu teilen, deren Spitzen auf
ein leeres Zentrum weisen sollten. Also wurden überall
freie Räume geschaffen. Und die Handlung sollte nicht
im Zentrum, sondern überall, um das Publikum herum
stattfinden. D.h. in den vier Ecken, in den Lücken und
von oben. Man konnte auf Leitern steigen, um Gedichte
vorzulesen oder Texte zu rezitieren. Ich selbst kletterte da hoch und hielt einen Vortrag. Es gab ebenfalls Gedichte von M.C.Richards und Charles Olson, Musik von
David Tudor und Filme, die an die Decke und die Wände des Raums projeziert wurden. Schließlich wurden
Rauschenbergs weiße Leinwände ausgestellt, während er
selbst alte Platten auf einem uralten Phonographen spielte und Merce Cunningham mittendrin und drumherum
improvisierte. Das Ganze dauerte fünfundvierzig Minuten.

Heißt das nicht, die Musik dem Theater ausliefern?

Aber meine Musik war bereits Theater. Und Theater ist
nur ein anderes Wort, um das Leben zu bezeichnen.

Ihr Theater Piece von 1960 hat jedoch einen Titel, der
darauf hindeutet, daß es sich nicht eigentlich um Musik
handelt.

Die Partitur des *Theater Piece* gibt den Interpreten eine Reihe von Zahlen als Handlungsanweisungen. Diese Handlungsanweisungen beziehen sich auf Dinge, mit denen sich die Darsteller bereitwillig theatralisch in Beziehung setzen wollen. Demnach produzieren die Teilnehmer selbst – je nach dem, ob sie sich entscheiden, an den Handlungen mitzuarbeiten oder als Requisite zu fungieren – aus dem Stück Musik, eine audio-visuelle Produktion, ein "Theater-Stück" usw. Sie tun, was sie tun. Aber es gibt keine Möglichkeit, die Darstellung geräuschlos aufzuführen.

In Ihrem Happening am Black Mountain hatten Sie ebenfalls eine Anzahl "theatralischer" Handlungen geschaffen, die durchlaufen werden mußten.

Ja, es war ein sehr "unterteiltes" Stück. Ich benötigte viele Zufallsoperationen, um all jene Einzelangaben herauszufinden. Die Teilung des Publikums, bei der das Fehlen einer Bühne /wie es Artaud hervorhebt/ berücksichtigt werden mußte, ermöglichte, daß die Leute einander sehen konnten, da alles, wie in einem Rundtheater, auf das Zentrum ausgerichtet war. Aber an einigen Stellen – rund um das Publikum herum – passierte etwas. Also war alles, was dem Publikum präsentiert wurde, festgelegt. Jetzt verfahre ich nicht mehr so.

Was tun Sie?

Zunächst einmal ziehe ich es vor, zu verhindern, daß das Publikum in eine feste Position versetzt wird. Es gibt Sitzplätze, damit sich diejenigen, die müde sind, ausruhen können, aber wir achten darauf, daß die Sitze nicht die Freiheit des Publikums beeinträchtigen, sich von einem Platz zum anderen zu bewegen. Und die Leute dürfen sich nicht nur im Saal bewegen, sondern auch draußen. Sie dürfen gehen, wann sie wollen.

Sie gehen über das hinaus, was sich Artaud vorstellte.

Was mich *Das Theater und sein Double* lehrte, war die Vorstellung von einem multidimensionalen Theater. In Black Mountain waren wir alle sehr stark von Artaud beeinflußt. Tudor hatte nicht nur über René Char und Mallarmé gearbeitet, sondern auch über Artaud, den Mary

Carolyn Richards gerade übersetzt hatte. Was die Länge des Happenings anbetraf, so wurde sie durch die Zeit bestimmt, die ich zum Lesen meines Vortrags benötigte.

Über welches Thema sprachen Sie?

Es war ein Vortrag mit langen Pausen, Stillen. Ich kann mich nicht erinnern, ob es mein *Vortrag über nichts* oder meine *Juilliard Lecture* war; es muß meine *Juilliard Lecture* gewesen sein, diejenige, die anschließend in *A Year from Monday* publiziert wurde. Ich trug einen schwarzen Anzug. Ich stieg auf eine Leiter, die am Rand des Quadrats stand, das durch die vier Dreiecke des Publikums gebildet wurde. Ich benutzte sehr genaue Zeit-Gruppen, die in das Gerüst einer Gesamtdauer von fünfundvierzig Minuten notiert und plaziert wurden.

Mußten sich alle Teilnehmer einer derartig strengen Programmierung unterwerfen?

Was die Länge der Zeit-Gruppen anbetraf, ja. Und einige wurden überlagert. Aber von all jenen Elementen war natürlich der Tanz das am wenigsten eingeschränkte. Merce Cunningham bewegte sich in den Gängen zwischen den Dreiecken des Publikums, und er konnte seine Orte nach eigenem Wunsch wechseln, vor, im und hinter dem Publikum, und um uns alle herum. Was David Tudor anbetraf, so hatte er bei der Wahl seiner Stücke völlige Freiheit, aber er mußte sich, wie die anderen, an die Zeitbegrenzungen halten.

Was denken Sie über das anschließende Aufblühen von Happenings in Anlehnung an Ihre Black Mountain Show? War die Häufung von Elementen, die aus mehreren Künsten stammten, eine wohldefinierte Kunstgattung? Sie selbst sprechen weniger über Happenings, als über Events, Mixes, Reunions... Warum?

Was mich betrifft, glaube ich, daß die Musik allein es sehr selten fertigbringt, uns mit dem Leben vertraut zu machen. Wenn wir leben, sehen wir, riechen wir, berühren wir, gebrauchen wir jeden Moment unseren Körper. Zu diesem Thema müssen wir McLuhan als Beispiel anführen, was er sagt, ist wahr. Nun, ich glaube nicht, daß es nötig ist, all diese Bemühungen zu klassifizieren.

Die Bezeichnungen haben wenig Bedeutung. Auf jeden
Fall handelt es sich um eine Frage, wie eine Theater-
form zu entwickeln sei, die nicht von einem Text abhängt.
So einfach ist das - zumindest für mich. Offensichtlich
können Wörter in diese Happenings einbezogen werden.
Aber das Hauptsächlichste besteht darin, daß sie nicht
mit einem Text beginnen oder seine ästhetischen Qualitäten auszudrücken versuchen. Das hatte sich schon Artaud vorgestellt.

*Kann dann Ihr Werk von dem eines Kaprow, eines Hig-
gins oder dem der Fluxus-Gruppe unterschieden werden?*

Bei Kaprow oder Higgins herrscht die Intentionalität vor.
Wenn etwas Unerwartetes geschieht, bedeutet das in ihren Augen nur eine Unterbrechung. Sie machen aus ihren Happenings wahre *Objekte.* Im Gegensatz dazu lasse
ich alles geschehen und mache alles, was geschieht, akzeptabel.

*Können Sie mir einige Beispiele eines Happenings geben,
das sich auf das Objektstadium rückentwickelt?*

Ich habe der Aufführung eines Stücks von Dick Higgins
in Chicago beigewohnt. Während es ablief, stand ein junger Mann aus dem Publikum auf und kletterte auf die Bühne. Zuletzt machte er in der Lotushaltung einen Kopf-
stand. Dick Higgins, der auf der Bühne arbeitete, unterbrach sofort seine Handlung, ging schnell auf den jungen Mann zu und schob ihn hinunter. Er konnte eine
Störung von außen nicht tolerieren, obwohl sich das ganze an der äußeren Bühnenseite abspielte; seine Arbeit
konnte sich auf überhaupt nichts anderes einstellen. Ich
war Zeuge einer ähnlichen Publikumsreaktion, während
einer Aufführung der Merce Cunningham Company in
Saint-Paul-de-Vence. Aber dort war der Zwischenfall
gefährlicher, weil es für beide, die Mitglieder des Publikums, die sich auf der Bühne befanden, und die Tänzer
ein physisches Risiko bedeutete. In Higgins Fall wurden
seine Absichten unterbrochen, aber in Wirklichkeit nicht
das, was er tat.

*Aber was halten Sie von den Aktivitäten der Fluxus-Grup-
pe? Und diejenigen des Koreaners Nam June Paik?*

Ich bin mit den *Fluxpieces* nicht sehr vertraut; ich glaube, es hat etwas mit der Erteilung von Anweisungen an das Publikum die verschiedensten Aktionen betreffend zu tun. Aber Nam June Paik kenne ich und über ihn kann ich erzählen. Seine Arbeit ist faszinierend und ziemlich oft auch furchterregend. Ich würde es mir jetzt zweimal überlegen, bevor ich an einer seiner Performances teilnähme! Er erzeugt ein echtes Gefühl von Gefahr und geht manchmal jenseits dessen, was wir akzeptieren. Aber es ist sehr spannend. Er hat einen einstündigen Film ohne irgendwelche Bilder produziert. Das einzige, was man sieht, ist der Staub auf dem Film und auf der Linse des Projektors. Eine ganze Stunde lang. Aber es ändert sich die ganze Zeit, und es ist äußerst interessant. Er hat auch einige außergewöhnliche Sachen für das Fernsehen und jetzt auf Video produziert. Aber ich habe durch das Happening bei Mary Bauermeister in Köln eine schreckliche Erinnerung an ihn...

Die Hommage an John Cage?

Ja. Nam June Paik kam plötzlich auf mich zu, schnitt meinen Schlips ab und zerriß meine Kleidung, als ob er sie mir vom Leibe reißen wollte. Gleich hinter ihm war ein offenes Fenster, wir sind im sechsten Stockwerk, und jeder hatte plötzlich den Eindruck, daß er sich aus dem Fenster stürzen würde. Glücklicherweise gab er sich damit zufrieden, das Zimmer zu verlassen, aber wir blieben für einige Zeit wie betäubt, unbeweglich und erschrocken. Endlich klingelte das Telefon – es war Paik, um uns zu sagen, daß die Performance vorüber sei!

Was haben Sie noch nach Ihren Experimenten der Jahre 1952 bis 1960 auf dem Gebiet der Happenings produziert? Was ist beispielsweise mit Reunion*?*

Die Idee von *Reunion* bestand darin, viele gesonderte Klangsysteme zusammenzubringen, wobei jedes von einem anderen Komponisten ingangesetzt wurde. Und das Wort *Reunion* bedeutete, daß die bisher getrennten Komponisten nun zusammenkommen könnten, um gemeinsam Musik zu machen. Die erste Aufführung fand 1968 in Toronto statt. David Behrmann, David Tudor und Lowell Cross waren dort. Jeder hatte seine eigene Klangquelle und sein eigenes Klangsystem, d.h. Modulationsapparate, Verstärker und Lautsprecher. All diese Systeme waren in Betrieb, jedes war mit den Feldern eines Schachbretts verbunden, das Lowell Cross elektronisch verkabelt hatte; die Bewegung fand auf dem Schachbrett statt, dann außerhalb des Schachbretts. Das Schachbrett hatte die Funktion einer Schranke, die sich diesen Quellen, diesen Musikströmen öffnete oder schloß. Zuerst spielten Marcel, Teeny Duchamp und ich. Unser Spiel löste alle Klangquellen aus, aber es selbst war keine.

War es Duchamp, der Ihnen das Schachspielen beibrachte?

Ich war sein sehr schlechter Schüler. Einmal sagte er mir verärgert: "Wollen Sie eigentlich nie gewinnen?"

Ihre Idee, sich eines Schachspiels zu musikalischen Zwecken zu bedienen, erinnert mich an die **Repons** *von Pousseur; in diesem Stück hingegen waren die Interpreten nicht die Komponisten. Und in der Partitur, die Xenakis* **Duel** *oder* **Stratégie** *betitelt, gibt es weniger ein Spiel als einen Wettstreit zwischen zwei Dirigenten. Ich kann mich nur an einen Versuch erinnern, der mit Ihrem verglichen werden kann; Stockhausens Versuch in Darmstadt, ich glaube es war 1967, kurz vor* **Reunion**. *Stockhausen versammelte zwölf Komponisten, und die Sequenzen eines jeden vermischten sich und folgten einander, wie in* **Reunion**. *Außer, daß Stockhausen der Maestro blieb, weil er einen Plan a priori durchsetzte – anhand der verschiedenen Partituren. Es war bestimmt kein Schachspiel! Vielleicht eher ein Happening für Komponisten. Die sich etwas dabei dachten.*

Ja, das Schachspiel enthält in sich eine Finalität, da es zum Ziel hat, zu gewinnen. Aber wenn das Spiel benutzt wird, um Klangquellen zu verteilen und also ein globales Klangsystem festzusetzen, hat es kein Ziel. Es ist ein Paradox, zweckmäßige Zwecklosigkeit.

Aber dieses Paradox setzt Ihrerseits keinen unbedingten Kontrollverzicht voraus.

Es gibt offensichtlich eine Kontrolle über das Geschehen. Aber diese Kontrolle hängt von der Ungewißheit ab. Man weiß nie, was die ausführenden Komponisten spielen werden. Und man weiß nicht, wie sich das Spiel entwickeln wird.

Das ist schon das Thema eines Ihrer berühmtesten Werke,
die Imaginary Landscape No.4 *von 1951.*

Ja, es war sicher, daß die Radios sehr verschiedene Arten von Musik produzieren würden. Die Handlungen der Interpreten und die Nebeneinanderstellung von zwölf Sets sollten für eine vollkommen unvorhergesehene auditive Begegnung sorgen. Eine kurze Geschichte über dieses Werk: Man sagt, daß bei seiner Uraufführung 1951 nichts passierte, weil es schon zu spät nachts war und wir nichts in den Radios finden konnten. Tatsächlich gab es alle Arten von Sendungen! Dennoch zogen mich immer die Klänge an, die jemand anders wollte und die sofort verzerrt und transformiert wurden, so daß sie sich in die Sphäre der Ziellosigkeit einfügten. Es ist eigentlich keine Collage. Es ist eine Art, sich der Willenlosigkeit zu öffnen. Mit der *Imaginary Landscape* hatte ich ein Ziel, ich wollte allen Willen und selbst die Idee des Erfolgs ausradieren. Folglich komponierte ich ein Werk. Ich hatte sehr gut die Zerbrechlichkeit dieses Werkes vorausgesehen! Und noch einmal, im Gegensatz zu dem, was die Leute erwartet hatten (und zu dem, was jeder berichtet...), haben die Radios an diesem Abend ihre Aufgabe zufriedenstellend erfüllt. Sie können also sehen, daß ich es manchmal fertigbringe, reine Prozesse herzustellen.

Dennoch üben Sie eine bedingte Kontrolle über das Geschehen in Reunion *aus.*

Aber nicht in *33 ^{1}/3*. Das einzige, worauf sich der Titel bezieht, ist die Geschwindigkeit einer Langspielplatte. Als wir es das erste Mal präsentierten, hatten wir ein Dutzend Phonographen und fast zweihundertfünfzig Platten zur Hand. Als das Publikum den Saal betrat, konnte es keine Sitzgelegenheiten vorfinden. Rings um den Raum gab es nur Tische mit Bergen von Schallplatten und Lautsprechern, die überall im Raum verteilt waren. Jedem Mitglied des Publikums wurde sehr schnell klar, daß sie, wenn sie Musik wollten, sie sich selber produzieren mußten. Ich habe eine lange Zeit nach Mitteln gesucht, um eine sogenannte Publikumsteilnahme zustandezubringen. Aber ich möchte nicht, daß die Leute am Klavier sitzen, wenn sie es nicht erlernt haben. Andererseits kann man jeden einen Phonographen bedienen lassen.

Trifft diese Intentionslosigkeit das Publikum - oder die Interpreten - wie ein Schlag?

Während der von mir erwähnten Aufführung gab es tatsächlich einen etwas älteren Mann, der vom Hören so vieler Musik zur gleichen Zeit sichtlich beunruhigt war. Es hörte sich an wie ein *Musicircus!* Dann , und das ist das einzige Mal, daß ich jemals soetwas sah, begann er, im Raum umherzulaufen, die Schallplatten abzunehmen und die Phonographen, einen nach dem anderen, auszuschalten. Aber nachdem er nicht einmal zwei Schritte fort war, hat schon jemand anders eine andere Platte aufgelegt!

Haben Sie andere Ideen gehabt, um das Publikum an Aufführungen "teilnehmen" zu lassen?

Z.B. *Newport Mix* - die Vorführung eines Typs, der etwas weniger "musikalisch" ist. Irgendwie ähnelt es mehr dem Theater als der Musik. Leute wurden zum Essen in ein Restaurant eingeladen, auf eine Yacht, die im Ohio-Fluß ankerte. Auf jeder Einladung wurden die Gäste gebeten, eine Tonbandschleife mitzubringen. Nichts wurde im einzelnen festgesetzt, außer daß man ohne eine Tonbandschleife nicht eingelassen würde. Viele Leute kamen ohne eine Tonbandschleife. Aber wir hatten die notwendigen Gerätschaften vorbereitet, um Schleifen herzustellen. Und vor dem Eintritt war jeder verpflichtet, seine eigene Schleife aufzunehmen. Und alles wurde so arrangiert, daß die Tonbänder überall zirkulieren konnten,um die Tische herum und darüber...

Das führt uns zurück zu Rozart Mix *und die Musik-Wochen 1970 in Paris.*

Der wichtigste Faktor bei den Werken, in denen Tonbänder verwendet werden, ist,daß die entstehenden Klänge nicht das Resultat einer vorausgehenden Entscheidung sind. Für *Rozart Mix* habe ich mir ein Minimum von achtundachtzig Bandschleifen gesetzt, weil man mit einer der-

artigen Anzahl von Schleifen keine vorsätzliche Kontrolle über die entstehende Musik auf einem gegebenen Tonband ausüben kann. Es ist wichtig, die Situation komplex
zu gestalten. Die Leute werden nicht wirklich beginnen,
teilzunehmen, wenn die Situation nicht schon komplex ist.
Die Rolle des Komponisten besteht darin, die Elemente
vorzubereiten, die es einer Situation ermöglichen, komplex zu werden.

Die Notation wird ganz einfach...

Das hängt von den Umständen ab. Wie Sie wissen, ist die
Partitur von *Rozart Mix* nur eine Korrespondenz zwischen
Alvin Lucier und mir - es sind unsere Briefe über *Rozart
Mix*, die fotokopiert wurden. Bei anderen Gelegenheiten,
insbesondere bei *Variations V,* habe ich die Partitur nach
dem Werk geschrieben. Diese Partitur enthält einfach An-
merkungen, die nach der Aufführung geschrieben wurden; nicht um das Werk zu beschreiben, sondern um denjenigen, die eventuell das Werk spielen möchten, zu erklären, wie sie vorzugehen haben.

*Handelt es sich hier nicht um eine Montage-Beschreibung,
die im Nachhinein angefertigt wurde, wie es bei einigen
Werken aus den Studios für elektronische Musik der Fall
ist?*

Nicht genau. Ich spreche von Anmerkung, nicht von Beschreibungen. Und ich habe nicht nur die Anzahl der
Anmerkungen, sondern auch die Anzahl der Wörter in jeder Anmerkung durch Zufallsoperationen festgelegt...
Ich hatte einige Schwierigkeiten, mich diesen Erforder-
nissen anzupassen.

*Ist die Notation ein Teil des Werks? Ist sie etwas eigenes
im Verhältnis zum Werk?*

In diesem Fall handelt es sich um eine Art Poesie zu *Variations V* - um eine Verlängerung des Werks. Aber was
meinen Sie, wenn Sie fragen, ob sie Teil des Werks ist?

*Ich dachte an Kostelanetz' Äußerungen zu 4'33". Ihm zu-
folge enthält jedes Stück "folgernder" Kunst nicht nur das
Objekt, das Stück selbst, sondern auch die Gesamtheit
der Kommentare, die darüber abgegeben werden können.*

Die Partitur, die geschriebenen Spuren und auch die gei-stigen Spuren werden alle in den Sog des Werks hineinge-zogen, alle wurden zum Werk. Einschließlich der Kommen-tare, der Kritiken usw.

/Als "folgernde" Notation mag das bei *Variations V* zutref-fen./ Aber das Publikum, das an *Variations V* teilnimmt, muß nicht die Partitur kennen. Und Sie müssen meine An-merkungen zur ersten Aufführung, die als Richtlinien für die zweite Aufführung dienen, nicht mit Kritik ver-wechseln. Sie enthalten kein Werturteil.

Sie dienen dem Leser nur als Orientierung.

Ich erkläre.

Aber Ihre Erklärung bezieht sich nicht auf das, was statt-fand. Sie ersetzen die Repetitions-Notation durch Varia-tions-Notation.

Man könnte sagen, daß ich Schönberg immer noch treu geblieben bin!

Ihre Notation neigt zur Unbestimmtheit.

Ja, und die extreme Manifestation dieser Notationsform würde die Notation überhaupt auflösen.

Beabsichtigt das nicht der Free Jazz?

Wir werden uns darüber unterhalten müssen! Jeder sagt mir, der Jazz sei heute *frei*. Aber wenn ich ihn mir an-höre, kommt es mir immer vor, als ob er sich in den Gren-zen einer Ideen-Welt und musikalischer Beziehungen be-wegt.

Das ist nicht das einzige beim Free Jazz...

In den meisten Jazz-Kompositionen höre ich eine Impro-visation, die einer Konversation ähnelt. Ein Musiker ant-wortet dem andern. Demnach hört jeder mit aller Macht dem zu, was der andere tut, nur um ihm besser zu ant-worten, anstatt jeden das spielen zu lassen, was er möch-te. Und das, was Free Jazz genannt wird, ist vielleicht ein Versuch, sich vom Zeitmaß und der rhythmischen Pe-riodizität zu befreien. Der Baß spielt nicht mehr wie ein Metronom. Aber selbst dann bekommt man immer noch den Eindruck eines Rhythmus vermittelt. Es bleibt "Mu-sik".

Manchmal. Aber manchmal entfernt es sich auch...

Vielleicht. Aber ich möchte Ihnen über eine Erfahrung erzählen, die ich vor einigen Jahren mit einer Jazz-Gruppe in Chigaco gemacht habe. Diese Gruppe sagte mir so oft, daß sie meine Musik bewundere, daß ich zustimmte, an einer ihrer Sessions teilzunehmen. Sie baten mich, ihnen zuzuhören, damit ich ihnen anschließend sagen könnte, was sie tun sollten, um eine mir genehme Richtung einzuschlagen. Sie formierten sich auf der Bühne zu einer Gruppe und verhielten sich, wie ich es Ihnen gerade beschrieb. Sie hörten sich gegenseitig zu und antworteten einander. Zuerst dachte ich, daß alles besser ginge, wenn sie anfingen, sich voneinander zu entfernen und im Raum umherzulaufen. Ich riet ihnen, nicht einander zuzuhören, und bat jeden, wie ein Solist zu spielen, als ob er der einzige auf der Welt sei. Und ich warnte sie insbesondere: "Wenn einer hört, daß ein anderer beginnt, laut zu spielen, sollte er sich nicht verpflichtet fühlen, noch lauter zu spielen." Ich wiederholte nochmals, daß sie unabhängig sein sollen, unabhängig davon, was geschieht. Gut, bei der Probe lief alles ziemlich gut. Es war, was man erfolgreichen Free Jazz nennen könnte! Und sie waren mit dem, was geschah, sehr zufrieden. Sowie sie dem Publikum gegenüberstanden, begannen sie unglücklicherweise ihre alten Gewohnheiten der Konversation und des Antwortens wieder aufzunehmen, unabhängig davon, wieviel sie umherliefen. Es ist sehr schwer, sich so schnell zu befreien!

Und finden Sie, daß sich die Musiker im Musicircus *von ihren Gewohnheiten befreit haben – insbesondere der Gewohnheit der Konversation?*

In Paris stellte ich fest, daß einige Gruppen still wurden, sowie sie bemerkten, daß andere Gruppen zu spielen begannen. Das ist genau das, was im Jazz geschieht, außer daß im *Musicircus* eine gegensätzliche Wirkung einsetzt. Dennoch arbeitete jede Gruppe in den beiden *Musicircussen*, die wir in den Vereinigten Staaten produzierten, gewissermaßen unabhängig voneinander. Keiner kümmerte sich um seinen Nachbarn. Das Ergebnis war erstaunlich. Wenn man jedoch der konzentrierten Aufmerksamkeit verhaftet bleibt, oder wenn man das Prinzip des Diskurses bewahrt, werden die Musicircusse völlig uninteressant.

Sie führen wieder auf die Konzert-Situation zurück.

In Paris waren die Zuhörer mit dem Problem konfrontiert, Virtuosen zu werden und ihren eigenen Zirkus zu produzieren!

Sie haben ein Werk erwartet...

Die Leute denken immer, daß es etwas zu verstehen gäbe. Sie stellen sich vor, der Komponist hätte tatsächlich etwas im Sinn.

Und wenn Sie Merce Cunninghams Ballett beiwohnen, sind sie unfähig, sich einzugestehen, daß Sie zum selben Zeitpunkt nicht wissen, was die Tänzer tun.

Aber der Konstrast zwischen der Freiheit der Klänge und der Nicht-Freiheit eines Tänzers sollte ihnen zu verstehen geben, daß ein Ballett ein Aufeinandertreffen ist, eine Kollision und nicht nur ein Einklang.

Mir scheint, daß vor einigen Jahren beim Museum Event in Saint-Paul-de-Vence, oder vor kurzem, als das Ballett Canfield mit der Musik von Pauline Oliveros aufgeführt wurde, das Publikum diese Kollision spürte, sie waren erschüttert...

Ja, in Saint-Paul-de-Vence folgten die Leute den Tänzern in die verschiedenen Museumsräume. Andere versammelten sich auf der Terrasse um mich herum. Nach und nach wurde es fließend. Fanden Sie die Zuschauer bei *Canfield* tatsächlich entspannter?

Sie haben die Bewegung als Beispiel angeführt. Man konnte den Raum verlassen, und die Musiker würden mit einem über das Radio kommunizieren. Der Klang dauerte an, obwohl er nicht merklich mit jemandes Handlung verbunden war. Und die Tänzer auf der Bühne nahmen offenbar keine Notiz von dem, was sich um sie herum abspielte... Ja, ich glaube, es war gelungen. Es wurde kein Versuch unternommen, die Aufmerksamkeit auf eine einzelne Sache zu richten.

Kein Diskurs mehr. Stattdessen gab es Elektronik.

Ist die Elektronik in Ihren Augen nicht die Rettung des Rock and Roll?

Wenn wir uns über Rock unterhalten, ändert sich alles! Die Elektronik hat alles in ihm verändert. Jazz bleibt seinen Traditionen verhaftet; aber beim Rock wurden die Traditionen im Klang ertränkt. Alles verwirrt sich – es ist wunderbar! Und die Interpreten scheinen sich darin einig zu sein... Sie sind lebendig! Während sie sich beim Jazz langweilen. Jazz ist eine lineare Form; Rock nicht.

Aber dem Rhythmus ist nicht zu entkommen, besonders beim Rock nicht!

Aber die Regelmäßigkeit verschwindet bei entsprechender Verstärkung. Man hat nicht mehr ein Rhythmus-Objekt vor sich, das wie eine Rassel geschüttelt wird. Man ist in dem Objekt, und man bemerkt, daß dieses Objekt ein Fluß ist... Beim Rock gibt es einen Rhythmuswechsel: man wird in eine Strömung geworfen. Rock reißt alles mit sich.

Die Wirkung einiger Ihrer Werke, z.B. Variations V *oder* HPSCHD *auf den Hörer, ist ziemlich ähnlich. Bestimmte Momente, wie z.B. während der Aufführung der* Song Books *im Théâtre de la Ville, erinnern mich an das, was mich zuerst bei* Canfield *beeindruckte: Eintauchen in einen Ozean von Klängen. Ihre und Pauline Oliveros Musik nehmen die Dimension von Wellen an, die sich in Schaum brechen. Man fühlt sich von einem Kampf der Elemente ergriffen, in einem Sturm...*

Ich werde mich mit Ihnen zu *Thunderclaps* verabreden! Dann werden Sie von einem wirklichen Sturm ergriffen.*!

---

*Siehe Fußnote S.269(John Cage; Fußnote aus dem Jahr 1972)

SIEBENTES GESPRÄCH

Cheap Imitation: Jenseits von Unbestimmtheit
Die Gegenwart anderer in der Musik
Hommage an David Tudor
Die Vielfalt jenseits des Ego
Die gegenwärtige Situation in Frankreich
Pierre Boulez
Individualismus
Liebe und Ruhe
Verehrung für Satie
Das Thema der *Song Books:* Satie und Thoreau
Das Leben in Stony Point
Pilzkunde
Drogen und Familiengefühl

Vorausgesetzt, was Sie über die **Unbestimmtheit** *einiger Ihrer Werke sagten, bis zu welchem Ausmaß ist sie Ihrer Ansicht nach auf Ihr Werk im allgemeinen anzuwenden? Untergraben Sie nicht Ihr eigenes Unbestimmtheitsverfahren, wenn Sie, wie z.B. in* **Cheap Imitation,** *zu einer traditionelleren Kompositionsmethode zurückkehren?*

Cheap Imitation steht wirklich vollkommen in Kontrast zu meinen unbestimmten Werken. Es hat einen Anfang und ein Ende. Es hat drei Teile. Nun, das alles ist ein Resultat meiner Liebe zu Satie. Streng genommen folgt das Werk manchmal der melodischen Richtung, machmal der Begleitung von Saties *Socrate.* Vielleicht könnte mir meine Satie-Verehrung vorgeworfen werden. Aber ich würde sie nie verleugnen.In meinem übrigen Werk befinde ich mich mit mir selbst in Harmonie – wegen einer Art Kontinuität, wie man sagen kann – auf der Suche nach einer immer radikaleren Unbestimmtheit. Aber *Cheap Imitation* führt mich ganz klar weg von all dem. /Wenn also meine Ideen in eine Verwirrung geraten, ist diese Verwirrung auf meine Liebe zurückzuführen.*/.

Haben Sie nach so vielen riskanten Experimenten nicht das Bedürfnis, auf **festen Boden** *zurückzukommen, selbst wenn das eine Art Tradition bedeutete?*

Ich würde stattdessen sagen, daß Ihnen meine gegenwärtige Position rätselhaft vorkommt, weil Sie mein Werk nicht als Ganzes betrachten. Ich habe das Gefühl, daß diese Betrachtung des Ganzen erkennen läßt, daß ich immer nur für Individuen, für bestimmte Personen geschrieben habe. Ich habe nur sehr selten für Symphonie-Orchester geschrieben. Im großen und ganzen war alles, was ich geschrieben habe, für Solisten bestimmt. Oder

---

* Wenn *Cheap Imitation* ohne einen Dirigenten aufgeführt wird, bleibt es dennoch kein Objekt. Das Werk kehrt zu sich selbst zurück, um sich *selbst herzustellen.* Es wird eine Strömung, ein Fließen. Sogar der Rhythmus ist besser. Und die "Verwirrung", die ich 1970 fühlte, scheint heute verschwunden zu sein. Sobald es keinen gibt, der für die Dinge verantwortlich ist, gibt es einen Übergang vom Objekt zum Prozeß. Ich werde später darauf zurückkommen. (John Cage; Fußnote aus dem Jahr 1972.)

für kleine Gruppen. Zuerst waren es die Kompositionen für mein eigenes Schlagzeugorchester – für Musiker, mit denen ich gearbeitet hatte und die ich ausgebildet hatte. Meine Musik für zwei Klaviere schrieb ich, sobald ich Fizdale und Gold in New York kennengelernt hatte. Ich komponierte *Sonatas and Interludes*, weil ich an Maro Ajemian dachte. Jeder kann sie spielen; aber das Werk selbst bleibt ein Portrait Maro Ajemians. Eine schwarze Rose, die den Eindruck des Schlafens und des Erwachens vermittelt...

Ihre Werke für zwei Klaviere sind Portraits von Fizdale und Gold?

Ich halte sie für ebenso elegant wie – nicht Fizdale und Gold selber – bestimmte neo-klassische Partituren, die sie gerne spielen – und diese Eleganz ist sicherlich ein ausgeprägtes Charakteristikum, das überhaupt nicht mit den Eigenschaften meiner anderen Werke zu vergleichen ist.

Da war aber auch David Tudor...

Und seine außergewöhnliche Virtuosität, und seine Befähigung und Präzision, mit der er immer alle Arten technischer Probleme löste... Ja, er faszinierte mich. Aber was ihn zu dem machte, der er für mich ist, ist sein Geist, seine Persönlichkeit – ich weiß nicht, welches Wort in diesem Fall angebracht wäre.

"Festen Boden" bedeutet dann: andere Leute, z.B. David Tudor?

Seit 1952 habe ich in all meinen Werken das zu erreichen versucht, was David Tudor interessant und spannend erschienen wäre*. Was immer in den von mir hergestellten Werken geglückt ist, wurde im Verhältnis zu ihm beschlossen. Nach meiner Meinung ist meine bedeutendste

---

* 1974 begann ich die *Etudes Australes* zu schreiben und dachte dabei an einen anderen Pianisten, an Grete Sultan. Seit 1977 habe ich sehr eng mit dem Violonisten Paul Zukofsky gearbeitet. Diese Arbeit, wie auch die an den *Freeman Etudes*, wird zur Zeit fortgesetzt. (John Cage; Fußnote aus dem Jahr 1980.)

Produktion *Variations II*, diejenige, an der er, wie ich
denken möchte, den größten Anteil hat. Als ich *Music of
Changes* komponierte, widmete sich David Tudor vollkommen dieser Musik. Zu dieser Zeit *war* er die *Music of
Changes*. Und dann, nach ein paar Jahren, hörte diese
Identifikation auf – weil es in Davids Natur liegt, nicht
das zu wiederholen, was er getan hat – weil er immer vor-
anschreiten muß. Deswegen spielt er auch nicht mehr
Klavier, außer zu bestimmten, sehr seltenen Anlässen.
Was mich beeindruckt, ist seine Hingabe an elektronische
Kreisschaltungen, sowohl Audio als auch Video... Aber
wir haben darüber schon gesprochen. Dennoch muß ich
betonen, daß er bis auf den heutigen Tag immer seiner
eigenen Arbeit den gleichen Respekt zollte wie den Komponisten, die sich außerhalb seines Hauptinteresses befanden. David Tudor war in allem, was ich tat, präsent..
Heute ist er selber präsent. Und ich bin wirklich sehr
glücklich darüber.

Sie haben bei den Song Books *zu den Pariser Musikwochen sehr stark auf David Tudors Anwesenheit gezählt..*

Als mir die *Song Books* in Auftrag gegeben wurden, wußte ich, daß sie nicht nur von Cathy Berberian, sondern
auch von Simone Rist aufgeführt würden. Folglich, das
muß ich zugeben, vergaß ich, daß ich für sie komponierte... und ich komponierte für David Tudor! Was dumm
ist, denn David singt nicht*!... Als ich 1958 *Aria* komponierte, war ich jeden Tag mit Cathy zusammen. Es war
mir möglich, etwas zu schreiben, das zu ihr paßte. Als
ich für David Tudor komponierte, spielte er das, was
ich schrieb, und demnach paßte es zu ihm. Aber Simone
Rist... ich wußte nicht, *wer* sie war. Ich konnte an sie
nur als Instrument denken. Denn alles, was ich wußte,
war, daß sie sogar ein besseres Instrument als Cathy
Berberian sein könnte! Dann komponierte ich, ohne es zu
wollen, indem ich an David Tudor dachte.

Aber verweist Komponieren immer auf jemanden? *Zielt*

---

* Tatsächlich haben wir oft in Takehisha Kosugis Musik für Cunninghams *Squaregame* zusammen gesungen. (John Cage; Fußnote aus
dem Jahr 1980.)

nicht Ihre unbestimmte Musik auf das Anonyme ab?

Es ist wahr, daß man mich oft fragt, welche Rolle der Komponist heutzutage einnimmt. Was sie ist – oder was sie sein sollte. Und ich antworte ebenso oft, daß ich nicht das geringste Interesse hätte, anderen zu sagen, was sie tun sollen. Ich bin kein Polizist! Es stört mich sogar noch mehr, daß ich mich in den *Song Books* wie auch in *Cheap Imitation* so verhielt, wie es meines Erachtens andere nicht sollten.

Ist das ein Widerspruch, den Sie wirklich empfinden?

Ja, aber ich habe noch Entschuldigungen dafür. Ich wurde von der Koussevitsky-Stiftung beauftragt, *Cheap Imitation* zu produzieren; man bat mich längere Zeit um ein Orchesterwerk. Außerdem verweigerte man mir das Recht, Saties *Socrate* für zwei Klaviere zu arrangieren;* deshalb brauchte ich an seiner Stelle eine Partitur, die rhythmisch irgendwie mit *Socrate* identisch war: Unglücklicherweise war ich in die Imitation von Satie** so vernarrt, daß ich beschloß, es in ein Orchester-Werk zu verwandeln, zwei Fliegen mit einer Klappe. Tatsächlich vielleicht sogar drei! Folglich stimme ich gerne zu, daß ich zwischen den *Song Books* und *Cheap Imitation* kaum die Rolle eines Komponisten erfüllt habe, wie ich sie andernorts definiert habe. Um meine Entschuldigungen abzuschließen, möchte ich sagen, daß mein Problem darin besteht, meine Ideen über die Verbesserung der Lebensbedingungen in dieser Welt ins Verhältnis zu setzen zu meinen Ansichten über das Komponieren... Meine Arbeit ist nicht mehr ausschließlich musikalisch. Ich mische musikalische mit sozialen Bedürfnissen.

Führen die sozialen Bedürfnisse Sie nicht dazu, die musikalischen Bedürfnisse zu "bemogeln".

Das wäre seltsam. Erinnern Sie sich, daß einige meiner neueren Werke nicht für den tatsächlichen Interpreten

---

* Tatsächlich habe ich das Arrangement für einen Tanz von Merce Cunningham gemacht. (J.Cage; Fußnote aus dem Jahr 1972.)
** Ursprünglich für Klavier-Solo, jetzt auch für unbegleitete Violine
(1977). (John Cage; Fußnote aus dem Jahr 1980.)

geschrieben wurden, sondern für David Tudor, der sie nicht spielt!

Steht das nicht im Widerspruch zu dem, was Sie "soziale" Bedürfnisse nennen? Sie schreiben immer für einen Virtuosen!

Nein, so ist es nicht. Mein Denken über den gegenwärtigen Zustand der Welt führt dazu, daß ich nicht für ein Individuum oder eine besondere Person schreibe, sondern stattdessen für viele Individuen und Personen...

Ja, aber Sie kommen immer wieder auf David Tudor zurück!

Ich glaube dennoch, daß diese Tendenz, für viele Leute und nicht nur für einen zu schreiben, beim *Musicircus*, in *HPSCHD* und in *Newport Mix* usw. klar zum Ausdruck kommt. Es sind keine Stücke für *einen* Virtuosen.

Aber indem Sie Ihre Vorstellung von Interpreten vervielfachen, laufen Sie nicht Gefahr, enttäuscht zu werden, wie z.B. beim Pariser Musicircus?

Das ist ein Problem, das ich noch nicht gelöst habe. In den Vereinigten Staaten fanden die ersten beiden *Musicircusse* in einer Atmosphäre statt, die, nach meinem Gefühl, mit meinen Ideen über die Weltverbesserung harmonierte. Eine Menge Leute, die miteinander arbeiteten, ohne sich zu behindern. In Frankreich fiel dieselbe Idee... einer Art sozialer "Verstopfung" zum Opfer! Wie löst man dieses Problem? Sollte ich das Pariser Publikum dafür verantwortlich machen? Oder mich? Ist es deshalb, weil ich Amerika kenne, in dem Sinne, daß ich weiß, *wer* David Tudor ist, während ich nichts über Frankreich weiß oder darüber, was es heißt, Franzose zu sein? Ich kann diese Fragen nicht beantworten. Ich würde gern sagen können, daß alle Menschen auf der ganzen Welt ein und dieselbe Person sind...

Aber das können Sie nicht.

Nicht, weil ich die Vielzahl und die Verschiedenheit der Individuen leugnen möchte. Aber ich halte an der Idee fest, daß all diejenigen, die jetzt, wo es auch sei, leben, mehr oder weniger der gleichen Information unterworfen sind. Es passierte mir öfter als einmal, daß das, was uns in New York völlig neu erschien, z.B. in Zagreb alltäglich war. Nur, wenn ich mich an Franzosen wende, antworten sie mir mit ihrer Kultur, sie hängen an ihrer Kultur wie an Eigentum, und sie können dieses Eigentum nicht aufgeben. Es klebt an ihrer Haut. Es trennt sie von anderen Leuten mit einer anderen Kultur.

Bezieht sich das, was Sie sagen, auf einen Mann wie Boulez?

Wahrscheinlich. Ich erzählte Ihnen, wie begeistert ich von seiner *Deuxième Sonate* war. Indem ich mit einem derartigen Werk konfrontiert wurde, kam ich nicht umhin, von seinem Aktivismus, von der Summe der ihm innewohnenden Aktivitäten, betäubt zu sein. Ich konnte mich nicht mehr auf traditionelle Beziehungen einschränken. Ich verstand diese Musik nicht, ich fühlte sie. Nachdem ich um 1952 Frankreich verließ, ungefähr zu der Zeit, als Boulez diese *Sonate* schrieb, stand ich sehr lange mit ihm im Briefwechsel, der erst abbrach, als ich mit Zufallsoperationen zu arbeiten begann. Boulez' Briefe interessierten mich unendlich; ich wage zu hoffen, daß ihm meine Briefe nicht gleichgültig waren! Aber er lehnte es ganz und gar ab, die Idee vom Zufall anzuerkennen. Das stimmte nicht mit seinen Ansichten überein. Später erschien Mallarmes posthumes *Livre*, das uns wieder zusammengebracht haben könnte, da Mallarmé letztendlich auch dem Zufall den Vorrang gab. Tatsächlich wandte sich Boulez seinerseits dem Zufall zu. Aber für ihn diente der Zufall als Vorwand, um den Begriff "aleatorisch" zu erfinden. Ich glaube, er prägte dessen gegenwärtige musikalische Definition. Nun, er benutzte dieses Wort nur, um bestimmte und korrekte Zufallsoperationen zu beschreiben, im Gegensatz zu denen, die ihm ungeeignet oder ungenau erschienen - meine! Tatsächlich eignen sich seine Zufallsoperationen für seine Kompositionen nur als Teil eines Dramas. Er unterscheidet in derselben Komposition sehr streng zwischen determinierten und "aleatorischen" Passagen. Im ganzen wird es ein Drama zwischen den Gegensätzen: Determiniertes versus Indeterminiertes.

Und Ihre Vorstellung vom 'Theater' ist eine andere?

Sie ist nicht dramatisch. Sogar als ich auf der Ober-
schule war, zog ich die Rede der Debatte vor. Es störte
mich überhaupt nicht zu reden, aber es langweilte mich,
mit Leuten zu argumentieren, die mir widersprachen.

*Im Verhältnis zu Ihnen erscheint Boulez wie ein "lite-
rarischer" Autor. Seine Theorie über die Parenthesen
oder die Kursivschrift hat Mallarmé viel zu verdanken.
Aber Ihre Ideen über Unbestimmtheit haben keine Ähnlichkeit damit.*

Dem stimme ich vollkommen zu.

*Sie haben bereits den Einfluß bestimmter literarischer
Themen auf Ihre Komposition erwähnt. Aber würden Sie
das noch einmal erklären – diesmal im Verhältnis zu Boulez?*

Wie Sie wissen, ist Joyce meine hauptsächliche Inspira-
tionsquelle. Ebenso Gertrude Stein. Und seit meiner Col-
lege-Zeit haben mir Eliot, Pound und Cummings sehr gefallen. Joyce und Stein* sind jedoch für mich die wichtigsten.

*Aber Boulez bezieht sich ebenfalls auf Joyce. Ebensoviel
wie auf Mallarmé.*

Der Unterschied besteht darin, daß ich Joyce immer noch
eine derartige Bewunderung entgegenbringe, daß ich
niemals sagen könnte, mein Werk sei "joyceianisch"! Sie
kennen mein Interesse an Reichtum und Komplexität...
Nun, mir ist ziemlich bewußt, wie sehr ich von diesem
doppelten Standpunkt aus alles, was ich gemacht habe,
kritisieren könnte, indem ich es mit Joyce vergleichen
würde. *Nichts,* was ich bisher komponiert habe, ist von
Joyce, weil meine Werke, hinsichtlich des Reichtums und
der Komplexität, nicht mit seinen verglichen werden können.**

---

* Und Pound (John Cage; Fußnote aus dem Jahr 1980.)
** Seit 1976 bin ich mit *Finnegans Wake* beschäftigt. Neben einigen
Writings Through Finnegans Wake habe ich _____
                Circus über _____ (Titel der Komposition),
_____ (Artikel)(Adjektiv)   (Titel des Buches)gemacht, eine
Methode, um jedes Buch in Musik zu übersetzen, und, mit tech-
nischer Hilfe John Fullemans, meine Realisierung davon, *Roaratorio,
an Irish Circus on Finnegans Wake.* (John Cage; Fußnote aus dem
Jahr 1980) (dt. Königstein 1982)

227

"Kultur", wie Sie sie verstehen, wartet nicht darauf,um als Rechtfertigung benutzt zu werden.

Und darüber hinaus bin ich sicher, daß das, was man in Frankreich unter Kultur versteht, durch die elektronische Technologie – wie es McLuhan nennt – zu Staub zerfallen wird. Oder vielmehr – *sie wird verdunsten und vielleicht als saurer Regen wieder herunterfallen – aber unter anderen Bedingungen und für andere Leute überall verwendbar sein.*

Wenn man Ihnen zuhört, hat man den Eindruck, daß die Literatur von einem Musiker "benutzt" werden kann. Aber er muß sich nicht vor ihr verbeugen.

Vor allem glaube ich, daß all die Gedanken aller "Kulturen" – im ethnologischen Sinn des Begriffs – und alle Experimente, die jemals durchgeführt und jemals aufgezeichnet wurden, sich treffen, vereinigen und vermischen werden. Sie werden eine Atmosphäre erzeugen, in der es wohl kaum einen Mittelpunkt geben wird. Folglich wird man sie jedesmal anders gebrauchen können, Repetition wird es nicht mehr geben.

Dann ist es letztendlich die Repetitivität, das Gefühl einer Flucht in die Tradition, was Sie an den europäischen Komponisten feststellen?

/Und ich habe ebenfalls das Gefühl, daß man in Europa immer versucht hat, unter dem Schirm der Kultur Schutz zu suchen. Die Leute mögen keinen kulturellen "Fallout" – sie glauben, wahre kulturelle Reinheit sei möglich. Das ist *wahrscheinlich* eine Illusion./

"Reinheit" gleicht Isolation, Unterteilung. Und auch Individualismus?

Ja, aber Sie denken wahrscheinlich, ich sei ein Individualist, wenn ich für besondere Leute komponiere. Aber das ist nicht der Fall. Um all diese Ideen zusammenzufassen, möchte ich Ihnen sagen, daß ich glücklich wäre,weiterhin ein Komponist auf zwei verschiedene Weisen zu sein. Zunächst möchte ich weitergehen, viel weiter als in der Vergangenheit, in der Entfesselung von Prozessen und Aktivitäten, die von keiner Autorität wie auch

immer kontrolliert würden.* Das ist die Vorstellung zum *Projekt* – ich plane immer mehr Teilnehmer in meine Bemühungen einzubeziehen. Und immer weniger Anweisungen zu geben! Das ist die quantitative Seite, die mich, wie Sie wissen, viel mehr als die qualitative Seite interessiert.
Und es gibt einen zweiten Punkt. Ich möchte imstande sein, weiterhin für Individuen zu schreiben. Aber es ist sinnlos, für jemanden zu schreiben, der nicht danach verlangt, daß man für ihn schreibt. Demnach werde ich für mich schreiben...** Zunächst mag das zu einer Sprachuntersuchung führen. Ich erzählte Ihnen, wie sehr mich Sprachprobleme interessieren. Und wie gerne ich rede. Vielleicht fang ich sogar zu singen an!

Als Sie über Cheap Imitation *erzählten, sprachen Sie über* Liebe. *Meinen Sie, daß die Ruhe, die andererseits in Ihren Wertvorstellungen eine zentrale Rolle spielt – wobei Sie sich auf die indische Ästhetik beziehen– letztendlich ein Hindernis für Sie werden kann? Müssen Sie nicht die Ruhe der Liebe opfern?*

Aber ich habe nicht das Gefühl, überhaupt etwas geopfert zu haben.

Bleibt in der Ruhe nicht ein wenig Egoismus zurück? Gibt es in Ihrem Oszillieren zwischen determinierten und indeterminierten Werken nicht die Spur eines gewissen Prioritätsproblems zwischen diesen beiden Begriffen: Liebe und Ruhe?

Sie meinen, daß das unbestimmte Werk einen Kern von Egoismus bewahrt? Was meine Satie-Imitationen anbetrifft, so mußte ich sie nur transkribieren. Die Umstände hingen nicht von mir ab. Ich erklärte mich für eine derartige Aufgabe nur bereit wegen meiner Verehrung für Satie und Merce Cunninghams Tänzen. Wenn ich heute

---

* Ein Beispiel (das ich schon erwähnt habe) wäre *Ceap Imitation* – für Orchester ohne Dirigenten. (John Cage: Fußnote aus dem Jahr 1972.)
** Obwohl ich sechzig Jahre alt bin und Arthritis habe, bringe ich es fertig, *Cheap Imitation* für Piano solo zu spielen. (John Cage; Fußnote aus dem Jahr 1972.)

meine Tätigkeit fortsetze oder ausdehne, dann geschieht das noch im Sinne meiner Verehrung. Aber auf der Oberfläche dieses Werks wird die Ruhe offensichtlich, weil alles, was in ihm geschieht, durch Zufallsoperationen bestimmt ist. Was das physische Resultat, das Ergebnis oder den Schluß betrifft, habe ich keine Pläne und mache mir keine Sorgen. Tatsächlich bin ich sehr neugierig zu wissen, was produziert wird. Ich bin sehr neugierig, weil ich es nicht voraussehen kann. Offensichtlich liegt *Cheap Imitation* außerhalb dessen, was für mein Werk im allgemeinen notwendig erscheint, und das ist beunruhigend. Ich bin der erste, der darüber beunruhigt ist, und das könnte die Ruhe untergraben. Trotzdem bezweifle ich, daß es irgendeinen Konflikt oder Streit über die Priorität gibt, wie Sie es ausdrücken. Ich bin diszipliniert genug, mich deshalb nicht aufzuregen. Die Umstände führten mich auf einen Umweg, das ist alles. Aber dieser Umweg wird gewiß interessante Auswirkungen zeitigen ... und nicht unbedingt auf einer musikalischen Ebene.*

---

* Die erste Aufführung von *Cheap Imitation* (mit 24 Teilen des 96-teiligen Werks) wurde von der Gaudeamus Stiftung, der Holländischen Musikorganisation, für Anfang Mai 1972 geplant. Der Dirigent, Jan Stulen, und die Musiker wurden extra aus dem Mobile Ensemble ausgewählt. Als ich am vereinbarten Tag der Aufführung in Den Haag ankam, bemerkte ich, daß die Musiker das erstemal probten! Es stellte sich heraus, daß das Werk für eine einzige Probe zu schwierig war. Dennoch führten wir an diesem Abend statt der ersten Aufführung eine *erste öffentliche Probe* des ersten Satzes auf... Wir sollten am nächsten Tag das Werk in einem anderen Konzert noch einmal spielen. Am zweiten Abend schafften wir es, zwei Sätze zu spielen, immer noch in Form einer Probe, immer noch ohne einen Dirigenten. Die zweite öffentliche Probe überzeugte mich, daß meine zweieinhalbjährige Arbeit an diesem Stück nicht umsonst war, und daß ich ein wunderbares Werk geschrieben hatte, das die Musiker im Orchester dazu nötigte, einander zuzuhören - etwas, das sie selten tun... Die Gaudeamus Stiftung war so verlegen, daß sie es arrangierte, das Werk - und diesmal wirklich das erste Mal - einen Monat später, als Beitrag zum Holland-Festival,

*Haben Sie wegen Satie einen Umweg gemacht – ich möch-
te nicht Rückfall sagen – in Richtung auf traditionellere
Musikformen?*

Es war, weil ich ihn verehre.

Und woher kommt diese Verehrung?

**Gut, ich liebe Saties Humor ebenso wie den von Chuang-
tse. Er liegt nicht in seiner Musik, sondern in seinen Worten.**

*Aber Sie wissen Saties Musik zu schätzen und nicht nur
seine Titel?*

**Ich bewundere seinen Sinn für das Psychologische. Sei-
ne Musik reflektiert genau meine ästhetische Theorie. Es**

---

aufführen zu lassen; man versicherte mir förmlich, daß die Vorbe-
reitungen für diese Aufführung durchgeführt würden. Dennoch,
als ich einen Monat später in Holland ankam, um der Generalprobe
des gesamten Werks beizuwohnen, bemerkte ich, daß es wiederum
nicht nur die erste Probe war, sondern daß *die meisten Musiker
sich nicht einmal die Mühe machten, auf die Partitur zu sehen!* Jan
Stulen wurde von einem Boulez-Schüler vertreten, der mich zu Beginn der Probe fragte: "Ich glaube dieses Werk hat drei Sätze;
stimmt das?" Nach einigen miserablen kleinen Versuchen, die ersten Sätze zu spielen, unterbrach ich die Probe und erzählte den
Musikern, was ich über den erbärmlichen Zustand der Gesellschaft,
in der wir leben, halte – nicht nur der musikalischen Gesellschaft.
Ich fügte hinzu, daß ich das Werk aus dem für diesen Abend geplanten Konzertprogramm zurückziehen würde, und daß ich mir
selbst gratuliere, mit der Komposition von *Cheap Imitation* etwas
geschaffen zu haben, das den Orchester-Musikern die Ohren öffnet.
Ich hatte ihnen etwas geboten, um Musik spielen zu können, und
nicht, wie es heutzutage praktiziert wird, um ein wenig Geld zu-
sammenzukratzen.
Ich bin überzeugt, daß sie die Musik anderer ebenso schlecht spielen wie meine. Dennoch, bei *Cheap Imitation* gibt es weder Höhepunkte, noch Harmonie oder Kontrapunkt, kurz, nichts, was den
Musikern ermöglichte, den sie charakterisierenden geringsten Mangel an Hingabe zu verbergen. Man muß sich bemühen, nicht die
Individuen für diesen Mangel an Hingabe verantwortlich zu machen
– ob es sich um Musiker handelt, oder schlicht Urlauber, die ihre
Abfälle in die Flüsse werfen. Wir müssen die gegenwärtige Gesell-
schaftsordnung dafür verantwortlich machen. Das ist die Raison
d'être der Revolution. (Jóhn Cage; Fußnote aus dem Jahr 1972.)

gibt nicht einen dieser Energieausbrüche oder Höhepunkte, die wir gewöhnlich mit Beethoven in Verbindung bringen. Und was ich ebenfalls als bemerkenswert erachte, ist der Eindruck von Ähnlichkeit, der entsteht, wenn man drei aus Teilen bestehende Kompositionen, gleich welche, untersucht. Außerdem ist auch sehr bemerkenswert, daß zwischen diesen drei Stücken und irgendwelchen drei anderen kaum der Eindruck von Beziehung entstehen kann. Sie sehen, Satie spürte in einem beispiellosen Grad die Notwendigkeit, sich selbst zu erneuern. Mir wiederum erschien diese Notwendigkeit dann wieder vollkommen neu. Seitdem ich das entdeckte, beginne ich immer wieder alles noch einmal beim Nullpunkt. Tatsächlich gibt es nichts, was Satie geschrieben oder gesagt haben könnte, das mich nicht vollkommen begeistern würde. Sogar heute, kann ich von Satie nicht genug bekommen. Ebenso wenig wie von den Pilzen.

Wie kommt das?

Nachdem ich zwanzig Jahre Pilze sammle, sage ich mir, daß es mich wahrscheinlich langweilen wird, nach neuen zu suchen. Aber jedesmal, wenn ich im Frühjahr oder im Sommer wieder in die Wälder gehe, finde ich neue Sorten. Es ist ebenso aufregend wie das erste Mal! Gut, mit Satie ist es dasselbe. Mme. Salabert schickte mir vor kurzem das von ihr herausgegebene posthume Werk Saties. Ich war verrückt danach. Nebenbei bemerkt, komponierte ich zu der Zeit, als ich *Cheap Imitation* schrieb, andere Satie-Imitationen. Sie wurden ein Teil der *Song Books*. Jedesmal, nachdem ich eins fertigstellte, zwang ich mich unter Anwendung von Zufallsoperationen dazu, das nächste Stück anders zu schreiben. Folglich versuchte ich, Stücke von Satie auf viele verschiedene Weisen zu imitieren. Schließlich fand ich ein auf seinen posthumen Chorälen basierendes Stück, das mir gefiel. Das Stück, das dabei herauskam, überraschte mich ebensosehr, als wenn es ein Stück von Satie wäre. Sie möchten wissen, wie ich es tat... Ich nahm nur den Choral und legte direkt über die gedruckte Partitur eine Klarsichtfolie mit Notenlinien und räumte jedem Halbton den gleichen Abstand ein. Das Notensystem, das Satie verwandte, war offensichtlich konventionell, und folglich wurde der Durterzakkord so eng zusammen geschrieben wie der angrenzende Mollterzakkord. Dies verbirgt auf dem Papier den Raum zwischen beiden. Mit meinem neuen Notensystem konnte ich eine neue Melodie, eine mikrotonale Melodie, erhalten, indem ich Saties melodische Kontur auf meinem Notensystem nachzeichnete – unabhängig vom Winkel, sogar zufällig. Das ist keine Imitation, es ist eine Frottage, ein Rubbing! Dennoch ist es etwas ganz und gar anderes... eine Entdeckung.

Kehren wir zur Entstehung der Song Books *zurück. Gibt es da eine Beziehung zwischen Satie und Thoreau?*

Ich bin sicher, daß es viele gibt. Aber ich habe besonders die offensichtlichsten herausgesucht. Weder Satie noch Thoreau waren jemals verheiratet. Jeder war sehr viel mit der Symmetrie beschäftigt. Thoreau mit dem Wald, der sich im See wiederspiegelt; und Satie mit rhythmischer Struktur...

Ich hörte, daß Sie die Zahlen, mit denen Saties Notizbuch angefüllt ist, der Berechnung zukünftiger Werke zuordneten. Aber wäre es nicht möglich, daß es nur Lebensmittelrechnungen waren?

Das behauptet Darius Milhaud.* Er glaubt, daß ich mich irre, wenn ich in diesen Ziffern rhythmische Strukturen erkenne. Aber ich habe diese Zahlenreihen in der Conservatory Library genauestens untersucht, und ich bemerkte, daß sie denen ähnelten, die ich für die Berechnung meiner Rhythmen benutze. Und ich verifizierte sogar diese Ziffern. Wenn man ein Satie-Stück analysieren möchte, endet man mit derartigen Notationen. Demnach habe ich recht und Milhaud irrt sich.

Anhand dieser Beobachtungen glauben Sie also, über Saties Gebrauch der Symmetrie sprechen zu können?

In Saties Fall trägt diese Symmetrie definitiv zu einer ruhigen Kontinuität bei. Und wenn wir dann das Wort Ruhe mit Thoreau verbinden, kommen wir auf eine sehr zufriedenstellende Gleichung.

---

* Darius Milhaud *Ma vie heureuse*. Editions Pierre Belfond, Paris 1973.

*Auch mit den Eisenbahnschienen bei Walden, die Thoreau
so wütend machten?*

Er rebellierte gegen die Tatsache, daß die Leute Eigentümer von etwas sein konnten, ohne es zu besitzen. Er
dachte, er besäße deren Land mehr als die Eigentümer
selbst. Hätte er Wittgenstein lesen können, dann hätte
er den Philosophen paraphrasieren können, indem er gesagt hätte, der Besitz liegt im Gebrauch.

*Ist Stony Point nicht ein wenig wie Concord? Nicht im to-
pographischen Sinne, sondern von dem Standpunkt, was
Sie dort zu erreichen versuchten. Sie waren ein Stadt-
Bewohner, aber eines Tages verließen Sie einfach New
York. Und Sie, der sich über Insekten furchtbar ärgert,
entdeckten den ganzen Charme des Landes... Sind Sie
nicht Thoreaus Beispiel gefolgt, indem Sie Ihrereseits
zu einem Mann der Wälder wurden?*

Zu dieser Zeit war mir das sicherlich nicht bewußt, aber
als ich vor kurzem die Parallele erkannte, begann ich
Thoreaus *Journal* zu lesen und konnte nicht aufhören.
Dennoch entspricht die von uns errichtete Community
nicht genau dem Leben, das sich Thoreau vorstellte und
praktizierte. Um Thoreaus Einstellung heutzutage zu
entsprechen, müßten wir städtische Communities gründen!
Denn alles hat sich geändert... Ich mag Claes Olden-
burgs Selbstimage, eine Art städtischer Thoreau zu sein!

*Aber Sie haben nicht den Eindruck, diesen Vergleich auf
sich anwenden zu können?*

Ich lebe nicht nur in Stony Point.* Ich habe jetzt eine
Wohnung in New York. Und meine Einstellung zum Land
ist ambivalent geworden. Ich bin nicht mehr so jung,ich
habe Schwierigkeiten, wenn ich auf die Berge steige
oder irgendetwas Schweres trage, weil ich Arthritis habe. Deshalb habe ich jetzt beschlossen, den Winter in
der Stadt und den Sommer auf dem Land zu verbringen.
Ich führe ein fürchterlich unstetes Leben. Für mich gibt
es tatsächlich keinen Winter oder Sommer. Ich reise zu

---

* Vgl. Fußnote am Ende von "Dialog mit John Cage". (John Cage;
  Fußnote aus dem Jahr 1972.)

jeder Jahreszeit. Ich könnte nicht sagen, daß ich jetzt irgendwo richtig wohne. Das einzig Beständige ist meine Arbeit, die ich in einer Aktentasche mit mir trage; und ich kann fast in jeder Umgebung arbeiten. Ehemals ging ich viel im Wald spazieren, aber jetzt habe ich kaum Gelegenheit dazu. Ich hatte Glück, 1954 auf dem Land leben zu können, obwohl es zu einer Zeit war, als man noch nicht wirklich wußte, was ich tat – zu einer Zeit, als man sich noch nicht für meine Arbeit interessierte. Das ließ mir Zeit, die Pilze zu entdecken.

Beantworten Sie jeden Brief und jeden Telefonanruf?

Ich akzeptiere alles, was auf mich zukommt. Ich zwinge mich, meiner Idee, daß alles fließend ist, treu zu bleiben. Ohne Telefon wäre ich nicht das, was ich bin, der technische Fortschritt hat mich eingeholt. Es ist natürlich, daß ich daran teilnehme. Wenn ich versuchte, mich vom sozialen Leben abzutrennen, von den Anfragen und Antworten, die die Existenz ausmachen, würde das bedeuten, daß ich mich für die Determination entschiede. Meine Widersprüche gehen nicht so weit. Ich versuche, offen zu bleiben.*

War Stony Point eine Möglichkeit für Sie, sich zu isolieren, die Tür zu schließen?

Anfangs wollten wir keine Künstler-Kolonie sein, die sich von der Welt zurückzieht. Wir wollten nicht einmal, daß alle Künstler sein sollten. Aber es geschah nun einmal, daß der größte Teil derjenigen, die an diesem Experiment teilnahmen, an Kunst oder verschiedenen Handwerken interessiert war. Der Selektionsprozeß selber wurde sehr streng! Tatsächlich begannen wir damit, so etwas wie ein Musik-Zentrum aufzubauen... ungefähr fünf Musiker, ein Töpfer, ein Filmemacher, ein Maler und ein Bildhau-

---

* Immerhin werde ich gegenwärtig von Artservices unterstützt, einer Organisation, die von Bénédicte Pesle in Paris und New York gegründet wurde. In New York kümmert sich Mimi Johnson und in Paris Ritty Burchfield um viele Einzelheiten der Korrespondenz, um Buchungen usw. Ohne ihre Unterstützung wäre ich am Ende meiner Weisheit. (John Cage; Fußnote aus dem Jahr 1972.)

er... Heute hat sich das alles geändert; es gibt noch andere Leute bei uns, aber ich weiß nicht, was sie machen, Es gibt sogar einige, die ich überhaupt nicht kenne. Sie haben die Idee – was mir nicht sehr gefällt –, daß die Anzahl der Einwohner in der Community auf ein Maximum erhöht werden sollte. Das macht mich skeptisch. Andererseits ist das Land viel billiger und sehr schön... Ich habe ein wenig das Gefühl, als ob ich aus Stony Point herausgedrängt werde, aber gleichzeitig reizt es mich, dort zu bleiben. Und die Wahrheit ist leider, daß ich mich zu einem nicht daheim lebenden Grundeigentümer entwickle, genau das, was Thoreau verabscheute. Ich bin ein Eigentümer geworden, der das, was er besitzt, nicht gebraucht. In unserem Zeitalter bedeutet das eine Überschreitung der Moral. Ich bin unmoralisch geworden.*

Sie scheinen einem derartigen Experiment grundsätzlich nicht sehr positiv gegenüberzustehen. Waren Sie von dem Leben in der Community enttäuscht?

Ich würde nicht soweit gehen, das zu sagen. Unsere Community war trotz allem ziemlich einmalig. Paul Williams, auf den Stony Point zurückzuführen ist, war Student am Black Mountain College, und sein Vater war Erfinder! Ein erfolgreicher Erfinder! Er verdiente mehr als eine Million Dollar. Während seines Aufenthaltes in Black Mountain interessierte er sich für Minimal-Architektur – indem er komfortable Wohnungen zu geringsten Kosten herstellte. Er verließ das College, um zu heiraten, und mit seiner Frau Vera, ebenfalls eine Studentin, wollte er mit Leuten von Black Mountain eine Community gründen. Also fragte er uns, wo wir gern wohnen würden. Die meisten von uns hatten in der Stadt zu tun, und deshalb konnten wir nicht zu weit draußen wohnen. Ich selbst wohnte in New York, und wollte mein Stadtleben fortsetzen. Deshalb sagten wir anfangs, daß wir so nahe wie möglich bei New York wohnen wollten. Er begann sich umzusehen und schlug uns eine Auswahl der ver-

---

* Seit ich die Community verlassen habe, bin ich mit einem gemieteten Haus mitten im Wald, in der Nähe eines Flusses (und auch im Rockland County) während des Sommers zufrieden. (John Cage; Fußnote aus dem Jahr 1972.) Und jetzt wohne ich das ganze Jahr in einem alten Warenhaus mitten in Manhatten. (John Cage; Fußnote aus dem Jahr 1980.)

schiedensten Grundstücke vor. Wir entschieden uns für eins davon. Das gleiche geschah mit den Häuserarten – jeder von uns sollte wählen. Dann wurde alles arrangiert und gebaut. Und wir kamen überein, innerhalb eines Zeitraums von dreißig Jahren an Williams für die Häuser und Grundstücke zurückzuzahlen. Sie sehen, die Frage, dem städtischen – oder einem organisierten Leben zu entfliehen, stellte sich nicht...

Also nicht zu vergleichen mit einer Hippie-Kommune?

Obwohl ich sagen muß, daß all die Paare, die 1954 verheiratet waren, inzwischen getrennt sind. Und all die Paare, die zur Community kommen und dort bleiben, sich schließlich trennen. In Wirklichkeit ist unsere Community eine Community zur Trennung. Manchmal geschieht es, daß diejenigen, die sich getrennt haben , jemand anderen in der Community finden und sich wieder verheiraten; manchmal finden sie jemanden woanders.

Vor einer Weile erwähnten Sie die Pilze, die Sie jederzeit sammeln konnten. Das ist zumindest ein Vorteil der Community.

Als ich New York verließ, um nach Stony Point zu ziehen, war es wie eine Offenbarung. Ich hatte Suzukis Bemerkung nie ernst genommen, daß ein Zen-Leben nur außerhalb der Stadt möglich ist. Nun, die Pilze ermöglichten mir, Suzuki zu verstehen. Im Rockland Couty, wo Stony Point liegt, gibt es alle Pilzsorten im Überfluß. Je besser man sie kennt, desto unsicherer fühlt man sich bei ihrer Identifizierung. Jeder ist er selbst. Jeder Pilz ist, was er ist - sein eigenes Zentrum. Es ist nutzlos, vorzugeben, Pilze zu kennen. Sie entziehen sich unserer Kennerschaft. Ich habe reichlich Pilze studiert...

Es scheint, daß Sie die beste Privat-Bibliothek in den Vereinigten Staaten zu diesem Thema zusammengetragen haben* und daß Sie einer der Gründer der Mycologischen Gesellschaft in New York waren...

Ja, und wenn ich sage, daß Pilze sich unseren Bemühun-

---

* 1971 übergab ich sie der Universität von Kalifornien in Santa Cruz. (John Cage; Fußnote aus dem Jahr 1972)

gen zu klassifizieren und zu untersuchen widersetzen, dann deshalb, weil ich oft die Gelegenheit hatte, das zu erfahren. Eines Tages, während eines Morgenspaziergangs im Wald von Vermont, wurde ich krank, nachdem ich einen Pilz gegessen habe, den ich sonst gekocht aß, und dieser rohe Pilz erwies sich als giftig. Zu dieser bestimmten Zeit hatte ich an diesem Tag noch nichts gegessen, und der Pilz war roh. Ich war ganze zwölf Stunden krank. Aber es war mir möglich, meinen Freunden zu sagen, daß sie sich nicht beunruhigen sollten. Ich wußte, daß es kein tödlicher Pilz war. Ein andermal verwechselte ich den giftigen Nieswurz mit dem Stinkenden Zehrwurz, und ich wäre daran fast gestorben.

Artaud schrieb über Peyotl. Haben Sie jemals in Erwägung gezogen, halluzinogene Pilze zu nehmen?

Nein, niemals. Letzten Herbst in Kalifornien versuchte ich eine Marijuana-Zigarette. Dann eine zweite. Überhaupt keine Wirkung! Man sagte mir, daß das normal sei und daß man weitermachen muß. Eine Frau brachte mich dazu, einen Zug Haschisch zu rauchen, und auch das bewirkte bei mir gar nichts. Dann ließ man mich in Ruhe. Drogen interessieren mich nicht.

Haben Sie die Wirkung von Drogen bei anderen Leuten beobachtet?

Es gibt die verschiedensten Wirkungen. LSD kann Kreativität erwecken, andere Drogen können zum Selbstmord führen. Ich habe das alles gesehen – Gutes und Schlechtes. Gewöhnlich ist Marijuana besser als Alkohol. Marijuana beruhigt jüngere Leute, es führt oft zu beschwichtigenden Ideen. Beim Alkohol erlebt man nie das Gefühl von Brüderlichkeit und Nicht-Eigentum, das viele Hippies durch Marijuana erzielen.

Kann man davon süchtig werden?

Nicht von Marijuana. Sie rauchen es, wenn sie es haben. Ich selbst bin ein Sklave des Tabaks*, viel schlimmer als

---

* Nicht mehr. Vor einigen Jahren, sechs oder sieben, dachte ich an mich wie an zwei Menschen. Einer, der wußte, daß er mit dem Rauchen aufgehört hatte, der andere, der sich dessen nicht bewußt war. Sowie dieser zur Zigarette griff, begann jener zu lachen, und hörte nicht auf, bis er sie weglegte. (J. Cage; Fußnote aus dem Jahr 1980.)

junge Leute des Marijuana. Vielleicht deswegen, weil sie keine Sklaven sind und gelernt haben, einander zu helfen.

Sehen Sie einen wirklichen Unterschied zwischen dem was sie und dem was die Erwachsenen tun?

Eines Tages, als ich in Virginia war und von einer Universität zur anderen fuhr, traf ich einen Tramper und nahm ihn mit. Er war ein Hippie. Er wollte von Texas nach Pennsylvania, und auf der ganzen Strecke traf er an jedem Stop Freunde, die er nicht einmal kannte, die ihn aber mit allem, was er brauchte, versorgten. Als ich jung war, gab es das nicht, es gab keine Brüderlichkeit...

Es gab den Familiensinn...

Aber heutzutage ist die Familie überall. Der Sinn für Brüderlichkeit bleibt ungebrochen, selbst wenn man die Gruppe verläßt. Das ist großartig. Und es ist keine Frage von Religion, sondern eine Haltung des Willkommenheißens, die ein Teil des täglichen Lebens ist. Früher waren wir allein. Heutzutage trifft das nicht mehr zu. Die Leute haben immer mehr aufgegeben allein zu sein.

ACHTES GESPRÄCH

Vor einiger Zeit sprachen Sie über **Cheap Imitation** *und die älteren Damen, die Sie damit erschrecken wollten. Wenn man davon ausgeht, wie Ihr* **Musicircus** *im letzten Oktober in Paris aufgenommen wurde, erstaunt es mich, daß Sie Frankreich nicht als Land älterer Damen betrachten?*

Nein, es gab eine Menge junger Leute beim *Musicircus*, und es war wunderbar! Und einer von ihnen sagte mir zum Schluß: "Kommen Sie wieder, und wir machen mit Ihnen die Revolution."

Aber wenn irgendeine Gruppe das Mikrofon allein für sich in Anspruch nimmt, kann die Situation nicht sehr revolutionär sein!

Bei der Zusammenkunft in den Hallen bedauerte ich insbesondere das Fehlen visueller Aktivitäten. Wir hätten eine Menge Filme zeigen können. Aber im letzten Moment sind die Vereinbarungen über einen Filmprojektor ins Wasser gefallen. Dadurch entstand der Eindruck völliger Bewegungslosigkeit, wenn man im Zirkus umherlief. Alles hätte sich anders präsentiert, wenn man Filme gezeigt hätte.

Viele Ihrer Partituren sind für kinematographische oder visuelle Effekte geschrieben. Aber Sie haben nicht viel für den Film komponiert... Hat die Musik, die Sie für den Film über Calders Mobiles geschrieben haben, nicht einen Preis gewonnen?

Ja, 1951 beim Woodstock Film Festival. Genau genommen ist das meine einzige Filmmusik*. Ich komponierte ebenfalls *Music for Marcel Duchamp* für die Duchamp-Sequenzen in Hans Richters Film *Dreams That Money Can Buy*. Man kann meine Calder-Musik auch mit dem Stück vergleichen, das ich früher für den CBS Radio Workshop geschrieben habe: *The City Wears a Slouch Hat*. 1942 überlegte ich mir, die Geräusche, die für jeden Ort einzigartig sind, auf eine möglichst realistische Art zu benutzen. Das waren Stadtgeräusche, die ich nicht als Klangeffek-

---

* 1971 komponierte ich *WGBH-TV* (für Komponist und Techniker), auch ein 16 mm Film. (John Cage: Fußnote aus dem Jahr 1972)

te sondern als Materialien für Musik behandelte. Ich wollte eine musikalische Folge produzieren, die ebenfalls durch den naturalistischen Charakter der verwendeten Töne, direkt mit dem Thema des Textes verbunden ist. Bei der *Music for Marcel Duchamp* beschränkte ich mich darauf, ein auf einer besonderen rhythmischen Struktur basierendes Stück zu schreiben, das genau die Zeitlängen der Sequenzen ausfüllte, die Duchamp gewidmet waren. Die Stimmung meiner Musik entsprach dem, was ich für die von mir gesehenen Bilder als angemessen empfand. Aber mir war auch bewußt, wie dürftig sich das Klavier und die metallischen Geräusche anhörten, wenn sie aufgenommen wurden. Folglich entschied ich mich, das Klavier zu präparieren, damit es sich besser anhöre, und um irgendeine Schwankung in der Resonanz zu vermeiden – was zu dieser Zeit bei den Aufnahmen oft geschah. Für den Calder-Film – mein letzter Versuch auf diesem Gebiet – verwendete ich eine Kombination zweier Methoden: indem ich Umweltgeräusche "musikalisch" benutzte; und indem ich ein dem Thema des Films angemessenes spezifisches Stück komponierte. Zu bestimmten kritischen Stellen der Struktur versuchte ich eine vollkommene Synchronisierung von Musik und Bild zu erreichen. Aber sowie ich die Arbeit beendet hatte, wurden die Schnitte geändert, was diese Bemühungen zunichte machte, so daß die Musik nicht mehr mit den Bildern in der gleichen, von mir erwünschten und später erreichten Präzision korrespondierte. Trotzdem, ich hatte in diesem Film versucht, mit der Parallelität zwischen Bild und Musik zu spielen, was in meinen früheren Bemühungen nicht der Fall gewesen war.

Sie sprachen über Umweltgeräusche in The City Wears a Slouch Hat. *War das in* The Works of Calder *ebenso?*

In der Mitte meines Films über Calder verwendete ich Geräusche aus Calders Studio – die Töne der Mobiles, die aneinanderschlugen, oder die Geräusche eines einzigen Mobiles, dessen Teile aneinanderschlugen oder sich berührten usw. – und ich verwendete sie entsprechend dem allgemeinen Muster von *The City Wears a Slouch Hat*. Ich komponierte den mittleren Abschnitt nach dem von mir erwähnten Stück für präpariertes Klavier. Und ich fand es so außergewöhnlich, daß ich mir überlegte, das Klavierstück herauszuschneiden und den gesamten Film ausschließlich mit den Klängen des Mobiles auszufüllen.

Wie erreichen Sie den "visuellen" Aspekt in Ihren neueren Partituren, ich denke z.B. an HPSCHD?

Ich habe schon über das erste Jahr, als ich das Werk komponierte, erzählt. Wir verbrachten das zweite Jahr damit, die Computer-Daten nochmals zu kopieren, sie auf "Manuskripte" zu transkribieren und die Details zu arrangieren, um es in der Assembly Hall, dem riesigen Theater in der Universität von Illinois, aufzuführen; es ist kreisrund und ist von einer Art Korridor mit Glaswänden umgeben. Ich hatte diesen Saal immer bewundert, und stellte mir vor, daß er ein wunderbarer Ort für ein Konzert wäre, oder vielmehr, für ein musikalisches Ereignis. Es war mir möglich, Ronald Nameth, einen Filmemacher von der Kunstabteilung, und Calvin Sumsion, der später mit mir an der Lithographie- und Plexigramm-Reihe *Not Wanting to Say Anything about Marcel* zusammenarbeitete, als Mitarbeiter zu gewinnen. Nameth war für das Zusammentragen der Filme verantwortlich. Weil der Raum so riesig war, war es uns möglich, die Filme gleichzeitig von verschiedenen Stellen aus zu projizieren. Wie ich sagte, war die Musik entsprechend einer Einteilung der Oktave in gleiche Intervalle geplant – fünf bis sechsundfünfzig pro Oktave. Das erinnerte mich an ein Mikroskop, also dachte ich, daß ein Teleskop als adäquates Symbol für die Bilder dienen würde, und schlug Nameth vor, daß die meisten Filme von Weltraum-Reisen handeln sollten. Die NASA stellte uns ungefähr vierzig Filme zur Verfügung. /Wir erhielten ebenfalls ungefähr einhundert Comic-Filme./ Und zusätzlich zu den acht Filmprojektoren hatten wir achtzig Dia-Projektoren mit ungefähr achttausend Dias. Viele der Dias handelten ebenfalls von Weltraum-Reisen, einige von biomorphen Formen, Tintenklecksen, Details von komplexen und abstrakten Formen usw. Es gab eine große Auswahl. Aber das zentrale Thema waren interplanetarische Reisen. Das Publikum durfte sich mitten in diesem Überfluß von Filmen und Dias völlig frei bewegen. Sie konnten sich setzen oder herumspazieren. Es kamen ungefähr sechstausend Leute, aber in den Saal hätten bestimmt fünfzehn oder zwanzigtausend Leute gepaßt. Folglich erlebte jeder eine große Bewegungsfreiheit, da es möglich war, jeden Moment den Klang und die visuellen Dimensionen des Ereignisses zu ändern, indem man sich umdrehte oder in eine andere Richtung ging.

Wie wurde der Klang verteilt?

Jedes der zweiundfünfzig Tonbänder wurde über seinen eigenen Kanal durch die oben, um die gesamte Peripherie des Saals, aufgestellten Lautsprecher übertragen. In der Mitte des Saals war ein großer Raum, um den herum die sieben Cembali jeweils auf eigenen Podesten verteilt waren. Im Zentrum stellte Calvin Sumsion halb-transparente Zwischenwände auf. Sie unterbrachen die Filmbilder und Dias nicht vollständig, sondern ermöglichten zusammen mit anderen Projektionsflächen eine Interferenz mit unterschiedlichen Bildern. Wenn man unter den Projektionsflächen stand, konnte man die Metamorphose jedes Bildes durch den Raum verfolgen. Der Klang der sieben Cembali, der aus sieben Lautsprechern in den Raum schallte, kreuzte auf irgendeine Art das Wechselspiel von Bild und Licht. Die Menge bewegte sich völlig frei umher und manchmal begannen die Leute spontan zu tanzen und fügten dem ganzen globalen Theater, das ihnen geboten wurde, ihr eigenes Theater hinzu.

Und glauben Sie, daß die Aufzeichnung von HPSCHD *diese Komplexität einfangen konnte – zumindest, was den Klang anbetrifft?*

Ich erwähnte, daß es zweiundfünfzig Tonbänder gab, die den zweiundfünfzig Einteilungen der Oktave entsprachen. Weil es eine Stereo-Aufnahme werden sollte, benutzten wir nur drei Solos, eins für den ersten Kanal, eins für den zweiten, und David Tudor gleichermaßen auf beiden Kanälen. Wir gingen zu einem Studio in Chicago, das speziell für das Mischen von acht Tonbändern ausgerüstet war, und wir kombinierten dort die zweiundfünfzig Bänder, ohne zu viele Verzerrungen hinzuzufügen! Wir überlagerten dieses gemischte Band einfach mit den drei Solos. Indem wir, dank dieser Technik sukzessiven Mischens, in der Kombination der Bänder fortfuhren, war es uns möglich, das Gefühl von Komplexität herzustellen, das durch die Überlagerung von Klangereignissen bewirkt wurde. Als ungefähr vierunddreißig Bänder kombiniert waren, hatte das Resultat die Dichte und Qualität eines Orchesters. Aber alle zweiundfünfzig Bänder zusammen klangen, wie etwas nie zuvor Gehörtes – es war wirklich unerhört! Diese Schallplatte ähnelt der Aufnahme von *Cartridge Music : live* hätte man sie nicht produzieren können – das Resultat ist tatsächlich auf die Anlagen des Aufnahme-Studios zurückzuführen.

Andererseits hob sich der Pariser Musicircus *durch seine Einfachheit hervor.*

Vom Standpunkt der Mobilität des Zuschauers sind die beiden Ereignisse nicht vergleichbar. In Paris konnte man sich nicht bewegen. Aber ich bemerkte insbesondere einen ziemlich unangenehmen Unterschied hinsichtlich des Klangs. Die Stimme des Direktors, die über das gesamte Lautsprechersystem gesendet wurde, forderte die Menge auf, die Bühne zu verlassen. Es hätte ebensogut eine Regierung sein können, die sich einer Situation bemächtigt, die in sich jegliche Organisation ablehnt! Man bat auch mich einige Male, auf die zentrale Bühne zu gehen. Ich lehnte das ganz bewußt ab, weil es die Aufmerksamkeit auf einen Punkt konzentriert hätte, und die, anstatt eine freie und entspannte Geistesverfassung – mit der ich gerechnet hatte – zu bewirken, das genaue Gegenteil produziert hätte. Unglücklicherweise erfolgte diese Konzentration kurz danach, nachdem das Publikum enthusiastisch auf das Erscheinen der Akrobaten reagiert hatte. Also wendete man sich dem wieder zu, was man allzugut kannte: die Situation des Schauspiels.

Würden Sie zustimmen, daß die französische Gesellschaft eine "Gesellschaft des Spektakels" ist?

Ich neige eher dazu zu denken, daß die Form, die der *Musicircus* in Erankreich annahm, genaugenommen weniger von der französischen Kultur abhing, als von der äußeren physischen Umständen. Einerseits, dem Mangel einer geeigneten Technik; andererseits, dem unzureichenden Raum für die Besucher...

*Gab es nicht einige Mißverständnisse hinsichtlich der
Organisation, oder vielmehr Desorganisation, die Sie
sich wünschten? Ihre Vorschläge wurden so gut wie
gar nicht befolgt!*

Ich glaube, daß das die Wurzel des Problems ist. Und
ich lehne es ab, persönlich da hineingezogen zu werden. Ich hatte mit der Organisation der beiden amerikanischen *Musicircusse* nichts zu tun - ich war nur glücklich, eine Idee in Umlauf zu bringen. Aber beide Male,
in Illinois und in Minneapolis, gab es jemanden, der
sich nützlich machte. Nicht jemand, der sich wie ein
Direktor benahm, indem er sagte, "Tu das nicht",
sondern einer, der sich so verhielt, daß es die Arbeit
anderer erleichterte.

Ein Bühnen-Manager

Ich weiß, daß es schwierig ist, einen Strich zwischen
den Aktivitäten einer gut geführten nützlichen Einrichtung und denen, sagen wir, eines Polizisten, zu ziehen.
Aber ich bin sicher, daß es einen Unterschied gibt
und daß der gefühlt werden kann. Es geht darum, ihn
in seiner Wichtigkeit zu erkennen und sich ihm zu stellen.

Können Sie das genau erklären?

Für einen Musicircus braucht man die gleiche Art von
Organisation wie für eine Weltausstellung. Fangen wir
von vorne an. Wenn man zur Weltausstellung geht,
kommt man zuerst auf einen riesigen Parkplatz. Einen
derartig großen Parkplatz, daß es schwer werden könnte, sein Auto wiederzufinden, wenn man wieder gehen
möchte. In Montreal wurde dieses Problem sehr schön
gelöst. Jede Sektion des Parkplatzes wurde mit verschiedenen Tieremblemen gekennzeichnet. Es fiel leichter
sich zu erinnern, ob man zur Kängeruh-, zur Schlan-
gen- oder zur Schildkrötensektion gehörte. Und man beschloß, lieber Tiere statt Wörter zu benutzen, weil die
Leute aus allen Teilen der Welt kamen und man nicht
erwarten konnte, daß sie eine bestimmte Sprache verstehen.

Beim **Musicircus** *trug jeder von uns ein kleines John-Cage-Bild am Revers!*

Das Problem des *Musicircus* bestand darin, daß ungefähr dreißig Gruppen auf sieben verschiedenen Bühnen auftraten. Es war ein Termin-Problem. Oder man könnte sagen, es war das Problem einer Person, die ins Restaurant gehen möchte und feststellt, daß es schon voll ist. Und das Problem wird durch die Tatsache verschlimmert, daß die Gäste schon in die Küche ausweichen. Was man hier vorfindet, ist das Fehlen einer nützlichen Einrichtung. Und genau das war der Fall beim *Musicircus* in den Hallen. Die zentrale Plattform sollte von verschiedenen Gruppen oder Interpreten benutzt werden, nicht nur von einer. Es endete damit, daß sie vom Publikum besetzt wurde. Deshalb erachte ich den Begriff *Verstopfung* als vollkommen angemessen!

Demnach ist es schwierig, zu "organisieren", ohne wie ein Polizist zu erscheinen...

Man muß die Zahlen anzuwenden wissen - wie man sie zu seinem Vorteil benutzt. Ich erklärte Ihnen, wie jedes der *HPSCHD*-Bänder von dem Computer exakt programmiert und kalibriert wurde. Es stellte eine totale Organisation, eine äußerste Kohärenz mit dem Programm dar. An einem Punkt, als wir die Tonbänder überlagerten, indem wir mit vielleicht vierunddreißig anfingen, aber sicherlich erst abschlossen, nachdem alle zweiundfünfzig Bänder überlagert waren, verschwand jegliche Ordnung. Desorganisation kann aus der Akkumulation von Organisierungen, die sich fein unterscheiden, resultieren.

Auch im "offenen Werk" wird vom Komponisten eine Flexibilität des Ganzen dadurch hergestellt, daß die Strenge jedes Details verstärkt wird. In Stockhausens Stück XI muß der Pianist sehr detaillierte kleine Gruppen spielen, aber in einer globalen Ordnung, die ausschließlich ihm überlassen bleibt. Dennoch bin ich, trotz meiner Bewunderung für Stockhausen, überzeugt, daß er sich nicht all der möglichen Sequenzen bewußt sein kann. Besteht bei Ihnen nicht das gleiche Risiko, wenn

Sie durch Ihre Idee, verschiedene detaillierte Ordnungen zu akkumulieren, eine globale Unordnung erreichen möchten?

Nein, weil Ihr Einwand zu Stockhausens Werk sich nur mit der Frage der Sequenz beschäftigt. Eine kaleidoskopartige Nebeneinanderstellung fixierter Fragmente kann nur von ornamentalem Wert sein. Mehr noch, man kann sich nicht von der vom Komponisten beabsichtigten Ordnung befreien, indem man einfach noch erkennbare Gruppen hin- und herschiebt. Diese Technik kann bestenfalls nur den Eindruck vermitteln, daß das Werk auf der zeitlichen Ebene unvollständig bleibt - aber selbst das ist unsicher. Aber alles würde sich ändern, wenn man, anstatt alle elf vom Komponisten organisierten Gruppen nacheinander alle auf einmal spielen würde! Alle elf auf einmal, wäre gar nicht schlecht! Und wenn man 111 auf einmal spielte, wäre es noch besser! Dann bräuchte man sich um einen Rückfall in eine vorbestimmte Organisierung nicht die geringste Sorge machen.

Als wir das letztemal über Stockhausens Idee eines Kontinuums diskutierten, waren Sie nicht damit einverstanden, daß ein Werk gleichzeitig determiniert und indeterminiert sein könnte...

Ja, wenn "gleichzeitig" eine globale Vision von der Struktur des Werkes impliziert, die abstrakt als eine Essenz, als etwas sehr allgemeines betrachtet wird. Das wird oft von konventionellen Komponisten praktiziert, ob sie seriell komponieren oder nicht. Er situiert sich automatisch außerhalb der Zeit, in einem imaginären Raum. Es wäre also offenbar sehr schmeichelhaft für einen Komponisten, wenn er den Eindruck gewinnt, daß sein Werk beides, das Determinierte und das Indeterminierte und alles dazwischen einbezieht. Aber diese Anschauung der Dinge eliminiert die Fremdartigkeit, die der Unbestimmtheit anhaftet. Wenn man die Idee eines Kontinuums akzeptiert, reduziert man die Unbestimmtheit auf eine mehr oder weniger perfektionierte Variante der Determiniertheit. Man vergißt, daß es von der einen zur anderen einen Sprung gibt. Und wie macht man diesen Sprung? Meine Antwort ist, die Zeit handeln lassen. Man sollte nicht an einer allzu entfernten und allzu dominierenden Vision eines Werks kleben bleiben, in dem dies und das enthalten sein muß, und folglich verschiedene andere Elemente ausschließen usw. Man soll das Werk nicht außerhalb der Zeit betrachten. Anstatt die Möglichkeiten zu kontrollieren, anstatt sie nur sukzessiv entstehen zu lassen, sollte ihre Linearität gebrochen werden, sollten sie simultan gespielt werden, sofort und alle aufeinmal. Wie in *HPSCHD* und im *Musicircus* sollte man all die verschiedenen Anordnungen sich frei entwickeln und verbinden lassen: die Nicht-Linearität bewirkt, daß sie einander annulieren. Alles, was man dann zu tun hat, ist, jene Nicht-Linearität aufrechtzuerhalten, und das ist die Rolle der "Nützlichkeiten". Die "Nützlichkeiten" sichern die Nicht-Ordnung, die Freiheit. Ohne die "Nützlichkeiten" fällt man andererseits entscheidend in die Ordnung zurück, in die Linearität. Tyrannei und Gewalt fallen unter das Thema der Linearität. Unbestimmtheit, wie ich sie mir vorstelle, ist ein Sprung in die Nicht-Linearität. Oder in den Überfluß.

Aber gibt es nicht selbst innerhalb des Überflusses von **HPSCHD** *immer noch diese Dualität von Determiniertheit und Indeterminiertheit? Und ist sie nicht auch im* **Musi-** *circus* *festzustellen? Obwohl jeder unablässig umherläuft, könnte sich irgendjemand für einen Moment auf eine besondere Gruppe oder einen besonderen Solisten konzentrieren. Und er würde wahrscheinlich feststellen, daß eine vokale oder instrumentale Figur üblicherweise zu einer besonderen Tradition gehört. Aber wir sollten indessen dem Ganzen zuhören. Und dieses Ganze wurde, egal wie konfus und multidimensional es erschienen sein mag, dennoch wie eine Sache, eine Einheit wahrgenommen. Es gab in diesem Ganzen eine Linearität.*

Vielleicht. Aber was Sie entdeckten, war nicht die Einheit einer starren fertigen Figur, sondern die einer vibrierenden "Nicht-Figur". Das ist das, was ich vielfache Einheit nenne. Es ist nicht die Einheit einer Vielheit oder Mannigfaltigkeit. Ich meine, daß die Vielheit der Gruppen nicht durch den Eindruck einer überindi-

viduellen Einheit beseitigt wird. Man fällt nicht auf eine
Dualität von Gestalt und Grund oder von Determiniertheit und Indeterminiertheit usw. zurück. Man verbleibt
zwischen eins und zwei. Man kann nicht wählen, weil
alles auf einmal kommt - es gibt temporale Simultaneität. Suzuki nennt das Nicht-Dualismus - aber darüber
haben wir schon gesprochen.

*Demnach würden Sie Stockhausens Musik fast genauso
wie Boulez' Musik kritisieren. Da sie nach einem Konti-
nuum zwischen Immobilität und Mobilität strebt, ist es
eine dramatische Musik.*

Nun, wenn Christian Wolff innerhalb des gleichen doppelten Prinzips von Determiniertheit und Indeterminiertheit zu oszillieren scheint, sieht es so aus, als ob er
auf das Drama zusteuert. Er hat einige Töne, die auf
konventionelle Weise gespielt werden müssen, aber er
verlangt auch nach anderen, die willentlich ausgetauscht
werden können. Aber bei Stockhausen ist auf der Kon-
fliktebene alles dem Willen unterworfen. Es ist sogar
mehr als ein Drama, es ist eine Tragödie, weil es Determiniertheit oder Indeterminiertheit geben muß, das
Eine oder das Andere. Während es in Wolffs Musik mehr
Freiheit gibt. Es spielt keine Rolle, ob sorgfältig fest-
gelegte Klänge mit unvorhergesehenen Klängen kombiniert werden können. All diese Klänge können sich vermischen. In Stockhausens Musik wird eine besondere
Idee verstärkt akzentuiert, bis sie deutlich wird, und
zwar so deutlich, bis wir uns ausschließlich mit ihr beschäftigen und die Klänge selbst aus den Augen verlieren. In Wolffs Musik gibt es nichts als Klänge. Keine
fertigen Ideen, aber eine fruchtbare Methode, um eine
unerwartete Kontinuität ans Licht zu bringen.*

*Daher Ihre Unterscheidung zwischen Zufall, der aus ei-
ner gleichen Verteilung der Ereignisse resultiert - was
Xenakis' Idee über den Zufall entspräche, den wissen-*

---

* Diese - und die folgenden - Gedanken beziehen sich auf Wolffs
frühere Musik und nicht auf sein neueres Werk. Ich bewundere
auch seine neuere Musik, aber nicht sein Interesse an Macht, an
politischen Inhalten. (John Cage; Fußnote aus dem Jahr 1980.)

schaftlichen Zufall – und dem Zufall, der aus der Ungleichheit entsteht und demzufolge notwendigerweise unkontrollierbar und frei von vorgefaßten Ideen ist. Xenakis spricht über die Schönheit der Musik im Hinblick auf die durch sie vermittelten Einsichten. Christian Wolff und Sie selbst lehnen alles ab, das vom Inhalt herkommt. Sobald jedoch Gleichheit besteht, gibt es eine Idee.

Ich muß jedoch gestehen, daß ich das Werk von Xenakis nicht sehr gut kenne. Ich habe mir nur zwei Stükke von ihm richtig angehört. Das eine, *Nomos Alpha*, war ein Solo für Cello; das andere, ein Stück, daß im Schwedischen Rundfunk gesendet wurde, schien mir ein Werk für Tonband zu sein. In ihm wurden eine Menge Töne in den höheren Frequenzen verwandt. Ich möchte wissen, ob Xenakis so weit von dem entfernt ist, was ich mache – natürlich nicht in dem, was er sagt, sondern in dem, was er zustande bringt. Denn ich kann mich gut daran erinnern, daß mir Yuji Takahashi erzählte, welche Freude er empfand, während er Xenakis' *Herma* und *Eonta* auf dem Klavier spielte. Er sagte mir, daß er zwei Arten von Musik mochte – Musik, die zu viele, und Musik, die nicht genug Noten hat.

Hat Yuji Takahashi Ihre Werke gespielt?

Ja.

Und in welche Kategorie hat er Sie eingestuft?

Zu den Musikern, die zu wenig Töne benutzen. Xenakis befindet sich in der Kategorie, die zu viele Töne benutzen. Jetzt enthält meine Musik sogar mehr Töne als die von Xenakis. Und ich möchte wissen, was Takahashi denkt, denn er hat meine *Sonatas and Interludes* gespielt, die unter keines der beiden Extreme fallen.

Im allgemeinen scheinen die japanischen Musiker Sie sehr positiv aufzunehmen. Toshi Ichiyanagis Werk verdankt Ihnen sehr viel, und in The Bride and the Bachelors *beschreibt Calvin Tomkins, wie Sofu Teshigahara, ein Meister der japanischen Kunst des Blumensteckens, bei einer besonderen Liturgie, die 1962 zu Ihren Ehren am Großen Shintu Schrein von Ise abgehalten wurde,* *"für die Avantgarde-Tätigkeiten von Mr. Cage and Mr. Tudor" um Segen bat.* *

In der Tat, ich bin mit David Tudor zweimal in Japan gewesen, und wir haben dort viele Freunde. Vom musikalischen Standpunkt aus gesehen denke ich, daß wir ihnen mit dem, was wir spielen, die Möglichkeit boten, ihre eigene Musik zu entdecken – eher als eine Zwölf-Ton-Musik. Vor unserer Ankunft hatten sie keine andere Alternative als die Dodekaphonie. Der Neo-Klassizismus war ihnen nicht wirklich zugänglich, weil er eine einfache Rückkehr zu ihrem eigenen Klassizismus bedeutet hätte. Tatsächlich war unsere Musik, d.h. die Musik, die David Tudor für sie gespielt hat, die einzige, die ihnen ein Verständnis ermöglichte, das dem der traditionellen japanischen Musik entsprach, etwas, das sie in den verschiedenen modernen Musiken nicht finden konnten. Demnach gebührt uns ein kleiner Teil der Ehre für die Tatsache, daß /gegenüber der alten japanischen Musik/ die zeitgenössische japanische Musik ähnliche, jedoch nicht identische, Elemente hervorhebt.

Können Sie dafür ein Beispiel geben?

Gerade vor ein paar Wochen machte ich in einem japanischen Restaurant in New York eine eigenartige Erfahrung. In diesem Restaurant gab es ein Tonbandgerät, das japanische Musik spielte. Gewöhnlicherweise wird der Rhythmus stark betont, und das mag ich nicht besonders. Ich bevorzuge die koreanische Musik. Was die japanische Musik betrifft, so bevorzuge ich die *shaku-hachi* Musik, die Flöte gefällt mir mehr als die *Koto*. Wir unterhielten uns wie gewöhnlich, während die Musik spielte. Nach und nach bemerkte ich während der Pausen in unserem Gespräch, daß die in dieser Musik enthaltenen Stillen äußerst lang waren und daß die entstehenden Töne sich stark voneinander unterschieden. Ich war von meiner Entdeckung überrascht, weil die Länge des Tonbands vollkommen ungewöhnlich war, es war sehr lang. Und dem bin ich in der traditionellen japanischen Musik nie begegnet. Dieses Stück war nicht

---

* Calvin Tomkins: *The Bride and the Bachelors*. Weinfeld und Nicolson, London 1965; und Viking Press, New York 1965, S. 69

ausschließlich für japanische Hörer bestimmt, sondern
für ein gesamtes Universum, es war genau dies Genre
von Musik, das Wolff schreibt und spielt. Tatsächlich
unterschied es sich nicht sehr stark von einem Wolff-
schen Werk. Es gab Klänge, die in einem unermeßlichen
Raum schwebten, in einem Zeit-Raum - und zweifellos
auch im Raum als solchem - mir schien, sie kämen alle
aufeinmal von allen Seiten des Raums. Wolffs Stücke vermittelten das sicherlich ganz ausdrücklich. Aber in diesem Fall gab es nur ein Tonbandgerät. Alles kam aus
diesem Gerät. Und es war sehr sehr schön. Es war mir
unmöglich, irgendein Tempo, überhaupt irgendeine Pe-
riodizität zu erkennen. Das einzige, was ich ausmachen
konnte, war die zeitweilige Ankunft einiger Klänge. Ich
wurde in einen Zustand versetzt, der meinen natürlichen
Erfahrungen, meinem täglichen Leben entsprach: wenn
ich einer Musik nicht zuhöre, wenn einfach Töne zufällig sich ereignen . Es gibt nichts Delikateres!

*Vor einigen Jahren erklärte auf dem Internationalen
Ästhetik-Kongreß in Amsterdam ein japanischer Professor einige Charakteristika der Zen-Musik, indem er zur
Illustration Gong-Klänge benutzte, die in einem Tempel
aufgenommen wurden. Er wollte beweisen, daß sich Zen-
Musik auf den Körper, auf den Leib bezieht, und nicht
auf den Kopf oder das Ohr, und er hielt es für angemessen, jeden Ton dreimal zu wiederholen. Nach dem
Vortrag fragte ihn der Präsident der Konferenz, ob die
Zahl drei beim Zen eine besondere Rolle spielt. Der ver-
blüffte Redner mußte   erklären, daß die Gongklänge
aus Gründen der Veranschaulichung dreimal gespielt
wurden! In Japan nimmt man sie nicht als organisierte
Klänge wahr, sondern als selbstzentrierte Klänge, be-
ziehungslos und ungezählt.*

Wenn man Tönen mit einem periodischen Rhythmus zuhört, hört man notwendigerweise etwas anderes als allein die Töne. Man hört nicht die Töne - man hört den
Tatbestand, daß die Töne organisiert wurden. Zen kultiviert diesen Rückfluß zum Nicht-Organisierten, d.h.
zu den Tönen als solchen,an und für sich.

*Ich fürchte, der "durchschnittliche" Hörer wird Ihnen
da kaum folgen können.*

Musik, wie ich sie betrachte... Aber hier muß ich die Schwierigkeit eingestehen. Es ist gleichzeitig eine pädagogische Musik und eine Musik der "Realität", die es als selbstverständlich betrachtet, daß die Pädagogik herausgeworfen wurde, beendet ist, abgeschlossen ist – meine Musik, das ist eine Einladung zu etwas, das ich *Würde* nennen möchte.

In welchem Sinn? Beziehen Sie sich irgendwie auf Nietzsche?

Nein. "Würde" ist ein Ausdruck, den ich der buddhistischen Tradition entnommen habe. "Würdevoll" bedeutet, zu jeder Zeit von Liebe und Haß frei zu sein. Viele Zen-Geschichten illustrieren diese Würde. Um Ihnen verständlich zu machen, worum es geht, würde ich sagen, daß es z.B. einem Interpreten an Würde mangelt, wenn er, statt sich getreu danach zu richten, was von ihm verlangt wird, beschließt, daß das von ihm Verlangte seiner unwürdig ist. Er hat gehört, daß diese Musik unbestimmt ist, dem Zufall überlassen usw. – und er weigert sich, zu spielen. Oder aber, der Interpret mag beschließen, daß alles gut ist, daß alles läuft, daß es genügt, überhaupt zu spielen. Nun muß ich Ihnen über meine Streitigkeiten mit dem Orchester von Leonhard Bernstein berichten, anläßlich der New Yorker Aufführung von *Atlas Eclipticalis*!*

Das Fehlen von Würde scheint, um die Wahrheit zu sagen, ein ziemlich weitverbreitetes Phänomen zu sein.

Wir laufen Gefahr, uns jedesmal so zu benehmen, wenn wir nichts anderes tun als die Dinge unserem Lustgefühl zu unterwerfen.

Kurz gesagt, jedesmal, wenn wir ein Geschmacksurteil treffen.

So ist es. Jedesmal, wenn wir Ästhetik betreiben! Ich schreibe, indem ich Zufallsoperationen verwende, um die Musik von jeder Art Lust oder Unlust zu befreien. Ich glaube, ich gehe nicht fehl in der Annahme, wenn

---

* Vgl. die Fußnote über das Orchester von Den Haag im siebten Interview. (John Cage; Fußnote ais dem Jahr 1972.)

ich ein Fehlen von Würde bei einem Musiker feststelle, der es ablehnt, dies zu verstehen.

Sie haben nur das Fehlen von Würde erklärt. Wie aber verhält es sich mit der Würde selbst?

Für die Buddhisten gibt es beides, empfindungsfähige und nicht-empfindungsfähige Wesen, je nachdem ob sie Sinneswahrnehmungen haben oder nicht. Aber das Empfindungsfähige und das Nicht-Empfindungsfähige sind keine hierarchisch geordneten Existenzweisen. Eins ist nicht besser als das andere - oder vielmehr, beide haben den gleichen uneingeschränkten Wert. Es ist diese Gleichwertigkeit, auf die sich die Japaner beim Blumenstecken und bei der Teezeremonie beziehen. Folglich könnte meine Musik einem besonderen Kritiker oder einem bestimmten Musiker vielleicht völlig verächtlich erscheinen. Oder einem bestimmten Interpreten! Einem westlichen Menschen ist meine Musik ein nicht-empfindungsfähiges Wesen. Man kann mit ihr alles machen, was man will. Ich dagegen vergleiche sie sehr stark mit einem empfindungsfähigen Wesen. Wenn man mich ablehnte, wenn man mich schlagen würde, würde ich mich beschweren, weil ich empfindungsfähig bin. Aber wenn sie meine Musik ablehnten, wenn sie es gewaltsam täten, worüber sollte ich mich beschweren, denn *ich bin nicht meine Musik*. Ich beschwere mich über nichts. Aber ich kann eine Einstellung beobachten, die das glatte Gegenteil von Würde ist. Meine Musik ist kein empfindungsfähiges Wesen, und sie ist nicht ich. Ich habe nichts zu sagen. Aber sie ist auch nicht weniger als ich: sie verdient es, wie ein Menschenwesen behandelt zu werden. Unabhängig davon, wie schlecht sie ist, ist sie so viel Mitgefühl wert. Sie wollten eine positive Definition von Würde? Es bedeutet, alle Dinge gleich zu behandeln. Und allem sein gleiches Gefühl gegenüber zu haben, ob empfindungsfähig oder nicht.

Das ist eine Definition, die merkwürdigerweise an "Gelassenheit" (im Orig. dt.) - Meister Eckharts Definition - erinnert. Diese **Gelassenheit,** *die ebenfalls* **lassen** *enthält, wird auch von Heidegger als eine "Gelassenheit* *zu den Dingen"*definiert. Aber in welchem Sinn würden Sie sich z.B. bei einem Zuhörer auf Würde beziehen? Genügt es, angesichts dessen, was geschieht, auf jeglichen Willen zu verzichten?*

Nicht unbedingt. Wenn man nach Indien geht, wird man bemerken, daß die Leute, die keineswegs willenlos und ohne Reaktionen sind, beim Hören traditioneller Musik an der Musik *teilnehmen*. Sie bleiben nicht gleichgültig. Ihre Würde manifestiert sich dadurch, daß sie die Klänge auf sich beruhen lassen, obwohl sie sich gleichzeitig hin und her bewegen, Gesten machen, mit dem Kopf nicken, sich wiegen, auf eine Art atmen, die schon selbst Kunst ist. Die Spanier bekunden eine vergleichbare Würde durch ihre Art Musik zu leben – indem sie sie durch Rufe und besondere Geräusche unterstreichen. Ich glaube, bei uns besteht die Würde darin, so ruhig wie möglich zu bleiben und die anderen Zuhörer sich selbst zu überlassen. Ebenso wie die Klänge!

Die Inder glauben, daß es eine Kunst des Zuhörens gibt, und dennoch sind der orientalischen Musik Konzerte fremd.

Man wird dort nicht das finden, was in unserer Kultur unter dem Namen "Liebhaberei" floriert. Dort ist oder war die Musik – denn sie befindet sich ohne Zweifel im Prozeß des Wandels – eine Lebensart. Das soziale Ansehen des Zuhörers ist nicht geringer als das des Interpreten. Außerdem sind die Komponisten selbst meist die Interpreten (die Interpreten sind die Schöpfer) und nicht nur Komponisten, die sich einfach herablassen, ihre eigene Musik zu spielen. Man hört nicht dem Interpreten zu, sondern den Tönen. /Keiner schert sich um einen Virtuosen – wohl aber um einen *Raga*. /

Demnach scheint es, daß wir uns nach dem Orient orientieren sollten.

Aber ich orientiere mich ganz bestimmt nicht nach

---

* vgl. Martin Heidegger, *Gelassenheit*,Pfullingen 1982,S.23.Å.d.R.

dem Orient. Ich vertrete nicht den Standpunkt, den westlichen Hörern eine bestimmte Einstellung *aufzubürden*, sondern sie zu überzeugen, daß es Klänge gibt und daß diese Klänge, was immer sie sind, wert sind, gehört zu werden.

Kurz vor den Weihnachtsferien 1970 sollte ich an der Universität von Paris VIII ein Seminar abhalten, aber ein anderes Seminar verschanzte sich in dem für mich bestimmten Seminarraum. Sie lehnten es ab, den Raum zu verlassen; und nachdem wir keinen anderen Raum finden konnten, schlossen wir uns ihnen an. Im selben Raum wurden zwei Sprachen gesprochen. Ich sprach über Messiaen und das andere Seminar diskutierte über Mao-Tse-tung. Da ich ziemlich laut sprach, hörten die Studenten der anderen Gruppe auf, mit mir zu konkurrieren und begannen stattdessen, ihren Text gemeinsam zu lesen, sie prononcierten ihren Text so klar, daß mir die Musiker nicht mehr zuhörten und begannen, zu diesem "rohen" Hintergrund mit ihren Flöten und Stühlen zu improvisieren. Das dauerte eine Stunde und ähnelte einem Ihrer Events... Obwohl keiner viel über Mao oder Messiaen lernte, dachte ich, daß diese Erfahrung weit entfernt von pädagogischer Hohlheit war. Was halten Sie davon?

Das ist der Anfang der Universität Buckminster Fullers! In *Erziehungsindustrie** empfiehlt er, daß die Universität ein offener Raum werden sollte und imstande sein müßte, sehr verschiedene Aktivitäten zu umfassen: Die Gebäude selbst sollten innen nicht unterteilt sein, damit man jedes Fach gleichzeitig im selben Raum unterrichten kann. Jeder Student kann frei wählen, was ihm gefällt, anstatt innerhalb eines einzigen Kurses eingeschlossen zu sein. Das scheint mir die wirkliche Erfahrung des täglichen Lebens im allgemeinen Sinne zu sein. Man muß nur einmal in einer Stadt umherlaufen. Was dort geschieht, ähnelt den Seminaren oder Professoren, die uns studieren lassen, was wir wollen.

---

* Erziehungsindustrie. Prospekt universaler Planung und Instruktion. Berlin 1970. (A.d.R.)

Demnach wird die Kunst des Zuhörens wesentlich.

Ja, und es gäbe dafür keine Klassenräume oder Konzertsäle mehr! Ich bin überzeugt, daß wir diese Kunst des Zuhörens auf alle Bereiche anwenden können. Ich persönlich würde es vorziehen, mit der Musik zu beginnen. Aber Musik allein ist nur ein Wort. Warum sollte sie auf dieses oder jenes besondere Gebiet begrenzt sein? Die gesamte Welt muß in Musik verwandelt werden. Oder in eine Fuller-Universität.

Wenn Sie jedoch innerhalb der traditionellen Definition des Wortes Universität *verbleiben, würde Ihre Perspektive wahrscheinlich darauf hinauslaufen, den gesamten klassischen Unterricht abzuschaffen...*

Ich sehe nicht ein, warum ein Professor seine Studenten das lehren sollte, was er schon weiß oder was er schon tun kann. Das gilt noch mehr für den Musik-Unterricht. Da der Professor schon weiß, was er wie zu machen hat, da er schon die zu unterrichtende Disziplin kennen sollte, sollte das genügen! Es gibt für die Studenten überhaupt keinen Grund, diesem gleichen Weg zu folgen. Sie sollten nicht wiederholen, sie sollten etwas anderes erfinden!

Ja, aber im Allgemeinen erkennen wir an, daß die Leute auf der Universität studieren, um einen Beruf zu erlernen.

Gut, wenn die Universität wirklich einen Beruf lehrt und der Student ernsthaft daran interessiert ist, diesen Beruf zu lernen, dann wird er wahrscheinlich in einer Situation erfolgreich sein, die auch viele andere Dinge enthält. Und wenn hin und wieder ein Mangel an Ernsthaftigkeit entstehen sollte, so sollte die Aufmerksamkeit umso mehr auf etwas anderes gelenkt werden!

Ich bewundere diesen Gedankengang...

Ich weiß, daß die Freiheit, über die ich spreche, keineswegs gängig ist. Die Universitäten sind weit zurück. Meistens verstehen sie immer noch nicht das Bedürfnis, die Sorge um den Lebensunterhalt abzubauen. Es sollte nur noch *experimentelle* Universitäten geben, "würdige" Universitäten, die von allen Voreingenommenheiten über eine Anstellung getrennt sind. Wenn die Studenten die Universität verlassen, sind sie direkt der Ökonomie ausgesetzt, d.h. der Organisation. Aber im Namen dieser Begegnung mit der Ökonomie ist es keinem gestattet, seine Interessen zu vervielfachen. In der Universität von Illinois hat man versucht, diesen Zustand zu beheben. Es gibt keine Grund- und Pflichtkurse. Man arbeitet daran, gleichwertige Examen einzuführen und Zulassungsbeschränkungen abzuschaffen. Ich denke, daß ein Student so lange studieren sollte, wie er will.

Das ist eine Herausforderung an die allmächtige Wirtschaft.

Sicherlich. Die Wirtschaft* muß abgeschafft werden, und auch die Politik**. Wir sollten sie nicht über uns herrschen lassen, wir sollten sie überdenken, so daß sie uns befreien, anstatt uns einzugrenzen. Aber man muß mit der Liquidierung des anachronistischsten Dogmas beginnen – dem Profit-Denken. Es wird von den Universitäten verewigt und macht sich dadurch zum Sklaven der Organisation und der Regierung. Das Anstellungs-Dogma – den Lebensunterhalt zu verdienen. Die Wirtschaft hindert uns daran, die Technologie als eine "gemeinnützige Einrichtung" zu behandeln. Sie wird der Träger der Organisation. Sie verherrlicht das Eigentum. Sie macht es all denen schwer, die ihr Leben nicht ausschließlich der Beschaffung des Lebensunterhalts widmen wollen. Denn das nennt man "Beschäftigung", "Anstellung". Wir sollten das abschaffen.

---

* Mit "Wirtschaft" meine ich das Geld (John Cage; Fußnote aus dem Jahr 1972.)
** Mit "Politik" meine ich die Macht (John Cage; Fußnote aus dem Jahr 1972.)

NEUNTES INTERVIEW

"Null-Zeit" und Stille
Arbeit und Spiel
Gegen die Regeln
Das "Zelebrieren"
Zukünftige Werke
Aufrechnung von Ordnung und Unordnung
Das *I Ging* und die Mikrobiologie
Überfluß
Quantität und Qualität
In der Welt leben
Die Rolle des Geldes
Alles wurde schon einmal gedacht
Über Interdisziplinarität
Das Innenleben eines Aschenbechers
Über *Variations VII*
Elektroencephalographische Musik
Surrealismus und Dada
Rhythmus und *Irrelevanz*

Sie haben darüber gesprochen, daß wir das Profit-Denken und die Beschäftigung abschaffen sollen. Das wäre natürlich ideal. In Wirklichkeit sind wir selbständig und aktiv. Wir leben weiter. Durch Ihre Werke geben Sie ein Beispiel für die gewissenhafteste Arbeit. Könnten Sie Ihr eigenes "Motiv" - das auf das Nicht-Handeln abzielt - auf einer mehr technologischen Ebene erklären? Welche Rolle spielt z.B. die **Zeit** *- wie Sie sie in Ihrer letzten Partitur begreifen?*

Das erinnert mich an eine Bemerkung, die der Komponist Robert Ashley einmal während eines Interviews, das ich mit Roger Reynolds hatte, machte. Er sagte, die Musik wäre *irgendein x-beliebiger zeitlicher Akt.*

Und das Theater? Da Sie immerhin an der Aufführung von Gordon Mummas **Configuration** *im letzten Juli teilgenommen haben, war Ihre Teilnahme sowohl musikalisch als auch theatralisch. Es nannte sich* **0'00''** *- im Gegensatz zu* **4'33''** *, wie mir schien - und ist ein eher konventionelles musikalisches Werk, in dem Sinne, daß es seine eigene zeitliche Begrenzung angibt, eine Zeit-Signatur. Wie würden Sie diese "Null-Zeit" definieren, die Ihre neuesten Werke charakterisiert und die die Unterscheidung zwischen Musik und Theater erschwert, ohne deren musikalischen "Aspekt" auszulöschen?*

Es gibt eine "Null-Zeit", wenn wir den Zeitablauf nicht wahrnehmen, wenn wir sie nicht messen.*

Demnach sollten wir uns sozusagen immer in der Null-Zeit befinden?

Manchmal ist das der Fall, manchmal nicht. Ich meine, daß, wenn ich an dem von Ihnen erwähnten Stück arbeite, oder "in" diesem Stück, befinde ich mich tatsächlich "in" der Null-Zeit.

"In" der Null-Zeit ist kein Platz für Messungen. Wenn ich Sie richtig verstehe, ist das Maß eine Variation des "Profit-Denkens", das Sie abschaffen möchten.

* Dieser Ausdruck "Null-Zeit" stammt von Christian Wolff. Er war der erste, der "Null-Zeit" gleichzeitig mit der Uhrzeit verwendete. (John Cage; Fußnote aus dem Jahr 1972.)

Natürlich, aber das hindert mich nicht daran, zu arbeiten, das zu tun, was meine Arbeit erfordert. Der Unterschied besteht darin, daß ich nicht länger auf einen vorbestimmten Schluß hinarbeite, d.h. in Übereinstimmung mit der Ökonomie.

O'00" ist im Katalog der Peters Edition mit dem Untertitel 4'33" no.2 aufgeführt. Dann ist dies Ihr zweites stilles Werk?

Ja, und es gibt noch ein weiteres.

Das ist ziemlich interessant. Wie bringen Sie es fertig, zwischen ihnen zu unterscheiden?

Das erste, *4'33"*, bezog einen oder einige Musiker ein, die keine Töne erzeugten. Das zweite, *O'0"*, verweist darauf, daß von einer einzigen Person eine Verpflichtung gegenüber anderen teilweise oder vollkommen eingelöst werden muß. Das dritte beinhaltet die Zusammenkunft zweier oder mehrerer Leute, die ein Spiel spielen, das am Verstärker angeschlossen ist. Ein Bridge- oder Schachspiel, oder überhaupt irgendein Spiel kann ein gesondertes - ein anderes wesentlich stilles - musikalisches Werk werden.

Sie sagten ein "gesondertes" Werk? Das setzt voraus, daß das Werk schon existiert...

Ja, in der Natur, und in jedem Augenblick. "Gesondert" bedeutet, daß es eine Verstärkung gibt. Es ist ein Werk über ein Werk - wie all meine unbestimmten Werke! Ich sage, es sei im wesentlichen still, weil ich glaube, daß es der Stille eines Schachspiels gestattet als das zu erscheinen, was sie wirklich ist: eine Stille voller Geräusche.

Sie kann nicht genau so erscheinen, wie sie ist, weil sie verstärkt wird.

Das ist meine Art zu *handeln*, mit Hilfe der Technologie.

Dann besteht Ihre Handlung darin, eine besondere Situation zu wählen: das Spiel.

Aber meine Musik ist kein Spiel. Ich mag nicht den Ge-

danken des Spiels, wenn Sie mit *Spiel* Regeln und Maße
meinen. In *Homo Ludens* veranschaulicht Huizinga sehr
gut, daß Spiele eine Angelegenheit von Regeln sind,
und daß diese Regeln dazu führen, die Welt der Spieler von der restlichen Welt zu trennen. Ich wähle die
Situation eines Spiels, aber nicht, weil ich meine Musik
als ein Spiel betrachte. Tatsächlich hätte ich jede andere Situation ebensogut wählen können.

Regeln beziehen sich auf die Welt der Ökonomie?

Natürlich. Was mich interessiert, sind nicht die Regeln, sondern die Tatsache, daß sich diese Regeln ändern. Deshalb glaube ich nicht, daß meine Kunst ein
Spiel ist. Ich versuche die Regeln zu ändern, oder sie
jedesmal abzuschaffen. Im Gegensatz dazu hängt ein
Spiel von der Befolgung der Regeln ab. Aber zu allererst davon, sie zu akzeptieren. Deshalb habe ich in
meinem Werk, wenn man sich richtig damit befaßt, nichts
mit Spielen im Sinn. Ich bevorzuge die Erfindung.

*Aber für Buckminster Fuller ist z.B. der Begriff des
Spiels wesentlich.*

Er befaßt sich mit einem Welt-Spiel, das eine Strategie
für die Nützlichkeiten beinhaltet. Er ändert die Regeln
all der Spiele, die bisher unter die Namen Politik, Wirtschaft, Organisation usw. fielen. Außerdem sehe ich
keinen Grund, warum wir nicht das organisieren sollten, was organisiert werden muß, nämlich Nützlichkeiten. Auf dieser Ebene brauchen wir eine Organisation.
Nirgendwo anders. Wenn ich eine "Nützlichkeit" benö-
tige, wie die unregelmäßige Uhr in meinem *Concert for
Piano*, dann organisiere ich sie. Aber das mache ich
speziell, um die normalen Spielregeln in einem Klavier-
konzert zu ändern.

*Wenn ich auf dieses Zeitproblem zurückkomme, das Ih-
rem ganzen Vorgehen zugrundeliegt, wird deutlich, daß
– Sie haben gerade daran erinnert – im* **Concert for
Piano** *der regelwidrige Dirigent die "nützliche" Funktion hat, die Zeit durcheinander zu bringen. In* 0'00"
*bringt der Titel die Zeit in Unordnung. Aber in Ihrem
dritten stillen Werk wird die Zeit des Spiels, die ver-*

hältnismäßig geregelt verläuft, durch die Verstärkung in Unordnung gebracht; und dadurch wird der unkontrollierbaren Klangdimension des Spiels der Zeit gestattet, "unterhalb" der Zeit des Spiels in Erscheinung zu treten!

Anstatt über das "Spiel der Zeit" zu sprechen, würde ich es vorziehen zu sagen, daß das Ereignis zählt und daß, was geschieht, mit einem *Zelebrieren*, und nicht mit einem Spiel, zu vergleichen ist.

Zelebrieren? Sie haben dieses Wort in Silence *benutzt, wo Sie darüber sprechen, "die Tatsache zu zelebrieren, daß wir nichts besitzen."*

Genau. Nicht *wir* sind diejenigen, die zelebrieren, sondern *das, was geschieht,* vollbringt die Zelebrierung.

Sprechen wir über Atlas Borealis, *das Projekt, das, wie ich glaube, das vervollständigt, was Sie mit* Atlas Eclipticalis *begonnen haben. Als Sie* Atlas Eclipticalis *komponierten, schrieben Sie es wie die erste Zeile eines Haiku.*

Der Hinweis auf das Haiku kam von einem meiner japanischen Freunde, Hidekazu Yoshida, der den Vorschlag machte, die erste Zeile eines jeden Haiku als Verweis auf das Nirwana zu betrachten, die zweite auf das Samsara, die dritte auf eine spezifische individuelle Tat – die jedoch durch das Nicht-Handeln ergänzt wird. Folglich entwarf ich *Atlas Eclipticalis* als die erste Zeile eines Haiku, das *Variations IV* als zweite Zeile beinhalte und *O'O''* als dritte Zeile. *Atlas Borealis* ist ein anderes Werk. Marshall McLuhan hat es mir vorgeschlagen. Er fragte mich: "Warum komponieren Sie nicht ein Stück auf der Grundlage der 'Thunderclaps' aus *Finnegans Wake*?" Wir haben schon ein wenig über *Ten Thunderclaps* gesprochen. Ich hätte gern eine Anlage hergestellt, die an den Kehlen der Chormitglieder befestigt wird, so daß beim Singen der *Thunderclaps* die Töne dem Hohlraum von wirklichen Donnerschlägen gleichkämen.

Ich möchte dem Leser gern den ersten dieser "Donnerschläge", der im dritten Paragraphen des ersten Kapitels von Finnegans Wake *steht, zitieren: "bababadal-*

gharaghtakamminarronnkonnbronntonnerronntuonnthunn-
trovarrhounawnskawntoohoohoordenenthurnuk!" Welche
Instrumentierung werden Sie, außer dem Chor, benut-
zen?

Es wird ein Orchester geben - wahrscheinlich ein
Streichorchester - mit vielleicht ein paar Blasinstrumen-
ten (wind instruments) am Schluß. *Atlas Borealis* wird
auf die gleiche Art wie *Atlas Eclipticalis* komponiert werden, mit Stern-Karten. Aber die Saiteninstrumente werden, wie der Chor, spezielle Anlagen mit Mikrophonen
benutzen, um die wirklich ausgesandten Töne zu transformieren, so daß sie dem fallenden Regen gleichkom-
men. Je mehr sich das Stück entfaltet, umso mehr Regen wird fallen - Regen, der auf Wasser, Erde, Metall
usw. niederfällt, so wie McLuhan es für die Geschichte
der Zivilisation hervorhebt. Da die *Thunderclaps of Finnegans Wake* die verschiedenen Stadien der Geschichte
der menschlichen Zivilisation beschreiben, und insbesondere der Technologie, wird der letzte Donnerschlag die
elektronische Technologie unseres Zeitalters repräsen-
tieren. In diesem Stadium darf der Regen nicht mehr
auf irgendetwas niederfallen sondern nur noch in der
Luft rauschen - und deshalb werde ich vielleicht im
letzten Abschnitt des Werks Blasinstrumente benutzen*.

*Wenn ich Ihr fertiges Produkt nach Ihrer Beschreibung
einschätzen soll, so scheint es ein gewaltiger Choral zu
werden, ein symphonisches, aber vor allem ein elektro-
nisches Gedicht...*

... Über die Geschichte der Zivilisation, wie sie mich
McLuhan und besonders Buckminster Fuller gelehrt haben!

---

* Im Juni 1972 sang ich im Encuentros von Pamplona die *Mesostics
re Merce Cunningham*. Das Konzert fand im Sala de Armas der
Cuidadela statt, obwohl der Wind durch das Erdgeschoß dieser alten verlassenen Zitadelle blies. Der Wind begann durch die Mikro-
phone zu pfeifen. Der Effekt, den das Publikum zweifellos wahrnahm, kam überraschenderweise dem nahe, was ich in den *Tun-
derclaps* zu erreichen hoffe. (John Cage; Fußnote aus dem Jahr
1972.)

Was Sie da gerade über Ihren letzten **Thunderclap** *sagten, erinnert mich an McLuhan und seine Idee eines elektronischen Environments. Aber wie hat Sie Fuller inspiriert?*

Aber Fuller spricht ebenfalls darüber. Ich erinnere mich an die Jahre 1949 und 1950, als ich ihn in Black Mountain traf. Eines Tages erzählte er uns, daß der Wind überall auf der Erde von West nach Ost weht. Es gäbe Leute, die mit dem Wind, und andere, die gegen den Wind ziehen. Diejenigen, die mit dem Wind zogen, trieben in die östliche Richtung und entwickelten den östlichen Gedankentypus; diejenigen, die gegen den Wind liefen, gingen nach Europa und entwickelten die europäische Philosophie. Und er gab zu verstehen, daß beide Tendenzen in den Vereinigten Staaten aufeinandertrafen und daß ihre Zusammenkunft eine Aufwärts-Bewegung in die Luft erzeugte.

Was bedeutet diese Bewegung in die Luft? Ein spirituelles Aufsteigen?

Nein, die Erfindung des Flugzeugs!

Und wenn Sie McLuhan folgen, würden Sie das elektronische Zeitalter hinzufügen...

Aber das war auch in Fullers Gedanken enthalten. Meine *Thunderclaps* werden das alles aufzuklären versuchen.

Demnach wird Ihre Musik zunehmend fulleresk?

Als ich das Vorwort zu *A Year from Monday* schrieb, erkannte ich, daß ich mich beim Schreiben immer mehr auf Fuller bezog. Und ich hätte gern gewußt, ob ich seine Gedanken irgendwie entstellte, da viele Leute das Gefühl haben, daß sein Werk Ordnung in einem sehr hohen Grade vertritt, während mein Werk versucht, den Grad der Unordnung zu steigern. Man mag deshalb denken, beide seien entgegengesetzt. Ich selbst machte mir Sorgen, er würde denken, daß ich sein eigenes Unternehmen unterminiere. Zu der Zeit befand ich mich gerade in Cincinnati und er war glücklicherweise in Süd-Illinois. Ich stattete ihm einen Besuch ab und untersuchte mit ihm jedes der Zitate und jede Bemer-

kung aus seinem Werk, die in *A Year from Monday* vor-
kamen. Und ich fragte ihn, ob er zwischen seiner Ordnung und meiner Unordnung irgendwie einen Gegensatz
sah. Er erwiderte, es gäbe kein Problem! Ich könnte
Ihnen die Einzelheiten seines Kommentars nicht wiederholen, der sich mit der Konstruktion eines theoretischen
Modells über den Nicht-Widerspruch zwischen Ordnung
und Unordnung befaßte – ein Modell, daß ich nicht
sehr gut verstand. In Wirklichkeit hat er die Seele eines Baumeisters und den Geist eines Architekten; ich
habe manchmal Schwierigkeiten ihm zu folgen. Aber im
Wesentlichen glaube ich seinen Ideen vollkommen treu
zu sein. Später lernte ich Critchlow, einen englischen
Architekten kennen, der nicht nur an den Ideen Buckminster Fullers interessiert war, sondern auch am *I
Ging*, genauso wie ich. Er konstruierte ein Modell, in
dem er die vierundsechzig Hexagramme des *I Ging* mit
dem *Dyxamion* von Fuller verband. Indem er ein Modell
benutzte, konnte er ein weiteres produzieren, um die
Kompatibilität zwischen Ordnung und Unordnung zu beweisen.* Seine Erklärungen waren gleichfalls mathema-
tisch, und nochmals gestehe ich, daß ich nicht sehr
viel davon verstand.

*Joseph Needham denkt, daß die chinesische Wissen-
schaft die Entwicklung der westlichen Wissenschaft in
einem größeren Ausmaß beeinflußt hat, als man sich
je vorstellt. Dennoch, reicht das aus, um eine Gegen-
überstellung vom* I Ging *und bestimmten Aspekten der
modernen Mathematik zu begründen?*

Ich gebe Ihnen ein anderes Beispiel. Kennen Sie Gunther Stent? Er ist ein Molekular-Biologe an der Universität von Kalifornien in Berkeley. Er schrieb ein Buch,
das sich zuerst *The Coming of the Golden Age** und
und dann *The Golden Age* nannte. Und dieses Werk do-
kumentiert einige seiner Beobachtungen über die Hip-

---

* Douglas Messerlis Gedichtsammlung *Dinner on the Lawn* enthält
ein Vorwort von Gertrude Stein mit der Bemerkung: "Ich bin
geneigt zu glauben, daß es keinen Unterschied zwischen Klarheit und Verwirrung gibt." (John Cage; Fußnote aus dem Jahr
1980.)
** frz. Ausgabe: *L'avènement de l'âge d'or*, Paris:Fayard 1973

pies im Raum von San Francisco. Er weiß genau über die neuesten Entwicklungen in der Mikrobiologie *und* in der Kunst und Musik bescheid. Wir wurden beide zu einem Symposion über die Zukunft der Welt eingeladen, das während des Winters 1968-1969, oder vielleicht 1967-1968, im Yukatan stattfand* . Als ich ihn kennenlernte, gab er mir die Korrekturfahnen von seinem Buch zu lesen. Beim Durchblättern der Fahnen stieß ich auf eine genetische Tabelle, eine Tabelle über die DNA-Teilung und die Teilung anderer Moleküle, die, wie Sie wissen, nach dem neuesten Stand der Mikrobiologie unsere Persönlichkeit determinieren. Nun, ich erkannte sofort das *I Ging*. Sie beinhaltet vierundsechzig Elemente und enthält Trigramme, die sich mit Hexagrammen vereinigen. Demnach sind unsere Persönlichkeiten das Ergebnis von Zufallsoperationen – *ebenso wie die Musik!*

Wie weit geht die Entsprechung zum I Ging?

Ich erwähnte Stent gegenüber, woran mich die genetischen Tabellen in seinem Buch erinnerten. Aber ich bin überhaupt kein Akademiker und kam mit meinen Erklärungen nicht sehr weit. Gunther Stent, der von dieser Entdeckung ziemlich beeindruckt war, wandte sich an einen seiner Freunde, ich glaube einen Dichter, der ein wirklicher Experte in der *I Ging*-Deutung ist.** Er lebte in der Nähe von Berkeley und verwendete sein Interesse am *I Ging* auf dieselbe Weise wie Critchlow, der sein Interesse an Fuller mit seinem Interesse am *I Ging* kombinieren konnte. Nun, dieser Dichter konnte das ergänzen, worauf ich hingewiesen hatte, und er vermittelte Stent umfassendere Einzelheiten über die Struktur des *I Ging* – was es Stent ermöglichte, seine Argumente zugunsten seiner Übereinstimmung zwischen dem *I Ging* und der Mikrobiologie theoretisch zu erhärten.

---

* Das vollständige Protokoll dieses Symposions ist jetzt erschienen C.H. Waddington: *Biology and the History of the Future*, Edinburgh University Press, Edinburgh 1972. (John Cage; Fußnote aus dem Jahr 1972.)
** Harvey Bialy. Vgl. Stent, op.cit., p. 76 (John Cage; Fußnote aus dem Jahr 1972.)

Diese Argumente sind, wie es scheint, schlüssig.

Soll das bedeuten, daß Sie keine Bedenken hätten, sich auf die gegenwärtige Wissenschaft zu beziehen, um bestimmte Aspekte Ihrer Handlungsweise zu legitimieren? Ich hätte gedacht, Sie würden mit Jean Wahl übereinstimmen, daß wir uns auf die zeitgenössische Wissenschaft nicht allzu sehr verlassen können, da sie weniger der Wahrheit dient als die Zukunftswissenschaft.

Aber ich bin nicht daran interessiert, mich auf die Wissenschaft zu berufen. Als ich Ihnen über die Verbindung zwischen dem *I Ging* und der zeitgenössischen Wissenschaft erzählte, wollte ich sagen, daß wir keine Gründe haben, überhaupt etwas abzulehnen. Ich versuche nicht Möglichkeiten auszuschalten, sondern sie zu vervielfältigen. Sehen Sie nur, was an der Wesleyan University geschieht. Man hat für die Arbeiten, die einen vollkommen anderen Rahmen erfordern, als ihn das alten Theater bieten konnten, neue Auditorien gebaut. In der selben Zeit hat man eine Schule für orientalische Musik entwickelt. Man veranstaltete die sogenannten Curry-Konzerte mit indischer Musik, indischem Essen, indischen Tänzen, indischen Trachten usw. Und da man mehrere Auditorien gebaut hat, kann man jeden Abend wählen zwischen indischer Musik, westlicher Kammermusik, elektronischer Musik, Rock usw. Genau wie in Tokio, wo man zu seinem Tee Beethoven, klassische japanische Musik oder Debussy hören kann.

Es würde mich dennoch interessieren, ob Fullers Richtung nicht tatsächlich zweideutig ist. Wird Fullers goldenes Zeitalter der Technologie nicht furchtbar statisch aussehen? Müßte sich nicht demgegenüber ein Denken des Fortschritts dynamisch geben?

Fuller weist darauf hin, daß wir bisher nur mittelmäßige Resultate erzielt haben und daß der klägliche Gebrauch, den wir von unserer Technologie gemacht haben und machen, mit unserem Wunsch nach Herrschaft verbunden ist. Wenn ich über meine eigene Musik spreche, dann nicht deshalb, weil ich glaube, Sie gehöre mir. Ich weiß nur allzu gut, daß ich sie nicht besitze. Gleichermaßen interessieren mich Techniken nur, wenn ich sie nicht besitze. Wenn ich nicht versuche sie zu kontrollieren, um aus ihnen das Instrument einer Politik oder einer Besitzesgier zu machen, kann ich sie zweifellos benutzen. Ob ich sie habe oder nicht, sie lassen mich nichts entbehren. Momentan muß ich die Tatsache berücksichtigen, ob ich meine Brille habe, ob ich Zentralheizung oder einen Fahrstuhl habe. Ich habe das Fernsehen und die Medien, ich habe den Computer. All das kann völlig unbemerkt geschehen. Ich kann sie benutzen, ohne die ganze Zeit darüber nachzudenken! Das Farbfernsehen liefert uns unechte Farben, und anfangs denken wir darüber nach. Wir werden nicht mehr darüber nachdenken, wenn wir im Laufe des Fortschritts den Unterschied zwischen Fernsehbildern und wirklichen Ereignissen vergessen. Sie nennen das ein statisches Zeitalter. Ich würde sagen, daß wir offenbar schon die Farben in der Natur vorfinden, die das Fernsehen reproduzieren wird. Wir werden bald diese Farben auf unseren Bildschirmen entdecken können. Dann werden wir das Fernsehen so selbstverständlich benutzen, als ob es nicht existierte. Im Allgemeinen sind wir nicht fähig, die Technologie als etwas *Natürliches* zu betrachten, weil wir nicht mit unserer Umwelt vertraut sind. Die Zukunft wird ebensowenig statisch sein wie die Vergangenheit. Wir befinden uns schon in der *Stasis!*

Diskreditiert Fullers Denken nicht die historisch überlieferten realen Kämpfe und realen Unruhen?

Fuller rät uns auch, das aus der Vergangenheit Überlieferte zu bewahren, um die Zukunft, all den Reichtum der Zukunft, mit der Armut der Vergangenheit vergleichen zu können. Demnach wäre vielleicht die wahre Geschichte der Menschheit die Geschichte der Technologie...

Aber irgendwie kann ich folgendes Problem nicht lösen: wie können wir, selbst in der Perspektive Fullers, eine Versöhnung zwischen Handeln - Ordnung - und Nicht-Handeln - Unordnung - herstellen?

Ich bin durch die Orientalen auf das Nicht-Handeln und die Unordnung gebracht worden. Nun, die Orientalen haben nicht unsere Probleme. Sie haben ein viel stärkeres Verhältnis zu ihrer Umwelt als wir. Sie werden die elektronische Technologie viel eher akzeptieren. Sehen Sie sich Japan an! Und auch schon China! Was Indien anbetrifft, verspreche ich Ihnen noch einige Überraschungen... Die Japaner haben sich die modernste Technologie der Welt angeeignet, obwohl sie Zen beibehalten. Sie hatten Ordnung und Unordnung. Das soll nicht heißen, daß ihre Ordnung die richtige ist; aber sie beginnen ins Zeitalter der simultanen Ordnung und Unordnung einzutreten. Wir müssen nur unsere Ideen über Konkurrenz und Konkurrenzfähigkeit abschaffen – und eben das wäre ein *Nicht-Handeln* –, um die unbegrenzten Möglichkeiten zu erschließen. Fuller sagt zu Recht, daß das Ziel darin besteht, der Idee des Ziels zu entkommen. Das versuche ich auf meinem Gebiet zu erreichen: eine ökologische Musik. Eine Musik, die uns gestattet, die Welt zu bewohnen. Und ich meine die gesamte Welt, und nicht nur einen bestimmten Teil der Welt. Die Welt in ihrer Gesamtheit, und nicht verschiedene Fragmente oder Teile der Welt. Letztendlich die Welt als das anzuerkennen, was sie ist.

Bauen Wohnen Denken ist der Titel eines Textes von Heidegger, auf den mir Ihre letzten Sätze bemerkenswerterweise auch zu verweisen scheinen.

Wir müssen gestalten, d.h. das zusammentragen, was sich in einem verstreuten Zustand befindet. Sobald wir es versuchen, werden wir erkennen, daß schon alles zusammenpaßt. Die Dinge wurden schon unabhängig von uns zusammengetragen; das einzige, was wir getan haben, war, sie zu trennen. Demzufolge besteht unsere Aufgabe darin, sie wieder zu vereinigen. Um das zu erreichen, müssen wir anders leben, vielleicht nicht mehr in herkömmlichen Häusern, sondern in nomadischen oder mobilen Häusern; in den Wüsten, in den Ozeanen, auf den Bergspitzen. Durch Raketen erlangen wir die Möglichkeit, die Himmel zu bewohnen. /Mit meiner Musik versuche ich zu zeigen, daß wir *schon* unsere Umwelt bewohnen. Ich versuche für dieses neue Leben in der Welt eine neue Art des Hörens vorzuschlagen: nicht eine Musik für Sie und mich, sondern ein Zuhören, das schon jetzt die Tatsache anerkennen wird, daß es im

Jahr 2000 sieben Millarden Menschen und im Jahr 2060 zwanzig Millarden Menschen geben wird! /

Wie können wir die Furcht vor einer Überbevölkerung umgehen?

Man befürchtet sie nur, weil man glaubt, daß ein grosser Teil der Menschheit hungrig schlafen gehen wird. Und man befürchtet, daß sich·dieses Phänomen verschlechtern wird. Ich glaube, daß ich grundsätzlich mit Ihnen übereinstimme: wir müssen jedermanns Grundbedürfnisse sichern. Aber meiner Meinung nach werden wir das nur dann bewerkstelligen, wenn wir erkennen, daß wir gemeinsam auf dieser Welt leben. Nicht getrennt. Jede Autorität, sei sie politischer oder ökonomischer Natur, die wir bisher gebeten haben, dieses Problem klar darzulegen – geschweige denn, jetzt schon eine Antwort zu finden! – vertritt eine Technik der Trennung. Bis vor kurzem beschäftigte uns nur der Gedanke, uns abzusondern. Was uns bevorsteht, was wir schon erfahren, ist die Tatsache des Zusammenlebens. Demnach müssen wir zuerst mit unserer Gewohnheit brechen, unsere Individualität und unsere Werte allein durchzusetzen. Nur wenn wir von diesen Werten absehen, kann es soetwas wie einen Humanismus geben. Und dieser Humanismus setzt die Anerkennung einer Überbevölkerung voraus! Wir sollten akzeptieren, daß dem "globalen Dorf" der Gedanke der Humanität innewohnt. Solange wir das nicht verstehen können – und Regierungen, Politiker und Ökonomen werden uns diesbezüglich nie helfen –, wird es keine Möglichkeit geben, einander das zu geben, was wir brauchen.

Ja, aber führt die Befriedigung jedermanns Bedürfnisse nicht zur Verarmung der Gesamtheit?

Im Gegenteil! Bei Bedürfnissen handelt es sich nicht um ein Lebensminimum! Sie beinhalten auch und insbesondere Überfluß! Keiner muß irgendetwas mehr tun. Dies ist das Nicht-Handeln!

Was denken Sie über die gegenwärtige Rolle des Geldes? Und wie, denken Sie, können wir die auf dem Geld basierenden sozialen Klassifizierungen abschaffen?

Zur Zeit ist Geld ein Aspekt, oder sogar ein Grund dafür, daß es Regierungen gibt. Was mich betrifft, so glaube ich, daß es Regierungen nur gibt, um die Reichen vor den Armen zu schützen. Und was die Regierungen selbst anbetrifft, so wollen sie nur reicher als die Regierung der Nachbarstaaten werden. Deshalb gibt es so viele Kriege! Und deshalb gibt es auch all diese Unruhen und die anderen Krankheiten gegenwärtiger Gesellschaften. Es ist erstaunlich, daß in den Vereinigten Staaten der Diebstahl eine alltäglichere Erscheinung geworden ist als der Regen. Und die Leute haben seit langem erkannt, daß es unmöglich ist, ein Haus vor Einbrechern zu schützen. Ich habe Freunde, die durchschnittlich dreimal im Monat einem Raub zum Opfer fallen. Denken Sie, daß all diese Raubüberfälle einfach ein Resultat schlechter Erziehung oder beklagenswerter Veranlagung sind? Oder der Rasse? All diese Raubüberfälle gibt es nur, weil die Räuber unter allen Umständen Geld brauchen und keinen anderen Ausweg wissen als anderer Leute Eigentum zu nehmen, um es zu verkaufen. Vor kurzem erzählte mir Gordon Mumma, daß seine ganze elektronische Ausrüstung in diesem Jahr dreimal gestohlen wurde. Seine Ausrüstung zieht die Diebe an, da sie sehr leicht wieder zu verkaufen ist. Er fügte hinzu, daß er mit all den wiederholten Diebstählen den Sinn für Eigentum verloren hätte. Er ist deshalb nicht unglücklich, sondern er nimmt es hin. Was ihn zu diesem Sinn für das Nicht-Eigentum, den Nicht-Besitz führte, war nicht die Lektüre meiner Bücher, sondern daß er systematisch bestohlen wurde.

Und welche Rolle hat das Geld in Ihrer persönlichen Erfahrung gespielt?

Als Kind hatte ich eine Leidenschaft für Musik. Meine Eltern waren bestürzt. Sie wußten aus vorherigen Familienerfahrungen, daß Musik kein Beruf war, daß sie nicht ausreichte, um den Lebensunterhalt zu verdienen. Sie versuchten alles, um mich zu entmutigen - ohne Erfolg. Sie taten alles. Die finanzielle Situation meines Vaters änderte sich ständig, und folglich versuchte er, mich von der äußersten Wichtigkeit des Geldes zu überzeugen. Ich glaube, er verspürte den tiefen Wunsch,

mich nicht so leiden zu sehen, wie er gelitten hatte.
Trotzdem konnte ich das Geld niemals ernst nehmen,
außer natürlich, wenn ich zu wenig hatte - wirklich
nicht genug. Als ich um 1943 nach New York ging, hatte ich keinen Cent. Ich war vollkommen pleite. Natürlich dauerte das nicht an. Aber ich lebte auf diese Weise mit einem außergewöhnlichen Freiheitsgefühl. Ich habe niemals vergessen, wie befreiend es sein kann, ohne einen einzigen Cent zu leben! Aber bald fühlte ich
mich natürlich ausgehungert - und ich sagte mir, daß
ich etwas unternehmen müßte. Genau zu diesem Zeitpunkt kam der Schriftsteller Steinbeck, einer unserer
Freunde*, nach New York, und er lud uns im 21 Club
- dem berühmten Club in der 52. Straße - zum Mittag-
essen ein. Eine einzelne Mahlzeit kostet in diesem Club
100 Dollar! Es tat uns richtig weh, für 100 Dollar zu
essen... Das Leben wäre viel einfacher gewesen, wenn
wir das Geld für etwas anderes hätten verwenden können anstatt es aufzuessen! Aber auf jeden Fall hatte
ich gewählt, mir das Verhalten einer Person anzuge-
wöhnen, die sich für Musik und nicht für Geld interessiert. Folglich zwang ich mich dazu, nur dann Geld
zu verdienen, wenn ich es wirklich brauchte. Zu jener Zeit hatte ich überhaupt nichts. Ich schrieb einigen Freunden in Chicago, um ihnen zu sagen, daß ich
mich in einer schlechten Situation befand und daß ich
unbedingt Geld brauchte, und sie schickten mir ungefähr 50 Dollar, glaube ich.
Zehn Jahre später, als ich die *Music for Changes*
schrieb, war ich ebenfalls ohne einen Penny. Ich sagte
mir, daß es besser wäre, einen Job zu suchen. Das
tat ich. Ich versuchte zwei oder drei Tage lang, jemanden zu finden, der mich einstellen würde. Ich fand
nichts. Also entschied ich mich, nicht mehr zu suchen,
sondern meine eigene Arbeit zu tun - und, wenn es
sein müßte, daran zu sterben. Bevor ich vollkommen in
die *Music of Changes* eintauchte, schickte ich an alle
mir bekannten Leute eine Menge Briefe und schlug ihnen vor, Anteile an den Einkünften, die ich durch
Music of Changes erzielen würde, zu kaufen. Und ich

---

* Xenia und ich waren noch verheiratet.(John Cage;Fußnote aus
  dem Jahr 1980.)

benutzte einen Slogan: "Wären Sie gern reich, wenn Sie tot sind?" Dank dieser Strategie kassierte ich 250 Dollar. Aber ich brauchte neun Monate, um die *Music of Changes* zu beenden! Und während dieses gesamten Zeitraums hatte ich wirklich sehr wenig Geld. Mein Vater und meine Mutter waren immer großzügig zu mir. Sie halfen mir jedesmal, wenn sie es konnten. Glücklicherweise war ich später in der Lage, auch ihnen zu helfen, wenn sie in Not waren. Meine finanzielle Situation hat sich verbessert, und in den letzten paar Jahren meines Lebens war es mir wirklich möglich, meiner Mutter und meinem Vater zu helfen. Aber das verpflichtete mich dazu, das Geldverdienen zu lernen, ob ich es brauchte oder nicht. Ich komme mit sehr wenig aus, ich fühle mich sogar mit sehr wenig Geld einfach wohl. Aber ich lernte es zu verdienen.

Soll das bedeuten, daß Sie mit Ihrem Status zufrieden sind – und mit dem Schicksal der Künstler im allgemeinen?

Man kann sich der Einkünfte, die einem durch seine Rechte als Autor zufließen, nie sicher sein. Es hängt offensichtlich vom Verkauf der Bücher oder Partituren und Aufführungen ab, was zunehmen oder abnehmen kann. Gerade jetzt ist die Summe, die ich verdiene, ziemlich angestiegen. Früher verdiente ich 25o Dollar im Jahr, während ich jetzt fast 3.000 Dollar im Jahr erreiche. Ich denke, ich könnte ausschließlich mit meinen Bücher- und Musikrechten meine Bedürfnisse sichern, wenn ich beschlösse, mich in irgendeinen abgeschiedenen Winkel auf dem Erdball zurückzuziehen. Ich könnte in einem mexikanischen Dorf oder in den Hinterwäldern North Carolinas leben, aber dann könnte ich nicht all meine Reisen bezahlen. Meine Tätigkeit als Vortragender gestattet mir jedoch, das zu tun. Die Preise für meine Vorträge sind gestiegen. Ich verlange jetzt mehr, um die Anzahl der Vorträge, die ich geben muß, zu reduzieren. Ich brauche eine Menge Zeit, um meine Arbeit fortsetzen zu können, und die Erhöhung meiner Honorare war für mich die einzige Möglichkeit, nicht zu sparsam zu leben. Aber zwischen den Vorträgen und den Konzerten schaffe ich es, mehr zu verdienen als ich tatsächlich brauche. Allerdings braucht die Cunningham Dance Foundation beständig Geld, und ich gebe jedes Jahr soviel ich kann. Ich spende ebenfalls an gemeinnützige Organisationen und an die Civil Liberties Union.

Gibt es irgendwelche Institutionen, die z.B. die Ideen Buckminster Fullers verbreiten und denen Sie auf irgendeine Art helfen?

Ich bewundere sehr die Arbeit des Whole Earth Catalogue, der die Ideen Buckminster Fullers direkt verbreitet. Er ähnelt stark einem Warenhauskatalog... aber er befaßt sich mit Büchern und Gegenständen, die in der zukünftigen Gesellschaft grundsätzlich nützlich sind oder sein werden. "Utilities". Jeder kann diesen Katalog lesen und alle Arten von Ideen für seine Community finden. Ich bin glücklich sagen zu können, daß mein Werk *A Year from Monday* in diesem Katalog enthalten ist.

Aber diese Idee eines Katalogs mit einem erschöpfenden Bestandsverzeichnis erstaunt mich. Die Welt, wie Sie sie in Anlehnung an Fuller beschreiben, wird keine in sich geschlossene Welt sein. Sie wird sich dem Überfluß, der Nicht-Linearität, dem Reichtum von allem öffnen, das sich anbietet. Können wir uns vorstellen, das zu katalogisieren? Und das von jetzt an zu tun?

Wenn ich Ihnen die Bescheidenheit meiner wahren Bedürfnisse oder den Sinn für Armut, den die Einbrecher bei Gordon Mumma hervorriefen, erkläre, denke ich nicht, gegen die Bedeutung des Überflusses zu verstossen. Sie besteht nicht darin, alles zu besitzen, sondern nur das zu besitzen, was man wirklich braucht. Der Katalog läuft nicht darauf hinaus, daß unsere Möglichkeiten begrenzt sind, er deutet einfach nur an, was notwendig ist. Ich möchte Sie sogar noch mehr in Erstaunen versetzen, indem ich nochmals Gunther Stent erwähnen möchte. Denn er denkt, daß die grundsätzliche Arbeit hinsichtlich der Ideen in allen Bereichen, ob in den Wissenschaften oder den Künsten, bereits getan wurde. Es ist nicht mehr notwendig, in den Hauptbereichen zu arbeiten. Wir müssen noch eine Anzahl von

Einzelheiten in Ordnung bringen, aber es handelt sich nur um Einzelheiten. Und sobald wir eine neue Einstellung zur Organisierung der "utilities" erreicht haben, wird es uns möglich sein, ganz einfach mit unserer tatsächlichen Situation zufrieden zu sein. Auf der Ebene der Ideen wurde schon alles erdacht; alle fundamentalen Entdeckungen wurden gemacht. Und auf dem Gebiet der Musik, denkt Gunther Stent, daß die gegenwärtig existierende Musik uns jegliche zusätzliche Arbeit an den Grundlagen erspart, da man nun erkannt hat, daß die Töne selbst frei sind. Das soll nicht bedeuten, daß wir nicht mehr neue Musik komponieren müssen, sondern, daß neue Ideen über die Musik nicht mehr notwendig sind.

Das klingt fast wie die hegelsche Diagnose vom Tod der Kunst. Messiaen meint, daß die Musik ihr harmonisches Höchstmaß erreicht hat und sich einem rhythmischen Gleichgewicht nähert. Und Sie sagten, daß Sie durchaus mit Leonard Meyer übereinstimmen, der im Hinblick auf Ihr Werk glaubt feststellen zu können, daß das gegenwärtige und zukünftige Stadium der Musik eine Stase, eine Periode der Stasis ist.

Von nun an befinden wir uns in einer Situation, in der sich das Alte mit dem Neuen überschneidet und sich mit ihm vermischt. In einem Sinne ist alles entdeckt und erprobt worden. Natürlich bedeutet das nicht, daß wir uns gegenwärtig schon in einem goldenen Zeitalter befinden. Aber wir haben die wesentlichen Ideen gesammelt, die es uns ermöglichen werden, in diesem neuen Zeitalter zu leben.

Ist das nicht ein Thema, das dem neunzehnten Jahrhundert entlehnt ist?

Ist das so wichtig? /Nehmen wir z.B. David Tudor: wenn er eine Rückkopplung zwischen auditiven und visuellen Kreisläufen produziert, dann tut er nichts anderes als einige der spiritualistischen Tendenzen eines Skrjabin zu Ende zu führen. Skrjabins Jünger dachten, es gäbe zwischen den verschiedenen Sinnesorganen des Menschen eine Übereinstimmung. Sie beschäftigten sich sehr viel damit, ein Verhältnis zwischen einer besonderen Tonhöhe und einer besonderen Klangfarbe herzustellen. Nicht nur Skrjabin und seine Anhänger sondern viele Leute vertraten im letzten Jahrhundert und zu Beginn dieses Jahrhunderts diese Meinung. /

Und gerade zu Beginn dieses Jahrhunderts. Wiederum ist es unmöglich, Messiaen nicht zu erwähnen!

/All das wurde eher auf einer spiritualistischen als auf einer technologischen Ebene durchgeführt. Man bezog sich notgedrungen auf die herrschende Psychologie, auf Werturteile, Geschmacksrichtungen, Erinnerungsvermögen usw. Heutzutage ist das alles nicht mehr nötig. Wir haben die Technologie. Es ist sinnlos, all diesen Ideen noch verhaftet zu bleiben. Denn ich bin sicher, daß wir durch David Tudors Kreisläufe sehr schnell eine Komplexität erreichen, die ausreicht, damit irgendein Klang irgendeine Klangfarbe produziert. Wir werden das erreichen, was die Zen-Philosphie lehrt: man kann über die Unterscheidung zwischen Ursache und Wirkung nichts sagen, weil im Universum eins das andere verursacht./

Aber nochmals: könnte diese Stabilisierung, diese Stase der Ideen nicht zu einer Verarmung führen?

Im Gegenteil, ich habe vom Überfluß gesprochen. Ich glaube, daß das, was wir innerhalb des Stadiums der Stase vernünftigerweise erwarten können, die gegenseitige Durchdringung der Künste und der Wissenschaften sein wird, die sich bis vor kurzem hierarchisch und individuell entwickelt haben, und das aus Gründen der Vereinfachung und Pädagogik getrennt gehalten wurden. Wir können erwarten, daß all diese Disziplinen sich zukünftig in einer Atmosphäre voller Heiterkeit und - ich benutze absichtlich eine in den japanischen Texten häufig vorkommende Ausdrucksweise - Verwirrung vermischen werden.

Demnach setzen Sie alles auf Interdisziplinarität?

Das ist zweifellos eine wichtige Errungenschaft, auf einer sehr praktischen Ebene. Ich zweifele nicht daran, das an einigen mir bekannten Universitäten beurteilen zu können. An der Universität von Illinois plant man das Lehrgangssystem zu verallgemeinern, so daß jeder Kursus von einem außerhalb der betreffenden Disziplin stehenden Professor gehalten werden kann, der für dieses Fach nicht zuständig ist. In anderen Worten, "Kreuzbefruchtungen" werden bald zur allgemeinen Praxis, selbst in den akademischen Kreisen. Ein Wissenschaftler wird gebeten, zu Musikern zu sprechen. Das könnte viel bessere Resultate ergeben, als wenn man sie den Händen eines anderen Musikers anvertraut hätte.

Man muß die technischen Ideen oder Ziele von ihren Funktionen abbringen.

Auf jeden Fall scheint mir, daß die wissenschaftlichen Untersuchungen wahrhaftig die Flucht ergreifen, wenn man es fertigbrächte, sie auf andere, nicht für sie geschaffene Bereiche zu übertragen, wie z.B. die Musik...

Könnten Sie mir ein Beispiel geben?

Sehen Sie sich diesen Aschenbecher an. Er befindet sich in einem Zustand der Vibration. Wir sind dessen sicher, und der Physiker kann es uns beweisen. Aber wir können diese Vibrationen nicht hören. Als ich in die schalldichte Kammer ging, konnte ich mich hören. Gut, anstatt nun auf mich selbst zu hören, möchte ich diesen Aschenbecher hören. Aber ich würde ihn nicht wie ein Schlagzeuginstrument anschlagen. Mit Hilfe einer geeigneten Technologie, die sicherlich nicht zu diesem Zweck entworfen worden ist, werde ich mir sein inneres Leben anhören. Aber gleichzeitig werde ich diese Technologie steigern, da ich ihre völlige Freiheit, sich auszudrücken und ihre Möglichkeiten zu entfalten, erkennen werde.

Haben Sie nicht in einer Ihrer Variations *einen ähnlichen Versuch gemacht, indem Sie sich mit Klängen jenseits der Wahrnehmungsgrenze beschäftigten?*

Ja. Wir wissen, daß die Luft voller Vibrationen ist, die wir nicht hören können. In *Variations VII* versuchte ich Klänge aus diesem unhörbaren Environment zu verwenden. Aber wir können dieses Environment nicht als Objekt betrachten. Wir wissen, daß es sich im Prozeß befindet. Während wir es im Fall des Aschenbechers tatsächlich mit einem Objekt zu tun haben. Es wäre äusserst interessant, ihn in einen schalldichten Raum zu stellen und ihn durch ein angemessenes Aufnahmesystem zu hören. Aus dem Objekt würde ein Prozeß werden; mit Hilfe eines der Wissenschaft entlehnten Verfahrens könnten wir durch die Musik von Objekten die Bedeutung der Natur entdecken.

Das erinnert mich an Alvin Luciers, dem es gelungen ist, elektroencephalographische Geräusche einzufangen und in "musikalische" Klänge zu transformieren. Dieses Experiment wurde von Pierre Henry in Paris wiederholt. Sind Ihnen diese Versuche bekannt? Mir scheint, daß das so etwas ähnliches ist, wie einem Aschenbecher zuzuhören.

Unbedingt. Ich kenne Alvin Luciers Arbeit zumal dadurch, daß ich ihm bei der ersten Aufführung seiner *Music for Solo Performance* assistierte – die an dem Abend stattfand, als wir das erstemal *Rozart Mix* aufführten. Ich selbst habe ziemlich viele Elektroden an die Kopfhaut des Komponisten angebracht. Die Aufführung bezog die durch das Schließen der Augen und die Ausführung anderer Bewegungen erzeugten Alpha-Wellen mit ein. Das Resultat von Alvin Luciers Gehirntätigkeit wurde über einige im Raum verteilte Lautsprecher gesendet, von denen jeder mit einem Resonanzobjekt gekoppelt war. Z.B. wurden die Lautsprecher auf eine Kesselpauke, einen Gong oder einen Abfalleimer gestellt. Das Resultat war eine große Klangverschiedenheit, wegen der unterschiedlichen Aufbauten und Standorte eines jeden Lautsprechers. Als eine gegebene Aktivität über einen Lautsprecher gesendet wurde, hörte es sich anders an, als wenn die gleiche Aktivität über einen anderen Lautsprecher gespeist wurde, weil es einen Unterschied in der Resonanz gab. Das Publikum war durch den Aspekt dieser "participation mystique", die das Stück zu fördern schien, sehr beeindruckt – ein ziemlich natürlicher Effekt, da sich jeder Zuhörer ziemlich bewußt war, auch ein Gehirn zu haben! Und wenn man an seinen Schädel Elektroden angebracht hätte, wäre das Resultat eine ebenso bewegende Musik gewesen. /Was mich an dieser Arbeit interessierte war die Tatsache, daß der Interpret aufgrund der Situation überhaupt keine besonderen Fähigkeiten besitzen mußte./

Ich bin sicher, daß Sie mit Staunen erfüllt gewesen sein müssen, als Sie mit dem surrealistischen Aspekt dieser Begegnung zwischen unwahrscheinlichen, komischen Objekten konfrontiert wurden: Elektroden und Mülleimer, Krankenhäuser und Konzertsäle.

Sicherlich, aber ich muß sagen, daß mir surrealistische Werke niemals wirklich gefallen haben. Kritiker, die im Allgemeinen meine Aktivitäten mit Dada verbinden, irren sich nicht. Aber ich muß sagen, daß das Dada des Jahres 1920 ein viel tieferes Bedürfnis hatte, mit allem, was getan worden war, zu brechen, eine Leere herzustellen, als das Dada des Jahres 1950.

Wenn man über Sie diskutiert, wird der Begriff Neo-Dadaismus erwähnt...

Ein weiteres überflüssiges Etikett! Wenn man sagt, ich sei neo-dadaistisch, werde ich es schon irgendwie fertigbringen, mich von dieser Kategorie zu befreien. All das kam durch das Malen. Als ich zu komponieren begann, begann ich auch zu malen. Ich bin nicht dabei geblieben, aber ich fühlte mich sehr zum abstrakten Expressionismus hingezogen. Rauschenberg und Johns führten mich zur gegenständlichen Malerei, und da sie damals, ich nehme an aufgrund mangelnder Phantasie, als Neo-Dadaisten etikettiert wurden, fiel den Kritikern nichts anderes ein als dieses Etikett auch auf mich anzuwenden.

Musik läßt sich nicht so leicht unter Kategorien der Malerei fassen.

Auf jeden Fall fühlte ich mich der noch gegenständlichen *musique concrète* näher, als der elektronischen Musik, die man sofort als abstrakt einstufte. Aber seit dem *Gesang der Jünglinge* begab sich Stockhausen selbst in die "Gegenständlichkeit"!

Dann betrachten Sie sich nicht einmal als ein Erbe Dadas!

/Hören Sie, Satie war viel eher Dadaist als ich. *Vexations* ist ein Dada-Stück!/ Aber ich habe mich ihm ganz und gar nicht auf diese Weise genähert. Ich empfand es als eine Pflicht, es hörbar zu machen.

Alvin Luciers Music for Solo Performance *ist sicherlich nicht-repetitiv, eher ist sie das Gegenteil der* Vexations...

Ja, und das erinnert mich an die Definition von Rhythmus, die ich eines Tages prägte. Rhythmus ist keinesfalls etwas periodisches und repetitives. Er ist die Tatsache, daß etwas geschieht, etwas Unerwartetes, etwas *Irrelevantes.*

Ich bin ihnen dankbar, daß Sie hier diese Definition bringen. Sie scheint mir gut anwendbar auf die Musik zu sein, von der wir sprechen: die Techniker beherrschen nicht so ohne weiteres, etwa während einer Aufnahme-Nacht, die elektronisch-encephalographischen Verlaufskurven. Sie können dem nur annäherungsweise gerecht werden. Sie begegnen hier einem Rhythmusphänomen in dem Sinne, in dem Sie diesen Begriff verwenden. Sie nützen das aus und verkünden, daß die elektro-encephalographischen Musiken keine Musik sind!

Wenn ich komponiere, versuche ich nicht, dieses Irrelevante, diese Freiheit, nicht kontrolliert zu sein, die die Klänge charakterisiert, mit denen ich mich auseinandersetze, zu unterbrechen. Meine Musik besteht im Grunde darin, das erscheinen zu lassen, was Musik ist, *noch bevor* es überhaupt Musik gibt. Was mich interessiert ist die Tatsache, daß die Dinge bereits *sind.* *

---

* Nachdem ich diese Seiten gelesen habe, glaube ich, meine Ansichten über die Dada- und Surrealistische Bewegung, um die sich ein Teil dieses Gesprächs drehte, klären zu können. Der Surrealismus, der Dada folgte, war vom Gedanken oder der Intention her sozial (André Breton) aber tatsächlich individualistisch. Der Neo-Dadaismus, der mit Johns und Rauschenberg folgte, was heute die Stelle des Surrealismus eingenommen hat, ist von Anfang an durch und durch sozial, weil es sich um eine Kunst handelt, die z.B. mit industriell produzierten Tomatensaftdosen zu tun hat. Wenn ich heutzutage zwischen Dada und Surrealismus wählen sollte, würde ich mich natürlich für Dada entscheiden. Und wenn ich

Kurz, Sie grenzen sich zunächst von den Surrealisten ab, dann von den Dadaisten, insofern keine der beiden Bewegungen die Analyse des zufälligen Zusammentreffens oder der freien Assoziation weit genug vorangetrieben hat.

Es ist in etwa das: /in Wirklichkeit bleiben sie einem epidermischen Zufall verhaftet. Der der Elektroden ist schon tiefergehend /.

---

einen Dadaisten vor allen anderen vorziehen müßte, wäre es Duchamp. Danach würde ich mich natürlich von Dada lösen. (John Cage; Fußnote aus dem Jahr 1972.) Wie es Duchamp tat. (John Cage; Fußnote aus dem Jahr 1980.)

ZEHNTES GESPRÄCH

John Cages Liste der zehn bedeutendsten Bücher
Die Bedeutung von Norman O. Brown
Sexualität
Über Neo-Taoismus
Die Äquivalenz von Musik und Ökologie
Ökologie und das Establishment
Die Musik, Gleichgewicht und Harmonie von allem
Über Henri Pousseurs Meliorismus
Jenseits der Subjektivität
Globalisieren der Musik
Revolution und Synergie

Vor ein paar Jahren haben Sie eine Liste von zehn Büchern zusammengestellt, die für Sie von größter Bedeutung gewesen sind. Würden Sie diese Liste heute überhaupt ändern? *

Zur Zeit lese ich Thoreaus *Journal*; vor einer Woche las ich Kauffmans Abhandlung über Pilze. Dieses Pilzbuch motiviert mich, die Natur zu beobachten und dadurch Thoreau besser zu verstehen. Ich denke, daß Thoreau bei einer neuen Liste einbezogen werden müßte.

Er stand nicht auf der alten?

Ich hatte Buckminster Fuller einbezogen. Aber wie ich bereits sagte, hatte ich ihn noch nicht gelesen! Heute stimmt das nicht mehr. Ich würde ihn drauflassen, natürlich. Und ich würde auf jeden Fall McLuhan hinzufügen.

Ist irgendein Buch von McLuhan für Sie von besonderer Bedeutung?

Es gibt einen Artikel, den ich all seinen Büchern vorziehe. Sein Titel *The Agenbite of Outwit* ist eine Paraphrase auf James Joyce, und er wurde in der ersten Ausgabe der Zeitschrift *Location* veröffentlicht. Darin entwikkelt McLuhan eine Idee, die vielleicht wesentlich für sein gesamtes Werk ist: was auch immer geschieht, es drängt überall zugleich hervor. Man kann nicht nur auf partielle Weise leben, sondern ganzheitlich. Man muß sich von aller Spezialisierung befreien. Kunst ist z.B. überall, demnach muß man sich nicht von ihr befreien. Dieser Text von McLuhan scheint mir wirklich wichtig. Er muß meiner Liste hinzugefügt werden.

Sie haben Alfredo Casellas Werk über Kadenz einbezogen. Würden Sie es drauflassen?

---

* Gertrude Stein (beliebiger Titel); Alfredo Casella *(The Cadence)*; Luigi Russolo *(The Art of Noise)*; Sri Ramakrishna *(Gospel)*; Ananda K. Coomaraswamy *(The Transformation of Nature in Art)*; Huang-Po Doctrine of Universal Mind; Chuang-tse *(Writings)*; Franz Pfeiffer *(Meister Eckhart)* , übers. C.de B.Evans; Buckminster Fuller *(beliebiger Titel)*; C.H.Kauffman *(The Agaricaceae of Michigan)*. vgl. John Cage's *Liste Nr. 2*, in: Richard Kostelanetz, *John Cage*, a.a.O. S. 192 f.

Ich habe es vor kurzem wiedergelesen. Heute ist seine Bedeutung fragwürdig. Während der dreißiger Jahre war es unbestritten. Sie sehen, wie sehr sich die Situation geändert hat.

Und Joyce?

Er wäre heutzutage auf meiner Liste.

Und Brown?

Ich mag besonders *Loves' Body*, und ich habe Ihnen gesagt, warum. Als ich eines Morgens damit beschäftigt war, die *Song Books* zu komponieren, begann ich plötzlich so sehr an Norman O.Brown zu denken, daß ich ihn anrief und ihm erzählte, was ich tat. Er antwortete: "Ich mache das Gleiche: Hymnen komponieren." Ich würde ebenfalls Ira Einhorn hinzufügen, ein weiterer Schriftsteller, der mit ähnlichen Projekten beschäftigt ist – gegenwärtig schreibt er Lieder – und der sehr oft mit Brown und mir korrespondiert. Er wohnt in Philadelphia und schrieb vor ein paar Jahren einige Broschüren mit wertvollem Material über das Elend der gegenwärtigen Gesellschaft. Er ist ein Polemiker von großer Bedeutung. Momentan hat er sich den Liedern gewidmet, weil er großen Wert auf das legt, was man positive Aktivität nennen könnte. Er glaubt, die gewaltigste revolutionäre Kraft wird eher aus einer positiven als aus irgendeiner negativen Einstellung herzuleiten sein.

Demnach fügen wir Einhorn und Brown hinzu?

Brown vermittelt einen Sinn für Ökologie, nicht nur in den Ideen, sondern auch im Leben. Er definiert die Komplementarität von Gegensätzen, z.B. von Seele und Körper, als eine wirkliche Versöhnung. Und er betrachtet Sprache als die Kraft, die diese Versöhnung der Gegensätze bewirkt. Er könnte der Welt und dem Leben Worte wie essen, verzehren, ausscheiden, wiedergeben – Worte, die üblicherweise aus der Sprache verbannt sind, da sie immer in eine künstliche Geistigkeit eingeschlossen gewesen ist. Brown ist wirklich sehr wichtig.

Es gibt ein Thema, über das wir noch nicht gesprochen haben, das aber durch ein Gespräch über Brown zwangs-

läufig eingeleitet wird: Sexualität.

In unserer Mykologischen Gesellschaft plante ich während
der Winterzeit gewöhnlicherweise Vorträge statt Ausflü-
ge und Wochenend-Studienfahrten, weil es in einer
schneebedeckten Landschaft unmöglich ist, Pilze zu sammeln. Einer der monatlichen Vorträge, den ich geplant
hatte, beschäftigte sich mit der Sexualität der Pilze. Wir
hatten einen Spezialisten aus Connecticut eingeladen, der
eine bestimmte Pilzsorte, einen Coprinus, in großer Anzahl kultiviert hatte, um sein Geschlecht zu studieren.
In diesem Vortrag lehrte er uns, daß sich die geschlecht-
liche Beschaffenheit von Pilzen von denen der Menschen
nicht sehr unterscheidet, daß sie aber leichter zu studieren sei. Er erklärte, daß es ungefähr achtzig Typen weib-
licher Pilze und ungefähr einhundertachtzig Typen männ-
licher Pilze allein bei einer Sorte gäbe. Einige Kombinationen führen zur Reproduktion, während das bei anderen
nicht der Fall sei. Der weibliche Typ 42, sagen wir mal,
wird sich nie mit dem männlichen Typ 111 reproduzieren,
tut es aber mit bestimmten anderen. Das führte mich zu
der Idee, daß unsere Vorstellung von männlich und
weiblich eine allzu große Vereinfachung eines tatsächlich komplexen menschlichen Zustands darstellt.

*Dann sollten wir also diese Dichotomie eher vervielfa-
chen, als sie auf ein Mindestmaß zurückführen.*

Ja, in dem Sinne, wie die Japaner diese Überlegung
nicht auf zwei gegensätzliche Geschlechter begrenzen,
sondern sie auf Felsen, Blumen, den Mond usw. ausdeh-
nen. Ich habe vor kurzem gelernt, daß die Pflanzen auf
die ihnen entgegengebrachte Zuneigung reagieren! Sie
können einem fast genau sagen, wer sich um sie kümmert! Und sie werden nicht wachsen, wenn sie nicht geliebt werden.

*Deshalb ist mein Gummibaum nicht so gesund wie mein
Philodendron...*

Was die Menschen anbetrifft, so schrieb Margaret Mead
vor kurzem, daß die Tatsache, daß wir länger leben, einem die Möglichkeit gibt, nicht weiterhin nur eine Person zu lieben, sondern ganz natürlich die Partner zu

wechseln. Wir würden nicht aufhören, einander zu lieben, sondern die Flexibilität und das Abenteuer unserer erotischen Gefühle würde zunehmen.

Um auf ihre Liste der wichtigsten Bücher zurückzukommen, sie enthält eine sehr große Anzahl von Büchern, die sich der orientalischen Tradition verschreiben. Sie beziehen natürlich Gertrude Stein und Luigi Russolo ein, aber auch Meister Eckhart und insbesondere Ramakrishna, Coomaraswamy, die **Huang-Po Doctrine** *und Chuangtse. Würden Sie irgendeines gegen ein anderes austauschen?*

Man kann alles so belassen - aber beachten Sie, daß ich jetzt Huang-Po* und Chuang-tse näher stehe als den indischen Philosophen. Manchmal denken die Leute, daß mich all meine Fuller und McLuhan-Ideen zweifellos von meiner jugendlichen Leidenschaft für den Osten und den Fernen Osten "befreit" hätten. Aber die Huang-Po Doctrine ist fast wörtlich auf die Ethik des Globalen Dorfes anzuwenden! Ich stehe Chuang-tse heute näher als jemals zuvor!**

Wie sehr können wir aber dann Ihrem Vorwort zu **A Year from Monday** *vertrauen, wo Sie die Einheitlichkeit Ihrer Handlungsweise behaupten? Tatsächlich springen Sie von einer Lehrmeinung zur anderen und kombinieren Ihre Ideen aufs Geratewohl...eklektisch! Sie stehlen ein wenig von McLuhan und Fuller, dann ein wenig von Zen. All das verweist auf eine wesentliche Unbeständigkeit, die - immer noch gemäß den Kritikern - nicht allzu sehr unsere Aufmerksamkeit beschäftigen sollte.*

---

* *The Huang-Po Doctrine of Universal Mind* von Hsi Yun, Transcription P'ei Hsiu. (John Cage: Fußnote aus dem Jahr 1972.) dt: *Die Zen-Lehre des chinesischen Meisters Huang-Po.* Weilheim Obb. 1960 (A.d.R.)

** 1971 begann ich ein methodisches Studium der Schriften Mao-Tsetungs. Er hoffte die Chinesen geistig von bestimmten Ideen Konfuzius' zu befreien; ich bemerkte, daß seine Thesen sich vollkommen im Einklang befinden (vgl. besonders seinen Text über den Widerspruch) mit denen des Zen und Chuang-tse. (John Cage; Fußnote aus dem Jahr 1972.)

Und es gibt auch mein Vorwort zu *Silence* **über Zen...**

...Wo Sie Zen ausdrücklich von irgendeiner Verantwortlichkeit für Ihre Aktivitäten freisprechen – aber erst, nachdem Sie ihm die Initialzündung für die von Ihnen unternommenen Schritte zuschreiben.

Das alles bedeutet nur, daß es in der Mitte des zwanzigsten Jahrhunderts unmöglich ist, naiv an Zen zu glauben, als ob sich nichts geändert hätte! Aber Zen hat vielleicht mehr Tiefe – und das ist es, was ich sagen wollte, und es wäre nützlich, unsere Augen für die Bedeutung des technologischen Universums zu öffnen. Wir werden es nie verstehen, wenn wir nicht eine dem Zen verwandte Einstellung annehmen.

Ihre Neigung zum Taoismus ist etwas weniger deutlich, obwohl nicht weniger real. Dennoch wird es wahrscheinlich immer eine ganze Menge Denker geben, die Ihnen trotzdem vorhalten, daß Sie sich von dem angezogen fühlen, was Cyril Connolly die Korruption der "leben- und leben-lassen"-Einstellung nennt.

Ja, wenn sie die Sklaven der Handlung und der Logik bleiben.

Ich meinerseits würde darin, unter den tugendhaften Anwandlungen von Gelehrsamkeit, die Sie glücklicherweise nie überkommen, das Eingeständnis einer gefühlsmäßigen Unvereinbarkeit sehen, die mit aller Gewalt auf die Ebene der Moral übertragen wird.

Aber das ist nicht sehr wichtig. Es wird vorübergehen...

Ich würde Ihnen gern unterdessen eine etwas gelehrige Frage stellen, die mir gleichwohl zentral zu sein scheint. Ich weiß, wie wichtig Chuang-tse für Sie ist. Sie haben ihn seit Suzuki praktiziert. Und es dürfte nicht fehl am Platze sein, glaube ich, in Ihnen einen Taoisten à la Mi-fu zu sehen, zumindest in einigen Momenten. Sie sind, so scheint es, eher Taoist als Buddhist im klassischen Sinne.
Hier ist also meine Frage: Begründet sich Ihr Taoismus wirklich auf Chuang-tse? Steht er nicht eher den grossen Kommentatoren des dritten und vierten Jahrhunderts nahe, wie z.B. Hiang Sieou und Kovo Siang? Nehmen Sie

nicht eine entscheidende Korrektur an der Lehrmeinung Chuang-tses vor, wenn Sie behaupten, daß Tao **nichts** ist – buchstäblich nichts: ein **nihil absolutum** – das zu einer Vielfalt führt, der Sie sehr nahe zu stehen scheinen. Lassen Sie mich Ihnen eine Textstelle zitieren: "Wir können sagen, daß Tao den Dingen vorhergeht. Aber Tao ist nichts. Da es nichts ist, wie kann es dann den Dingen vorhergehen? Wir wissen nicht, was den Dingen vorhergeht, aber Dinge werden fortwährend geschaffen. Das beweist, das die Dinge unwillkürlich das sind, was sie sind..."* Was denken Sie darüber?

Das ist eine großartige Idee! Ja, sie ist sehr schön. Erinnern Sie sich an den Aschenbecher, über den wir gestern gesprochen haben. Wir wollten ihn in eine kleine schalldichte Kammer einschließen. Nun, dank dieser Idee können wir eine Vielzahl schalldichter Kammern haben, die nicht nur Aschenbecher, sondern alles, was wir möchten, enthalten. Und wir können all den verschiedenen Objekten auf einmal zuhören! Das wird wunderbar! Aber tatsächlich ist das schon unsere tägliche Erfahrung. Wir sind von dieser ganzen Vielfalt umgeben... Und unsere Aufmerksamkeit – ich benutze dieses Wort nur, weil es von Thoreau kommt und weil wir es in Browns Sinne verwenden können – oder unser Appetit, wenn Sie das vorziehen, wird sich vermehren. Wir werden immer mehr die Fähigkeit erreichen, Dinge zu erfahren, unsere eigenen Erfahrungen zu machen. Es hat sich bestätigt, daß wir hinsichtlich unseres Wunsches nach sehr unterschiedlichen Dingen, die wir immer – und in größerer Quantität – haben wollten, immer ungeduldiger und unersättlicher werden. Und wie McLuhan richtig feststellt, wird dies alles auf einmal geschehen...

Und folglich könnten wir Ihr Denken niemals kategorisieren.

Da nach Tao *nichts* oder *das Nichts* der höchste Begriff ist, könnten wir ebenfalls schließen, daß wir uns von der Differenz und davon, daß es *keinen* höchsten Begriff

---

* Dunstheimer-Übersetzung, in: Fong Yeou-Lan, *Précis d'histoire de la philosophie chinoise*, Paris: Payot 1952, S. 231

gibt, nicht hypnotisieren lassen sollten. Folglich gibt es kein System.

Demnach sollten wir uns letztenendes auch nicht von einer systematisch aufgebauten Musik, die die Natur oder die Elemente doppelt ausbeutet, hypnotisieren lassen?

Meinen Sie, daß Musik immer im *Werden* begriffen ist und daß sie immer zu *etwas wird*, und daß das nicht notwendig ist, weil dieses etwas schon existiert?

Richtig. Ich habe an Ihre stillen Stücke gedacht. Sind sie nicht überflüssig, da die Geräusche der Natur schon existieren?

Der Aspekt der Natur, mit dem wir am vertrautesten sind – und diese Vertrautheit ist beinahe schmerzhaft – ist der, daß wir als Gattung Mensch die Natur gefährden. Wir haben gegen sie gehandelt, wir haben gegen ihre Existenz rebelliert. Demnach muß unser heutiges Interesse darauf gerichtet sein, ihr wieder den gebührenden Platz zuzuweisen. Und Natur ist keine Trennung des Wassers von der Luft, oder des Himmels von der Erde usw., sondern eine "Zusammenarbeit", oder ein "Zusammenspiel" dieser Elemente. Das ist, was wir Ökologie nennen. Nach meiner Vorstellung ist Musik ökologisch. Man könnte weitergehen und sagen *sie IST Ökologie**.

Dann hört sie tatsächlich auf, eine gesonderte Entität zu sein?

Aber sie ist nie eine gesonderte Entität gewesen, außer in der Vorstellung "professioneller" Musiker. Sie ist der Natur gegenüber immer offen gewesen, selbst wenn sie "in einer gegensätzlichen Richtung" strukturiert war. Das Problem bestand darin, daß die Leute ihre ganze Aufmerksamkeit auf ihren Aufbau richteten. Heutzutage können wir unsere Aufmerksamkeit streuen, und die Ökologie wird uns nicht mehr durch den Aufbau verborgen bleiben.

Nicht wenig Kritiken, die sie betreffen, beziehen sich eben auf dieses Primat der Ökologie. Als Fong Yeou-Lan

---

* wird wie Echologie ausgesprochen (A.d.R.)

den Zen untersucht, oder besser gesagt, den Ch'an, wirft
er dieser Schule ihren Quietismus und Attentismus vor.
Die Konfuzianer, sagt er, zeigen, daß sie die Dinge der
äußeren Welt nicht brauchen, Sie würden das von der
Ökologie sagen, da sie sich nicht einmal bei dem Nicht-
Festhalten an den Dingen aufhalten. Der Konfuzianismus
wäre also mehr Zen als der Zen. Dennoch träumt er da-
von, die Regierung beizubehalten. Wenn wir jedoch die-
se Argumentation in ein marxistisches Vokabular überset-
zen, kommen wir zu der Kritik, der Sie gemeinhin aus-
gesetzt sind. Ihre Musik und ihre Einstellung seien "reak-
tionär", sie zielen auf im wesentlichen ökologische Ver-
änderungen. Folglich ist Ihrer Betonung der Ökologie
zu mißtrauen, da sie einer Ideologie entspricht. Warum?
Weil Sie eigentlich, indem Sie vorgeben, die Aufmerksam-
keit und deren Ökonomie zu erschüttern, und indem Sie
sich weigern, die wesentlichen musikalischen Formen zu
akzeptieren, ihre Zuhörer **verwirren.** *Sie lenken sie von*
der "wahren" Auseinandersetzung ab, die im wesentlichen
politisch und ökonomisch ist. Sie dienen dem **Establish-**
ment. *Sie und Ihre Zirkus-Ideen sind der Clown reaktio-*
närer Strömungen!

Müßte man im marxistischen Sinne nicht sagen, daß die
Texte von *Silence* **reaktionär sind, weil sie die individu-**
elle Erfahrung betreffen? Während diejenigen von *A Year*
from Monday **progressiv sind, weil sie die Gesellschaft**
betreffen? Wenn ich den marxistischen Standpunkt ver-
träte, würde ich sie überhaupt nicht als reaktionär be-
trachten. Aber dann sollten wir auf das auf *Silence* **an-**
gewandte Attribut "reaktionär" zurückkommen. Weil das,
was mich von der Berücksichtigung individueller Erfah-
rung zur Berücksichtigung sozialer Erfahrung führte,
nicht so sehr die soziale Natur der Musik war, als die
Idee McLuhans, daß die gegenwärtige Gesellschaft selbst
ein Individuum ist. Und ein Individuum, das - im Hin-
blick auf Browns, und nicht Marcuses Terminologie -
einen Psychoanalytiker nötig hat.

Ich frage mich allerdings, ob Sie auf den Anfang meiner
Frage geantwortet haben. Ich will Sie Ihnen noch einmal
und präziser stellen. Lassen Sie mich ein paar Zeilen von
einem Kritiker des chinesischen Buddhismus entlehnen,

einen Konfuzianer und Philosophen des sechzehnten Jahrhunderts, Wang Chu-Yen. Sie scheinen im Verhältnis zu unserem Problem ziemlich klar zu sein: "Der buddhistische Anspruch, keine Verbindung mit den Erscheinungen zu haben, beweist, daß sie ihnen verhaftet geblieben sind. Und die Tatsache, daß wir Konfuzianer nicht vorgeben, keine Verbindung zu den Erscheinungen zu haben, beweist, daß wir ihnen nicht verhaftet geblieben sind..." Vom marxistischen Standpunkt kann aus Buddhismus (oder Taoismus) und Konfuzianismus ein Amalgam geschmiedet werden. Wenn die Konfuzianer "reaktionär" sind, obwohl sie nicht mit "den Erscheinungen verbunden" sind – was sie nicht davon abhält, für die herrschende Ordnung zu kämpfen – dann sind es die Taoisten und Buddhisten erst recht. Unter dem Banner überwundener Tradition und Institutionen verstärken und bestätigen sie diese – wenn auch a contrario. Auf dem niedrigsten Niveau behaupten die Leute gar – wie z.B. vor kurzem in einem Artikel in Musique en jeu – daß Cage nur ein Reaktionär ist!

Ach! Dieses ganze Argument scheint nur dazu geeignet die Debatte zu verwirren und hat zur Folge, daß die Waage von der einen zur anderen Seite gekippt wird. Wir müssen jedoch darauf achten, daß sich in beiden Fällen die Waage das Gleichgewicht hält: zwischen der Verbundenheit und der Nicht-Verbundenheit, und zwischen Konfuzianern und Buddhisten. Es kann nicht überzeugend sein, eben weil es nur ein Argument ist... verbale Kritik, die dazu dient, den Intellekt zu erregen. Wenn man sich jedoch die Realität anschaut, erkennt man, daß es in beiden Fällen, bei Konfuzius und Zen, eine Kompatibilität von Verbundenheit und Nicht-Verbundenheit gibt. Demnach muß man mit seiner Analyse etwas weiter gehen, um die wahren Unterschiede herauszufinden!... Und in Betracht ziehen, was wirklich geschieht. Die Taoisten waren in der chinesischen Geschichte immerhin wichtig genug, so daß jedermann wußte – wenn auch nur oberflächlich – daß diese Geschichte sie nicht *a priori* als Reaktionäre betrachtet; und das gleiche muß man über den chinesischen Buddhismus sagen. Nun, ich würde sagen, daß diejenigen, die eine derartige Sprache von reaktionär oder progressiv benutzen, dies im Namen der Macht tun!

Der Unterschied zwischen ihnen und mir besteht darin, daß sie die Macht für sich beanspruchen und sie folglich aufrechterhalten möchten. Während ich sie nicht nur ablehne, sondern sie auch zerstören möchte. Als ich wirklich begann, Musik zu machen, ich meine, "ernsthaft" zu komponieren, geschah das, um mich mit dem Geräusch zu beschäftigen, weil Geräusche sich der Macht entziehen, d.h. den Gesetzen des Kontrapunktes und der Harmonie. Als ich über Schaeffer sprach, sagte ich, daß die Geräusche nicht befreit worden waren, sondern in eine neue Art Harmonie und Kontrapunkt integriert wurden. Wenn das der Fall wäre, würde das bedeuten, daß wir nur die Gefängnisse geändert hätten. Meine Idee ist, daß wir keine Gefängnisse mehr haben sollten. Nehmen wir ein Beispiel: Black Power. Wenn sich die Schwarzen von den Gesetzen befreien, die die Weißen erlassen haben, um sich vor den Schwarzen zu schützen, dann ist das in Ordnung und gut. Aber wenn sie ihrerseits Gesetze schaffen möchten, d.h. in genau der gleichen Weise Macht ausüben wie die Weißen, worin besteht dann der Unterschied? Es gibt nur sehr wenig Schwarze, die einsehen, daß sie durch Gesetze, die sie vor den Weißen schützen, nur neue Weiße werden. Sie werden die Macht über die Weißen errungen haben, aber nichts wird sich ändern. Während der Zeit der Harmonie und des Kontrapunktes gab es Gutes und Schlechtes und Regeln, um das Gute gegen das Schlechte zu unterstützen. Heutzutage müssen wir uns stattdessen mit Geräuschen identifizieren und keine Gesetze für die Geräusche aufspüren, als ob wir Schwarze wären, die die Macht begehren! Die Musik veranschaulicht, wie eine ökologisch ausgeglichene Situation auszusehen hätte – eine Situation, in der die Weißen nicht mehr Macht besäßen als die Schwarzen, und die Schwarzen nicht mehr als die Weißen. Eine Situation, in der sich jedes Ding und jeder Klang an seinem Ort befände, weil jeder das ist, was er ist. Außerdem bin ich nicht derjenige, der diese Situation erfindet. Die Musik barg das alles schon in sich, unabhängig davon, was die Leute ihr zugemutet haben.

Und ich komme nicht umhin, diese Situation auf Ihr Verständnis der Harmonie zu beziehen – in der Tradition ei-

nes klassischen Taoisten.* In den Abhandlungen über Harmonie gibt es keine Harmonie!

Ja, so stelle ich mir die Harmonie vor, und nicht im "abendländischen" Sinne. Und ich denke, daß sie bei weitem die Musik übertrifft – aber diese Musik ist gegenwärtig ein Weg in Richtung Harmonie, und zwar ein notwendiger Weg. Harmonie ist, was wir uns heutzutage in Begriffen der Ökologie ausmalen.

Aber indem wir mit diesem orientalischen Verständnis von Harmonie konfrontiert werden, müssen wir den Optimismus verstehen, den er voraussetzt. Sie setzen Vertrauen in die Natur. Sie denken, daß ein Gleichgewicht wiederhergestellt wird, wenn man sie gewähren läßt.

Genau.

Kennen Sie Eugen Herrigels Buch über das Bogenschiessen**? Jean Paulhan sagte – nach Ansicht mancher Leute naiv – daß es bald ebenso wichtig sein wird wie Descartes' Abhandlung über die Methode.

Ich mochte dieses Buch sehr. Ich habe es zu der Zeit gelesen, als ich Hidekazu Yoshida kennenlernte. Und als ich mich mit ihm darüber unterhielt, sagte er mir, daß der deutsche Philosoph vergessen hätte, zumindest eine Tatsache zu erwähnen. In Japan gibt es einen Bogenschützen, den man als Meister erachtet, ein außergewöhnlicher Bogenschütze, dem es aber nie gelang, ins Schwarze zu treffen, nicht einmal im hellen Tageslicht!

Das erinnert mich an Ihre Reaktion, als Sie zum ersten Mal den Garten von Ryoan-ji*** sahen.

Ich war erstaunt, als ich mich diesem Garten gegenüber befand, und ich hatte den Eindruck, daß diese Steine ge-

---

* Mao-Tse-tung spricht seinerseits von der "Großen Harmonie", um das zukünftige Stadium der Menschheit zu kennzeichnen, in dem zwar die Ausbeutung des Menschen durch den Menschen verschwunden sein wird, jedoch nicht der Widerspruch. (Daniel Charles; Fußnote aus dem Jahr 1972.)
** Eugen Herrigel, Zen in der Kunst des Bogenschießens, o.O. (O. W. Barth Verlag) 1983 ^{22} (A.d.R.)
***vgl. Daniel Charles, John Cage oder Die Musik ist los, Berlin 1979, S. 45–74 (A.d.R.)

nauso gut in irgendeiner anderen Position hätten liegen
können. Eine Menge Kunstkritiker und Philosophen vermittelten einem den Eindruck, daß sich die Steine genau
an der richtigen Stelle befänden. Diese Leute führen viele Berechnungen durch, sie machen einen Plan von dem
Garten, und schließlich weisen sie nach, daß das Gleichgewicht und die Harmonie dieser fünfzehn, auf einer
Sandfläche liegenden Steine nur auf diese eine Art und
Weise erzielt werden konnten – und zwar so, wie man es
getan hat.

*Folglich versucht sich das, was in Wirklichkeit eine Be-
obachtung a posteriori ist, als die Entdeckung eines Ge-
setzes auszugeben...*

Ja, ein Gesetz der Natur und der Schönheit! Aber ich
hatte genau den entgegengesetzten Eindruck. Ich war
mit Hidekazu Yoshida*, dem japanischen Freund, den
wir gerade erwähnten, in New York. Und ich erzählte
ihm, daß sich, nach meiner Meinung, die Steine genausogut irgendwoanders befinden könnten. Dann lächelte er
einfach, stieg aus meinem Wagen, ging in sein Hotel und
kam mit einem Geschenk zurück: einer Kravatte.**

*Diese Geschichte ist das vollkommene Gegenstück zu Ih-
rem "Happening" mit Nam June Paik!*

Bei Happenings kann ich diese besondere Bedeutung von
Harmonie, die sich niemals verringert sondern nur verstärkt, wenn die Dinge die Freiheit besitzen, das zu sein,
was sie sind, nicht feststellen.

*Andere kritisieren Ihre Unternehmungen, indem sie be-
haupten, daß die eigentlichen Objekte, die Sie als Komponist in Ihrer Arbeit verwenden, Ihre elektronischen
Instrumente, im Grunde nicht einmal Objekte sind. Wahrscheinlich würden Sie diese Idee nicht bestreiten. Sie gewinnt jedoch in der Perspektive von Henri Pousseur eine kritische Relevanz, wenn er z.B. Ihre Musik als einen gigantischen Degradierungsprozeß bezeichnet. Sie
fördern die Entropie. Was Sie tun, ist sogar mehr be-
dingt durch arte povera und Freiräume, kurz durch*

---

* in *A Year from Monday* (S.137) ist es Ashira (A.d.R.)
** Ich trage keine Kravatten mehr (John Cage; Fußnote aus dem
Jahr 1972.)

*Becketts Mülleimer, als durch raffinierte Technologien,
die Sie vorgeben zu benutzen. Tatsächlich benutzen Sie
sie nicht richtig. Er beschuldigt Sie, geradewegs zu einer miserablen – im doppelten Sinne – Kunst zu führen.*

Es ist meine Absicht, die Dinge das sein zu lassen, was
sie sind. Nun, was bedeutet das, Dinge das sein zu lassen, was sie sind, sich den Dingen nicht zu nähern, aus-
ser sie sind, wie sie sind? /Pousseurs Vorhaben besteht,
wenn ich es richtig verstehe, darin, die Entropie zu ne-
gieren und die Information zu vermehren. Das hätte zur
Folge, den Zustand und die Qualität aller Töne des Universums zu verbessern. Nach meiner Meinung ist das ein
allzu anspruchsvolles Vorhaben./ Ich ziehe es vor, die
Dinge so zu sehen, wie sie sind, und zu erkennen, was
sie an Gutem enthalten. Ich habe nie einen miserablen
Ton gehört, nicht einen! Ich habe nie einen Ton gehört,
der mich an Dekadenz oder Verwesung erinnert. Ich glaube, daß Pousseur darauf anspielen muß, was bestimmte
Kritiker das "Resultat" nennen. Man hat sehr oft die Meinung geäußert, daß meine Tätigkeit sehr interessant,
aber mehr auch nicht sei, daß ich ein Philosoph und kein
Musiker sei, daß die von mir erzielten "Resultate" nicht
alle so großartig seien, kurz gesagt, daß ich besser
daran täte, weiterhin zu träumen und mich vom Komponieren zurückzuhalten. Das würde bedeuten, daß man, anstatt jedem neuen Klang seine eigene Bedeutung beizu-
messen, sich vielmehr um die Gesetzgebung dessen sorgen sollte, was die Bedeutung davon sein soll. /Man behauptet, ich wäre "high" oder nähme "acid", um meinen
musikalischen Status zu verbessern! Für mich bedeutet
Marijuana oder LSD nichts. Ich habe schon einmal Mari-
huana versucht und es hatte keine Wirkung. Es hat den
Klang überhaupt nicht verändert! / Wenn man sich manchmal auf das zu erzielende Resultat konzentriert, wird
überhaupt nichts daraus. Töne sind nicht dasselbe wie
Resultate!

*Henri Pousseur spricht auch über die andere Seite dieses
Einwands. Führen Sie nicht de facto die Subjektivität,
unter dem Deckmantel, sie abzuschaffen, insgeheim wieder ein, indem Sie vorgeben oder sich vorstellen, sie zu
zerstören? Sie geben vor, die Disziplin der Zen-Denker*

zu befolgen, Sie sagen, das Ego sei eine Illusion – aber sind Sie nicht das Opfer oder Instrument eines viel subtileren Egoismus, indem Sie das behaupten? Jenseits Ihrer Unschuldsbeteuerungen erscheint ein noch erschreckenderer Wille zur Macht – weil er getarnt ist und hinter einer Maske geltend gemacht wird. Demnach werden Sie ein Kandidat für eine Demystifizierung im Stil Nietzsches. Was denken Sie darüber?

Ich denke, ich habe das Recht – und, in der Tat, das Bedürfnis –, solange ich lebe, ich selbst zu sein! Als ob ich ein Klang wäre. Aber ich versuche diese Tatsache, ich selbst zu sein, für mich zu behalten, d.h. ich versuche sie keinem anderen aufzuzwingen. In einem Restaurant steht es mir vollkommen frei, ein Hähnchen anstatt Fleisch zu wählen. Als ich diesen Vergleich im Musée d'Art moderne machte, habe ich vielleicht nicht genug betont, daß der einzige Gebrauch des Ego, auf den ich mich unter keinem Vorwand einlassen sollte, darin bestünde, andere zu zwingen, Hähnchen zu wählen.* Wenn ich Hähnchen wähle, zeige ich anderen meine Vorliebe. Und in gewisser Hinsicht muß ich das tatsächlich tun. Aber ich wünsche niemals, anderen meine Vorliebe aufzuzwingen. Und das verbindet mich sehr stark mit Duchamp und Thoreau. So verschieden sie auch sein mögen, bei beiden ist ein vollkommenes Fehlen von Selbstdarstellung festzustellen. Thoreau wollte nur eins: die Welt um sich herum sehen und hören. Als er in sich das Interesse am Schreiben verspürte, hoffte er eine Schreibweise zu finden, die es anderen ermöglichen würde, zu sehen, *was* er gesehen hatte, und zu hören, *was* er gehört hatte, und nicht, *wie* er es gesehen und gehört hatte. Er war keiner von denjenigen, die ihre Wörter wähl-

---

* Jetzt jedoch, nachdem ich ungefähr vier Jahre die makrobiotische Diät einhalte, hat sich meine Gesundheit so sehr verbessert, daß ich fast jedem, der mir Gehör schenkt, ernsthaft empfehlen würde, in seiner Kost von tierischen Fetten auf Pflanzenöle umzusteigen. Milchprodukte und Zucker zu vermeiden und Hühnchen nur dann zu "wählen", wenn es wirklich ein Hühnchen ist, d.h. frei von Hormonen, "Agri-Geschäften" usw., Fisch zu essen, Bohnen und Vollkorn, Nüsse und Samen und Gemüse, ausgenommen *Solanaceae* (Kartoffeln, Tomaten, Eierfrüchte und Pfeffer). (John Cage; Fußnote aus dem Jahr 1980.)

ten. Sie entstanden in ihm durch das, was es zu sehen
und hören gab. Sie werden mir vorhalten, Thoreau hätte
einen eindeutigen Stil. Er hätte seine ganz eigene Art
zu schreiben. Aber ganz deutlich werden seine Wörter
im Fortlauf seines *Journals* immer kürzer und einfacher.
Ich möchte fast sagen, daß die längsten Wörter in sich
etwas von Thoreau enthalten. Jedoch nicht die kürze-
sten Wörter. Es sind Wörter aus der Allgemeinsprache,
alltägliche Wörter.* Demnach werden Thoreaus Erfahrungen immer durchsichtiger, je kürzer seine Worte werden. Es sind nicht mehr seine eigenen Erfahrungen. Es
ist *Erfahrung*. Und sein Werk verbessert sich in dem Maß,
wie er verschwindet. Es ist nicht mehr er, der spricht,
er, der schreibt; er läßt die Dinge sprechen und schreiben, wie sie sind. Ich habe in der Musik nichts anderes
zu tun versucht. Die Subjektivität kommt in ihr nicht
mehr vor. Und es gibt nichts künstliches mehr in diesem Unternehmen.

In Ihrem Interview with Roger Reynolds *appellieren Sie
jedoch an die Subjektivität. Robert Ashley hatte gerade
aus dem, was Sie früher gesagt hatten, geschlossen, daß
Zeit, zeitliche Handlung, die höchste Definition der Musik
sei. Sie kamen von da aus zu der Gleichwertigkeit von
Musik und Theater, und dann zu der Idee, daß Erfahrung "merklich subjektiver" wird. Wenn einer von einem
Klang beeindruckt ist und ein anderer von einem anderen Aspekt desselben Stücks, dann würden Sie sagen,
daß die Situation, in der man sich befunden hat, theatralisch war. Aber gleichzeitig berufen Sie sich viel stärker als jemals zuvor auf die "Subjektivität" eines jeden,
indem Sie sagen, daß jeder von uns das fühlen sollte,
was ihm gefällt.*

Ja, aber Sie wissen, daß wir es nicht länger mit dem *Stil*
oder der Subjektivität eines Komponisten zu tun haben.
Die "Subjektivität", die hier zur Debatte steht, ist nicht
mehr die eines Ego. Es ist die des Zuhörers, des Beob-
achters. Stattdessen bezeichnet es das Selbst im Sinne
des Zen, das Selbst, wie es der berühmte Kôan andeu-
tet: "Was ist dein eigentliches und anfängliches Selbst,

---

*Vgl. auch, was Mao-Tse-tung in seinen Yenan-Texten über die Li-
teratur sagt. (John Cage; Fußnote aus dem Jahr 1972.)

das du warst, als du gerade weder Gutes noch Böses dachtest und als du von deinen Eltern noch nicht geboren warst?"* Wir beschäftigen uns nicht mit der "Subjektivität" abendländischer Philosophen, die immer eines "Objekts" bedarf. Wir beschäftigen uns mit dem, was jeder in der Tiefe seiner selbst ist: ein Selbst, das nicht auf ein Ego zurückgeführt werden kann. Wenn Sie einem Zen-Buddhisten das Problem mit der Natur dieses Selbst stellen, würde er es wahrscheinlich mit *dem Nichts* oder *Nichts* beantworten. Das Selbst ist nicht ein Ego; es ist vielmehr der Tatbestand, daß sich jeder von uns im Zentrum befindet, das Zentrum der Welt ist, ohne ein Ego zu sein. Das Selbst ist das, was *ich* anderen nicht aufzwinge. Es ist keine Art von "Subjektivität", sondern eine Beziehung zu etwas, was dem weit vorausgeht und die – darüber hinaus – die Entstehung der "Subjektivität" ermöglicht. Es ist ein Bezug auf das Nichts, das sich in allen Dingen befindet, und folglich auch in *mir*. Es wäre in diesem Fall angemessener, sich auf den *Grund (im Orig.deutsch)* der Seele, Meister Eckharts *Grund*, zu berufen, wie ich es in Anlehnung an Suzuki tat. Oder die Gesellschaft!

Demnach ist es auch eine Aufforderung zur Vielheit oder Vielfalt. Ihre Erfahrung ist eine Sache, meine ist anders. Die mit "John Cage" signierten Werke gehören nicht ihrem Autor. Sie sind ebensogut das, was Sie aus ihnen machen, wie das, was ich aus ihnen mache, weil Sie dort sind und ich hier.

Ich bin vollkommen Ihrer Meinung. Es gibt keinen Grund, die Vielfalt der Situationen und Wahrnehmungen, die es auf unseren "meetings" gibt, zu zügeln; sie kann nicht reduziert werden. Aber man begreift ebenfalls, daß wir diese unterschiedlichen Einstellungen und Situationen vereinigen müssen. Wir kommunizieren nicht, sondern wir unterhalten uns. Wir sind in eine globale Situation verwickelt, jedoch nicht als Egos. Es ist die Situation des Selbst: jeder ist dieses Selbst. Das ist es, was ich als "subjektive Situation" bezeichne.

---

* hier zitiert nach Koïchi Tsujimura,a.a.O.,S.5 (A.d.R.)

Dann wäre Ihre Musik das umfassendste Phänomen, das man sich vorstellen könnte?

Schließlich schreibe *ich* nicht für diese oder jene Person, sondern *ich* versuche, die Bedingungen für eine verallgemeinerte Interpenetration zu schaffen. Die Klänge würden mit uns identisch werden, und wir sollten uns mit den Klängen identifizieren. /Das Resultat wäre eine verallgemeinerte Permeabilität. /

Wie verhält es sich dann mit dem Einwand, daß Sie sich an ein äußerst begrenztes Publikum richten? Jede marxistische Kritik könnte Ihnen Ihre Unfähigkeit vorwerfen, die Massen zu begeistern. Ihre Konzerte interessieren nur eine kleinbürgerliche Fraktion von Intellektuellen oder Studenten. Fabrikarbeiter, Ladenbesitzer, Bauern und wahrscheinlich auch eine Menge andere Leute interessieren sich überhaupt nicht für Ihre Musik.

Wissen Sie, ich habe im kleinen Maßstab begonnen. Ich habe Ihnen von diesen Vorträgen aus meiner heroischen Zeit erzählt. Ich habe mit meiner Musik kein Vermögen verdient, und ich habe nur sehr langsam ein Publikum gewonnen. In den fünfziger Jahren hatte ich hundertundfünfundzwanzig Zuhörer pro Konzert. Schritt für Schritt wurde ich berühmter. In Darmstadt begann man sich Sorgen zu machen, ob man mich nicht ernst nehmen sollte. Nach 1958 änderte sich das. Jetzt habe ich mindestens 5000 für den *Musicircus* nach Illinois gelockt, und sicherlich noch mehr für *HPSCHD*. Einige Schätzungen gehen von einem Publikum über 9000 aus. /Es scheint mir nicht wichtig zu sein, eher ein spezielles Publikum als ein anderes zu erreichen. Es ist wirkungsvoller, wenn man die Musiker die Grundlage ihrer eigenen Bemühungen verstehen läßt. Sie werden es bestimmt anderen weiter erzählen. / Nun, es stimmt daß meine Musik, im Gegensatz zu anderen, darauf vorbereitet ist, der Überbevölkerung des Jahres 2000 gegenüberzutreten. Aber wenn diese Zeit kommt, werden wir einzelne Individuen als Komponisten nicht mehr benötigen. Bis dann wird es genug Töne geben, völlig für und in sich ausreichend. Ich hoffe, daß meine Musik uns dabei behilflich ist, die Wichtigkeit der Ökologie anzuerkennen. Aber ich mache mir über die Rolle, die ich in diesem Bereich spiele, keine Illusionen. Es wird wahrscheinlich eine bescheidene Rolle sein. Ich glaube fest daran, daß sich die Ökologie ganz von allein durchsetzen wird.

Sie sehen keine kurz bevorstehende Revolution voraus?

Aber die Revolution wird nicht nur eine einzige Ursache haben! Revolutionäre mögen sie auslösen, aber sie werden sie nicht ganz alleine machen. Es ist unvorstellbar, daß allein eine besondere Einstellung fähig wäre, das zu entfesseln, was man sich unter dem Namen *Revolution* vorstellt. Ich glaube stattdessen, daß sich die Revolution direkt vor unseren Augen auf allen Ebenen im Prozeß der Entfaltung befindet – und daß wir es nicht wahrnehmen. Nehmen Sie z.B. Kreditkarten; sie signalisieren das bevorstehende Verschwinden des Geldes. Stattdessen glauben wir, es sei eine List der Bankiers, damit wir mehr Geld ausgeben. Es ist erstaunlich, daß diese List, falls es tatsächlich eine List ist, so viel Erfolg hat, seinen ursprünglichen Zweck zu übertreffen, ohne jemals den Nimbus von Vertrauen hervorzurufen, den die Bankiers normalerweise fordern, bevor sie Kreditkarten offen verteilen, wie sie es jetzt tun. Der Kapitalismus wird nicht auf die Revolutionäre warten, um seinen Zusammenbruch herbeizuführen...

Das ist ein gewagtes Statement!

Nicht wirklich. Protestbewegungen könnten ziemlich leicht gegen ihren Willen in die entgegengesetzte Richtung führen, zu einer Verstärkung von Gesetz und Ordnung. In der Akzeptanz und der Gewaltlosigkeit liegt eine unterschätzte revolutionäre Kraft. Aber stattdessen wird der Protest zu oft vom Fluß der Macht absorbiert, weil er sich darauf beschränkt, die gleichen alten Machtmechanismen zu erreichen, was die schlechteste Methode ist, um die Autorität herauszufordern! Auf diese Weise werden wir nie weiterkommen.

Und wie werden wir weiterkommen?

Durch Zusammenwirken, Synergie. Buckminster Fuller hat nachgewiesen, wie eine Mischung die Summe seiner

Komponenten an Wirksamkeit übertreffen kann - d.h. an Stabilität und Widerstand. Die Revolution wird eine Mischung sein! Wenn wir protestieren, richten wir unsere Aufmerksamkeit auf eine qualitative Änderung. Diese kann man offensichtlich erreichen, aber an einem einzigen Punkt oder an ein paar genauen Punkten. Entscheidend ist jedoch eine quantitative Änderung. Die Revolution, wie sie sich die Revolutionäre vorstellen, kann nur in ihrer Erscheinung nicht-selektiv sein. /In Wirklichkeit bleibt sie wert-orientiert,/ d.h. sie setzt über kurz oder lang eine Wahl, eine qualitative Entscheidung voraus. Im Gegensatz dazu befaßt sich das "Zusammenwirken" mit zusammengesetzten Elementen unterschiedlicher Qualitäten, die ihren Wert nur durch ihre Akkumulation erhalten. Der quantitative Standpunkt kann das erbringen, was die Qualität zurückweist. Wenn man die "schlechten" Elemente wuchern läßt, muß man nicht mit einer allgemeinen Verschlechterung der Qualität rechnen, sondern mit einer radikalen Änderung, die die Qualität als eine unannehmbare Begrenzung erscheinen läßt. Als ich mein Plexigramm-Stück, *Not Wanting to say Anything about Marcel* als Hommage an Marcel Duchamp machte, wollte ich "Nichts über Marcel sagen". Ich verwendete 1428 Seiten eines Wörterbuches und teilte sie mit Hilfe des *I Ging* in 64 Gruppen. Ich teilte diese Gruppen durch Losentscheid unter Anwendung des *I Ging*, um zuerst Wörter, dann Buchstaben und schließlich Fragmente von Buchstaben zu erhalten. Indem ich diese Fragmente mit den 261 mir gegebenen typographischen Möglichkeiten kombinierte, war es mir möglich ein Ganzes von großem Reichtum herzustellen... Trotz der Armut, die jemand, der allein an Qualität interessiert ist, in diesem Haufen von Schrifttypen oder Buchstaben oder isolierter Fragmente sehen würde. Da sein qualitativer Verstand niemals es erlauben würde, jedes dieser Elemente in seiner Einfachheit als das, was es ist, zu begreifen. Andererseits ist die Quantität ein bestimmender Faktor einfacher Umwälzungen.

Dann wird die Revolution notwendigerweise global und synergetisch sein?

Sie ist es schon.

Aber wird es ihr möglich sein, alle Aspekte der Existenz
zu beeinflussen? Werden die neun Gefühle des indischen
ästhetischen Denkens aufhören, "permanent" zu sein?

Ich denke, Ihre Frage berührt eine private Angelegenheit - d.h. sie muß von jedem von uns gestellt werden.
Ich sehe nicht ein, warum die Möglichkeit dieser Gefühle
geschwächt werden sollte, besonders, wenn man sich daran erinnert, daß jedes einzelne verschiedene Dimensionen hat. Z.B. ist nach Ansicht der Hindus die Hingabe
die höchste Form der Erotik, und mir scheint, daß die
Revolution auf verschiedenen Ebenen ohne Hingabe nicht
stattfinden kann. Damit ein Student in der wirklichen
Verbreitung einer revolutionären Situation - in dem Sinne, wie ich sie mir vorstelle - lernen kann, wird er immer Hingabe haben müssen! Ich denke ebenfalls, daß die
Ruhe im Zentrum all dieser Gefühle bleiben wird - diese
Ruhe, die wir Gewaltlosigkeit nennen könnten, und die
Satie als "innere Unbeweglichkeit" beschreibt. Denn es
wird im Innern des Heroismus weiterhin Ruhe sein - d.h.
Anerkennung all dessen, was geschieht - und im Inneren der Erotik - d.h. ihrer höchsten Erscheinung -
Hingabe. Wir werden immer leiden - an dem Verlust von
etwas Geliebtem, dem Gewinn von etwas Unerwünschtem.
Ich glaube nicht, daß wir jemals imstande sein werden,
uns von diesen "privaten" Gefühlserfahrungen befreien
zu wollen.

Dennoch stellen Sie sich diese Revolution als Niedergang
des Ego vor. Wird sie nicht deshalb den Verfall alles
"Privaten" nach sich ziehen?

Man kann sie sich ähnlich dem vorstellen, wie die neue
Musik einen eine sehr tiefe, universale und dennoch persönliche Änderung in der Zeiterfahrung spüren läßt. Ich
erinnere mich, über dieses Problem einmal in Hawai gesprochen zu haben. Ich bezog mich auf Charles Ives'
One Hundred and Thirteen Songs. Am Ende befindet sich
ein Text, in dem sich Ives die Zeit vom Standpunkt eines
Mannes vorstellt, der im Sessel* sitzt und Pfeife raucht.

---

* Der auf der Veranda in einem Schaukelstuhl sitzt (John Cage; Fußnote aus dem Jahr 1980.)

Er sieht auf die Berge und die Morgendämmerung. Sie mögen einwenden, daß diese Erfahrung nichts mit der gemein hat, wenn jemand Bach hört und über die Zeit nachdenkt. Aber tatsächlich bedeutet es die individuelle und persönliche Schöpfung seiner eigenen Musik. Das scheint eine zufriedenstellende Definition der Revolution zu sein. Und zwar eine, die keinem wehtut.

Eine der Subjektivitätsformen besteht bestimmt darin, von anderen getrennt sein zu wollen und sich anderen gegenüber in ein Verhältnis setzen zu wollen, in dem man sie kritisiert. Was mich in unseren Gesprächen beeindruckt hat, ist, daß Sie von all den Musikern, über die wir gesprochen haben, nicht einen Einzigen böswillig kritisiert haben, während sich so viele von ihnen die Freihheit gestatten, Sie zu attackieren... Ich bewundere diese ruhige Erwiderung auf all Ihre Kritiker. Indem Sie kaum jemals Ihr Ego als eine hinreichende Originalität verteidigen, vermeiden Sie diese Mittelmäßigkeit, die Ihre Opponenten mit Bitterkeit und Boshaftigkeit angreifen würde – das Kennzeichen des Ego. Und einer falschen Revolution.

Hinsichtlich der heutigen Musik, ist es mein tiefster Wunsch, sie insgesamt zu hören. Nicht nacheinander, sondern alle auf einmal zur gleichen Zeit. Alles zusammen! Aber vielleicht ist das ein perverser Wunsch... Wer weiß ob wir das tun werden, sogar wenn wir die notwendige Technologie hätten? Diese Technologie gibt es noch nicht. Also, lang lebe die künftige Technologie!

NACHWORT ZUR FRANZÖSISCHEN AUSGABE

Als wir zum erstenmal begannen, unsere Gespräche aufzunehmen, hatte ich einige Schwierigkeiten, Daniel
Charles' Fragen auf eine lebendige Art und Weise zu beantworten. Denn mein Gesprächspartner ist nicht nur ein
Musiker, sondern auch ein Philosoph, und zwar einer, der
sich ernsthaft dem Studium meiner Schriften, meiner Musik und meiner Aktivitäten im allgemeinen gewidmet hat.
Er ist aber auch Universitätsprofessor und Franzose. Als
Akademiker unterwarf er also selbstverständlich meine
Bemerkungen der so typisch französischen Forderung,
die sich in dem Ausdruck "Erklären Sie das" zusammen-
fassen läßt. (Ist das nach reiflicher Überlegung so lästig?
Ich antwortete einmal einem Journalisten aus Illinois, der
mich bat, meine gesamte Philosophie in eine Nußschale zu
packen: "In welchem Käfig (cage) Sie sich auch befinden mögen, kommen Sie heraus".) Ich glaube es war am
dritten oder vierten Tag unserer Gespräche, an dem ich
mein Unbehagen zugab: ich erklärte Daniel Charles meine
Unruhe, wenn ich mit dem Versuch konfrontiert wäre,
einen Diskurs zu konstruieren, der von bestimmten Prä-
missen ausginge, aus denen eine Schlußfolgerung zu
ziehen sei. Anschließend wurde unser Dialog leichter
und flüssiger. Aber auch weniger organisiert. Uns beiden wurde klar, daß uns das nirgendwohin gebracht hat
- insofern als es darum ging, ein für französische Leser
bestimmtes Buch vorzubereiten.   Folglich machte Daniel
Charles das Angebot, diese aufgezeichneten Gespräche
später noch einmal durchzugehen. Er würde meine Bemerkungen neu ordnen, Einschübe einfügen, die aus meinen Texten oder an ihn gerichteten Briefen stammen, hier
und dort meine Statements ausweiten, indem sie nöti-
genfalls durch die Schriften anderer unterstützt würden
usw. Nach seiner Meinung könnte aus unseren Zusammen-
künften ziemlich mühelos ein wirkliches Buch entstehen
- eher eine Collage als eine wortwörtliche Tanskription.
Und ein derartiges Buch hätte eine gute Aussicht, Interesse hervorzurufen.
Wie ich denke, trifft das auf dieses Werk zu. Ich bestand
darauf, es zweimal selbst vollkommen zu überprüfen. Das

zweite Mal fand ich es sogar interessanter als das erste
Mal. Zu allererst, weil es eine Menge Informationen enthält, die sonst nirgendwo zu finden sind. Zweitens, weil
es auf das Interesse reagiert – wie es von Daniel Charles
veranschaulicht wird – meine Positionen gegen die An-
griffe zu verteidigen, die in Europa und seltsamerweise
in Frankreich in Umlauf sind. Aber dieses Buch befriedigt
mich auch, weil das, was ich auf diesen Seiten über mein
Werk lesen konnte, mich davon überzeugt, daß es *fra-
gend* bleibt – d.h. immer lebendig bleibt. Wir sind weiterhin unterwegs. Auf diesen Wanderungen – und *inmit-
ten* von ihnen – ist hier, ganz plötzlich, eine Erlösung.
Oder eine Öffnung.

John Cage

Editorische Notiz

1. Biographisches

Calvin Tomkins, The Bride and the Bachelors.
New York 1968

Richard Kostelanetz, John Cage.
Köln 1973 (S. 66-70)

Musik-Konzepte, hg. von Heinz-Klaus Metzger und
Rainer Riehn, Sonderband: John Cage,
München 1978 (S.155-160)

Daniel Charles, John Cage oder Musik ist los.
Berlin 1979 (S.75-99)

2. Werkverzeichnisse

chronologisch in: Musik-Konzepte, s.o.

nach Instrumenten in: R.Kostelanetz,s.o.

3. Partituren

C.F. Peters Musikverlag,
Frankfurt/Main-New York-London

4. Diskographie

in: Musik-Konzepte, s.o.
in: R. Kostelanetz, s.o.
vorrätig bei GELBE MUSIK, Schaperstr.11, 1 Berlin 12

5. Buchveröffentlichungen

/Virgil Thomson, New York 1959 (mit Kathleen O'Donnell
Hoover)/

Silence, Middletown, Conn. 1961

A Year from Monday, Middletown, Conn. 1967

Notations, New York (mit Alison Knowles)

M.-Writings '67-72,Middletown,Conn.1973

Empty Words,Middletown,Conn.1980

Conversation without Feldman. A talk between John Cage and Geoffrey Barnard. Darlinghurst 1980

Themes & Variations, Barraytown,N.Y. 1982

6. Übersetzungen ins Deutsche

"Unbestimmtheit", in: die Reihe, 5 (1958)

"Über Komposition, deren Aufführung nicht festgelegt ist", in: Das Neue Forum, VII.1,4,6,8,(Wien 1958)

Silence (auszugsweise,übers. von E.Jandl), Neuwied/Berlin 1969

Roaratorio.Ein irischer Zirkus über Finnegans Wake (engl./dt.),hg. von Klaus Schöning,Königstein 1982

Tagebuch: Wie sich die Welt verbessern läßt (Du wirst alles nur noch schlimmer machen), Fortsetzung 1969 (Teil V) (engl./dt.),in: Experimentelle amerikanische Prosa, ausgewählt und mit einer Einleitung hg. von Brigitte Scheer-Schätzler, Stuttgart 1977

Composition in Retrospect (engl./dt.), WDR, Köln 1982

7. Sekundärliteratur

R. Kosltelanetz,s.o.

Musik-Konzepte, s.o.

Vorliegender Band

Was den Part von Daniel Charles anbetrifft, haben wir uns an die französische Ausgabe gehalten; was den Part von John Cage anbetrifft, an die französische und die amerikanische Ausgabe: For the Birds. John Cage in

Conversation with Daniel Charles.
Marion Boyars Publishers, Boston/London 1981

Im Merve Verlag erschienen

Daniel Charles, s.o.

Daniel Charles, Musik und Vergessen, Berlin 1984

Richard Kostelanetz, American Imaginations.
Ives, Stein, Cage, Cunningham, Wilson.Berlin 1984

*Wir danken Udo Hoffmann für seine Hilfe beim Auffin-
den des Chuang-tse-Zitats im Original.*

INTERNATIONALER MERVE DISKURS